은유 소개
Introducing Metaphor

Introducing Metaphor

Murray Knowles & Rosamund Moon

Korean Translation Copyright © 2008
by Hankook Munhaw-Sa Publishing Co.
"*Introducing Metaphor* was originally published in English in 2006.
This translation is published by arrangement with Routledge."

이 책의 한국어판 판권은 Routledge와의
독점 계약에 의해 한국문화사에 있습니다.
저작권법에 의하여 한국 내에서 보호를 받는 저작물이므로
무단전재와 무단 복제를 금합니다.

은유 소개
Introducing Metaphor

머레이 노울즈 · 로자먼드 문 지음
김동환 · 김주식 옮김

한국문화사

은유 소개

2008년 8월 10일 초판 1쇄 인쇄
2008년 8월 20일 초판 1쇄 발행

지 음 : 머레이 노울즈·로자먼드 문
옮 김 : 김 동 환·김 주 식
발 행 : 김 진 수
편 집 : 최 정 미

발행처 : 한국문화사
등록번호 / 2-1276호(1991.11.9)
주소 / 서울시 성동구 성수1가2동 656-1683번지
전화 / 464-7708(대표)·팩스 / 499-0846
URL / www.hankookmunhwasa.co.kr
e-mail / hkm77@korea.com

잘못된 책은 교환해 드립니다.
이 책의 내용은 저작권법에 따라 보호받고 있습니다.

책값은 뒤표지에 있습니다.   ISBN 978-89-5726-581-9 93700

이 도서의 국립중앙도서관 출판시도서목록(CIP)은 e-CIP 홈페이지
(http://www.nl.go.kr/cip.php)에서 이용하실 수 있습니다.
(CIP제어번호: CIP2008002442)

옮기는 말

『은유 소개』는 Murray Knowles & Rosamund Moon(2006)이 지은 *Introducing Metaphor*(Routledge)를 한국어판으로 옮긴 것이다. 머레이 노울즈는 영국의 버밍엄 대학의 영어과 강사이다. 사회언어학, 문학 언어, 아동 문학을 주로 강의하며, Kirsten Malmkjaer와 *Language and Control in Children's Literature*(1996)를 공동 집필한 바 있다. 로자먼드 문은 버밍엄 대학의 영어과 전임강사이다. 사전편집, 언어사를 주로 강의하며, 최근에는 은유 연구 프로젝트에 참여하고 있다. 주로 문체와 사전편집에 관한 논문을 발표했으며, *Fixed Expressions and English: A Corpus-based Approach*(1998)를 집필한 바 있다.

이 책은 영어, 언어, 문학을 공부하는 학부생을 위한 은유 교재로 의도한 것으로서, 목차, 감사의 글, 10개의 장, 부록, 참고문헌, 색인으로 구성되어 있다. 모든 장의 레이아웃은 동일하게 구성되어 있다. 먼저 각 장의 목표와 앞으로 전개할 주제를 약술하는 짧은 소개로 시작해서, 본문이 나오고, 핵심 개념을 요약하고 마지막에 더 읽을거리가 있다.

제1장은 은유, 환유, 직유 같은 핵심 용어를 정의하고, 뒤에 나올 장들에서 다룰 핵심 논제를 포괄적으로 개관한다는 점에서 나머지 장에 대한 개론 역할을 한다. 창조적 은유와 관습적 은유라는 두 가지 유형의 은유

및 자구적 언어와 비유적 언어 간의 차이를 조사한다. 그 다음으로 은유를 분석하는 방법과 은유가 담당하는 주요한 역할을 검토한다. 저자는 은유가 문학 언어나 시적 언어에 국한되는 것이 아니라 일상 언어와 인간 사고에서 중요한 인지적 기능을 한다는 사실을 강조한다.

제2장에서는 어휘적 낱말과 문법적 낱말에서 찾을 수 있는 관습적 은유에 초점을 둔다. 어원학과 차용의 역할을 강조하고, 관용어의 해석과 관습적 은유가 재자구화될 수 있는 가능성에 초점을 둔다. 그리고 다의성, 핵심 의미, 은유 과정의 부각과 은폐 기능 또한 검토한다.

제3장은 Lakoff & Johnson의 개념적 은유 이론을 전반적으로 소개한다. 저자는 개념적 은유와 은유 표현 간의 차이에 초점을 두면서 은유가 추상적 개념을 개념화하는 한 가지 방법이라는 사실을 강조한다. 개념적 은유 이론과 관련 있는 핵심 용어로 사상, 목표영역, 근원영역 등이 있다. 시간, 감정, 의사소통을 개념화하는 다양한 개념적 은유를 분석하고, 개념적 은유 이론의 핵심 개념인 체계성의 개념도 논의한다. 이 장은 개념적 은유의 경험적 기초를 짧게 논의하면서 마무리된다.

제4장은 환유와 제유의 차이를 의문시하면서 환유를 상위의 개념으로 사용하려는 저자의 의도를 먼저 제시한다. 환유가 다의어에 역할을 한다는 사실은 물론이고, 환유와 어원학, 환유와 관용어의 관계도 검토한다. 그리고 은유와 환유 간의 유사성과 차이점도 아울러 다룬다. 이 장은 환유의 체계적 양상과 환유의 경험적 기초를 논의하면서 마무리된다.

제5장은 은유 표현을 이해하는 방법을 다룬다. 특히 은유 이해에 대한 네 가지 접근법을 연구하는데, 과학적 접근법, 철학적 접근법, 화용적 접근법, 인지적 접근법이 그것이다. 마지막 절에서 은유 해석과 이해에 대한 말뭉치 언어학의 논제를 다룬다.

제6장은 은유가 문맥·문화 의존적인지의 여부를 파악하기 위해 다양한 언어에서 나온 예들을 조사한다. 이런 점에서 이 장은 범언어적·범문

화적 관점에 집중하는 것이다. 은유의 보편성이나 문화 의존성의 논제는 다른 언어에서의 은유, 관용어, 환유를 통해 조사한다. 저자는 개념적 은유의 보편성을 의문시한다. 어떤 개념적 은유는 결정적으로 보편적인 것으로 입증되는 데 반해, 다른 은유는 문화 특정적이라는 것이다. 이로서 저자는 사피어-워퍼 가설을 다시 분석하면서 은유, 사고, 문화 간의 차이에 초점을 두게 된다. 마지막 절에서는 번역가가 직면하는 다양한 선택은 물론이고, 은유, 환유, 관용어의 번역에 초점을 둔다.

제7장은 다음 두 장과 함께 실용적인 응용 접근법을 목표로 한다. 이 세 장에서는 은유가 담화에서 실제로 사용되는 방식, 즉 은유의 이데올로기에 초점을 둔다. 저자는 일반대중의 견해에 영향을 미치기 위해 언론매체에서 사용하는 은유의 예를 제공한다. 가장 빈번한 스포츠 은유를 조사하고, 광고 언어에도 동일한 접근법을 취한다.

제8장은 전통적으로 가장 전형적인 은유의 유형으로 간주되는 문학 은유를 조사한다. 먼저 아이러니의 문제를 다루고, 문학 텍스트와 관련하여 은유를 새로이 정의하고, 그 다음에 비유와 도식 간의 차이를 재평가한다. 이 장에서는 문학에서의 환유도 조사한다. 그리고 암시된 작가와 암시된 독자라는 개념을 통해 은유, 독자, 작가 간의 관계를 연구한다.

제9장은 다양한 분야에서의 비언어적 은유에 초점을 둔다. 먼저, 영화 분야에서는 서부 영화의 많은 예를 제공한다. 음악 또한 색채와 관련하여 은유가 들어 있다. 그 다음에 사진, 미술, 광고에서의 그림, 게시물과 도로 표지를 통해 그림 표상에서의 은유를 연구한다. 색채와 색채 상징주의를 다루는 절도 있는데, 색채는 감정 및 소리와 연상될 수도 있다. 다양한 나라의 상, 기념비, 문화적 상징은 물론이고, 종교의 은유와 상징도 다룬다.

제10장에서는 결론임과 동시에 저자의 의도를 요약한다. 여기서는 은유 연구의 관심, 풍부함, 중요성을 강조하면서, 다양한 문맥에서 나온 은유의 새로운 예를 제시한다. 부록에서는 은유에 대한 새로운 관점은 물론

이고, 앞으로 해야 할 추후 연구 주제를 암시한다.

끝으로 어려운 여건 속에서도 이 책의 출판을 흔쾌히 맡아주신 한국문화사 김진수 사장님과 이 책의 초고를 지금의 모습으로 편집해 주신 최정미 님과 좋은 표지를 디자인 해주신 두유미 님께 감사드린다. 초고를 원본과 꼼꼼히 대조하면서 한국어 교정에 많은 도움을 주신 경북대학교의 송현주 선생님과 예문 번역에 많은 도움을 준 이준영 군에게 감사를 드린다. 은유에 대한 연구가 개념적 은유 이론을 넘어 일차적 은유 이론과 개념적 혼성 이론까지 확장되고 있는 현 인지언어학 상황에서, 『은유 소개』가 은유 연구의 탄탄한 기초가 되고, 은유의 다양한 모습을 제공하는 데 큰 역할을 하기를 희망한다. 그렇게만 된다면 이 책을 옮기는 과정에서 겪었던 우리의 수고는 큰 보람일 것이다. 마지막으로 이 작업 동안 우리를 이해해준 가족들에게 깊은 감사를 드리고 이 책을 우리 가족들에게 바치고자 한다.

2008년 6월 20일

김동환·김주식

차례

옮기는 말 _ v
감사의 글 _ xv

1장
은유 소개 / 1

이 책에 관하여 · 3
은유의 의미 · 4
은유의 중요성 · 5
창조적 은유와 관습적 은유 · 7
비유어: 용어와 유형 · 9
은유 분석 · 13
상징과 은유 · 15
은유의 기능 · 16
더 읽을거리 · 18

2장
은유, 낱말, 의미 / 19

은유와 어원 · 19
은유와 다의성 · 21

핵심 의미, 은유, 빈도 · 23
은유와 문법적 낱말 · 25
은유, 신조어, 차용어 · 26
은유와 관용어 · 28
은유와 의미 성분 · 31
은유와 불분명한 의미 · 33
은유, 이용, 재자구화 · 34
요약 · 38
더 읽을거리 · 39

3장
은유에 대한 체계화 / 41

'Metaphors We Live By' : Lakoff, Johnson, 개념적 은유 · 43
개념적 은유에 대한 분석 · 46
은유와 시간 · 48
의사소통과 이해의 은유 · 50
은유와 감정 · 54
개념적 은유의 유형 · 56
체계성 · 58
부각과 은폐 · 61
개념적 은유의 경험적 기초 · 63
요약 · 64
더 읽을거리 · 65

4장
환유 / 67

환유와 제유 · 68
환유, 다의성, 의미 · 69
환유와 어원 · 71
환유와 관용어 · 73
환유와 은유 · 74
환유에 대한 체계화 · 77
환유의 경험적 기초 · 81
요약 · 82
더 읽을거리 · 83

5장
은유 이해 / 85

은유와 뇌 · 86
은유와 언어습득 · 87
은유 이해: 전통적 견해 · 90
은유와 화용론 · 95
은유 이해: 인지적 접근법 · 96
은유, 경험, 신경 사상 · 99
개념적 혼성 이론 · 101
은유 이해: 텍스트 토대적 접근법 · 103
요약 · 107
더 읽을거리 · 108

6장
범언어적 은유 / 111

비유적 인식 · 111
다른 언어의 은유 · 113
관용어 · 115
다른 언어의 환유 · 117
개념적 은유와 다른 언어 · 118
은유, 사고, 문화 · 121
은유 번역 · 125
요약 · 131
더 읽을거리 · 132

7장
은유, 이데올로기, 사회적 문맥 / 133

은유와 정치적 서사 · 136
은유와 뉴스 보도 · 140
은유와 스포츠 · 149
은유와 광고 · 155
은유와 돈 · 159
문법적 은유 · 164
요약 · 167
더 읽을거리 · 168

8장 문학 은유 / 171

행간 읽기 · 172
비유와 도식 · 174
문학에서의 환유 · 176
은유로서의 의인화 · 178
은유, 중의성, 문학 · 180
상징주의와 알레고리 · 185
작가, 독자, 은유 · 188
조잡한 문학작품, 역사로망소설, 탐정소설 · 192
요약 · 197
더 읽을거리 · 199

9장 비언어적 은유 / 201

영화 · 202
음악 · 204
그림 표상 · 205
게시물과 표지 · 208
색채와 색채 상징주의 · 211
상, 기념비, 문화적 상징 · 215
종교 · 218
요약 · 220
더 읽을거리 · 221

10장
종결부 / 223

부록: 은유 연구 / 229

참고문헌 / 235

주제색인 / 243

인명색인 / 251

감사의 글

많은 사람들이 이 책을 쓰는 데 도움을 주었으며, 우리는 이들에게 많은 은혜를 입었다. 특히 지속적인 격려와 지원을 해준 가족과 친구들에게 감사드린다. 귀중한 충고를 해주고 관심을 표명해준 버밍엄 대학의 동료들에게도 감사드린다. 요점과 텍스트에 대한 열정적인 논의를 해준 지난 학생들과 지금의 학생들에게 감사드린다. 또한 원고에 대해 많은 제안과 의견을 주신 (익명의) 비평가들에게 상당히 감사드린다. 마지막 책의 모양은 그들 덕택이다. 마지막으로, Routledge의 Louisa Semlyen과 그녀의 동료 Elizabeth Walker, Cristabel Kirkpatrick, Kate Parker, Anne Robertson, Julene Knox에게 감사드린다. 그들 모두 매 단계마다 확실히 인내심을 갖고 도움을 주고, 긍정적이었다.

이 책에서 사용한 말뭉치 데이터는 버밍엄 대학의 COBUILD가 만든 Bank of English 말뭉치에서 나왔다. 말뭉치 인용은 BoE로 주석을 달았다.

우리 저자들과 출판사는 다음에서 발췌문을 재판하도록 허가를 해준 저작권 보유자에게 감사드리고 싶다.

제8장의 한 절은 이전에 Murray Knowles & Kirsten Malmkjær(1996) *Language and Control in Children's Literature*에서 출판되었고, 여기서 다시 출판사 Routledge와 저자들의 허락으로 실질적인 변화 없이 출판되

었다.

John Giles, Owen should't be the scapegoat, from *Daily Mail*, 7 February 2003, © Associated Newspapers Ltd. Reproduced by permission of Solo Syndication.

Extracts from Rosie Gowan, Ireland correspondent, 'Peace process in turmoil after police raid Stormont', from *The Guardian*, 5 October 2002, © Guardian Newspapers Ltd. Reproduced with permission.

Extract from Mark Townsend, 'Alien invasion: the plants wrecking rural Britain', from *The Guardian*, 2 February 2003, © Guardian Newspapers Ltd. Reproduced with permission.

Extract from 'The Field Hospital' from Poems: 1968-1998 by Paul Muldoon. © 2001 by Paul Muldoon. Reprinted by permission of Farrar, Straus and Giroux, LLC.

Text from Ariel advertisement reproduced by permission of Procter & Gamble UK.

Extract from 'Reconciliation' from Collected Poems by W. B. Yeats. © 1950 by W. B. Yeats Reproduced by permission of A. P. Watt Ltd on behalf of Michael B. Yeats.

저작권 보유자를 추적하여 그들과 연락하기 위해 모든 노력을 기울였다. 여기서 감사를 표할 수 없는 저작권 보유자로부터 소식을 듣게 되면 우리 출판사는 상당히 기쁠 것이다. 그래서 이 감사의 글은 기회가 있는 대로 수정할 수 있다.

머레이 노울즈
로자먼드 문
2005년 2월

은유 소개

우선 『햄릿』(*Hamlet*)에서 나온 대사의 첫 부분을 보자.

> To be, or not to be: that is the question:
> Whether 'tis nobler in the mind to suffer
> The slings and arrows of outrageous fortune,
> Or to take arms against a sea of troubles,
> And by opposing, end them ...
> (사느냐 죽느냐, 이것이 문제로다:
> 가혹한 운명의 화살이 꽂힌 고통을
> 죽은 듯 참는 것이 과연 장한 일인가,
> 아니면 근심의 바다에 맞서 무기를 들고
> 대항해서 물리치는 것이 옳은 일인가 …)

당신은 이 책이 은유에 관한 책이라는 것을 알기 때문에, 이 행들을 읽어나

2 은유 소개

가면서 비유어의 예를 식별해 냈을지도 모른다. the slings and arrows of outrageous fortune(가혹한 운명의 화살이 꽂힌 고통)이나 a sea of troubles(근심의 바다) 그리고 무형인 어떤 것에 대항해 무기를 집어 든다는 생각이 이런 예이다. 다음은 예이츠(Yeats) 시 'Byzantium(비잔티움)'의 마지막 행이다.

> Marbles of the dancing floor
> Break bitter furies of complexity,
> Those images that yet
> Fresh images beget,
> That dolphin-torn, that gong-tormented sea
> (무도장의 대리석이
> 혼란의 쓰디쓴 격노를,
> 형상이 여전히 신선한 형상을 낳고,
> 돌고래에 찢기고, 종소리에 고통 받는 바다를
> 막는다)

전체 시는 상징과 정교한 개념들로 빽빽이 차 있으며, 당신은 bitter furies of complexity(혼란의 쓰디쓴 격노)나 that dolphin-torn, that going-tormented sea(돌고래에 찢기고, 종소리에 고통 받는 바다) 같은 비유어나 형상이 다른 형상을 '낳는다'라는 개념을 식별해 냈을지도 모른다. 이런 창조적이고 시적인 표현과 개념은 문학에서 전형적인 것이며, 은유는 종종 문학과 연상된다.

 그러나 은유는 일상의 의사소통과 분리되고 고립된 언어적 용법의 고상한 끝단에 있는 예술적 장식인 것만은 아니다. 대신 은유는 전체 언어 활동에서 발생하는 기본적인 현상이다. 은유와 그 밖의 비유어에 대한 연구를 소개하고, 은유가 어떻게 그리고 왜 중요한지를 보여주려는 것이 이 책의 의도이다.

그리고 바로 앞 단락을 읽었을 때, 당신은 은유를 알아챘을지도 모른다. rarefied(고상한)와 divorced(분리된)가 그 예이다. rarefied에 대한 전형적인 문맥은 해수면 위의 거리 때문에 호흡하기가 그다지 쉽지 않은 공기와 관련이 있다(rarefied는 '덜 조밀한'이나 '덜 견고한'을 의미한다). 그리고 divorced에 대한 전형적인 문맥은 결혼의 파국과 관련 있다. 우리는 이와 같은 은유를 어떻게 이해할 것인가의 문제를 뒤에서 다시 살펴볼 것이다. 당분간은 'divorced'가 도덕적·종교적·정치적 견해에 따라 사람마다 다른 것을 함축할 수도 있다는 것에 주목하는 것이 가치가 있을 것이다. isolated(고립된) 역시 적어도 어원에 관해서는 은유로 분류할 수 있다. 이 낱말은 궁극적으로 'island'를 의미하는 라틴어 낱말에서 유래했다. 더욱 심오하고, 아마 무의식의 층위에서, at the ... end of linguistic usage(언어적 용법의 고상한 끝단에서)와 occurs throughout the whole range of language activity(전체 언어 활동에서 발생하다) 같은 표현에서도 은유적 개념화를 식별할 수 있다. 여기서 '다양성'이 어떤 방식에서 물리적 차원을 가지고, 물리적 공간에서 존재하는 것처럼 묘사된다. 마지막으로, the intention of this book(이 책의 의도)을 가리키면서 저자인 우리 자신의 의도를 무생물에게 할당했다. 이것 역시 비유이다.

이 책에 관하여

이 책은 먼저 배경적 논제와 이론적 논제를 다룬다. 제1장에서는 은유를 정의하고, 환유를 포함해 다른 비유어들과 함께 은유의 변별적인 양상을 식별할 것이다. 제2장에서는 낱말 및 구의 의미와 관련하여 은유를 검토할 것이다. 제3장에서는 은유의 체계(어떤 것은 명확하고 또 어떤 것은 무의식적으로 작용한다)와 은유를 통해 어떻게 경험을 개념화하는지를 검토한다. 제4장에서는 환유를 검토한다. 제5장에서는 은유 이해 방법에 대한 모형을 검토하고, 제6장은 비유어의 범언어적 양상을 검토한다. 이 책의 뒷장들은 다른 접근법을 취하고, 문맥에서의 비유어에 초점을 둔다. 제7장에서는 많은 사회적 문맥에서 은유의 평가적·이데올로기적 양상을 고찰한다. 제8장에서는 문학 은유를 고찰한다. 제9장에서는 비언어적 은유를 고찰한다. 제10장에서는 마지막 예를 제시하면서 결론을 내린다. 각 장의 끝에 더 읽을거리를 제안하고, 부록에 비유어의 양상에 대한 추가 연구를 제안하고 있다.

은유의 의미

논의를 시작하기 전에, 은유(metaphor)에 대한 작업 정의를 확립할 필요가 있다. 은유에 대해 이야기할 때, 우리는 원래 적용되는 것, 즉 '글자 그대로' 의미하는 것 외의 어떤 다른 것을 가리키기 위한 언어의 사용을 의미하는데, 이는 이 두 사물 간의 닮음을 암시하거나 둘 사이를 연결하기 위함이다. 최근 영어 텍스트의 4억 5천 개 낱말 말뭉치인 Bank of English 말뭉치(BoE)에서 나온 두 가지 예로 이를 예증할 수 있다(말뭉치 언어학과 은유에 대한 논의를 위해서는 제5장을 보라). 이 예들은 하나의 낱말이나 구를 은유로 사용한 것인데, 더 긴 텍스트에서 은유를 밝힐 수도 있다.

> The **jewel** in Northumbria's ecclesiastical **crown** is Lindisfarne Priory on Holy Island, built as a monastery in 635 and reached by a tidal causeway.(노섬브리아 교회 **왕관**의 **보석**은 홀리 섬의 린디스판 작은 수도원이다. 이는 635년에 수도원으로 건축되었고 해협을 통해 갈 수 있는 곳이다.)

We used to **thrash** all the teams in the Keith Schoolboy League. We had a great squad and no-one could **touch** us.(우리는 키스 소년단 리그에서 모든 팀을 **때려눕히곤** 했다. 우리 팀은 최고였고 어느 누구도 우리를 **건드리지** 못했다.)

분명히 수도원은 다이아몬드나 사피어와 같은 보석이 아니고, 노섬브리아는 전통적으로 왕처럼 왕관을 쓰지 않는다. 이는 jewel(보석)과 crown(왕관)의 자구적 의미이다. 분명히 한 팀이 다른 팀을 막대기나 채찍으로 때릴 것 같지 않으며, 누군가가 물리적 접촉을 하는 것이 불가능 할 것 같지도 않다. 이것은 thrash(때려눕히다)와 touch(건드리다)의 자구적 의미이다. 우리는 이런 문맥에서 이런 낱말을 과장이나 비자구적인 것으로 인식하고 그에 따라 이런 낱말을 해석한다. jewel은 귀중하고 매력적이고 바람직한 어떤 것을 나타내고, a jewel in _____'s crown은 가장 중요하거나 귀중한 업적을 가리킨다. thrash는 완전한 승리를 암시하며, touch는 다른 사람들이 할 수 있는 것처럼 보이는 것보다 더욱 대단한 업적과 성공을 암시한다.

　은유에 대한 이런 설명은 물론 자구성에 대한 정의에 의존한다. 무엇이 낱말이나 표현의 **자구적**(literal) 의미인지를 식별하고 그것에 동의하지 않는다면, 무엇이 은유인지를 식별하고 그것에 동의할 수 없다. 우리는 이 장 뒷부분에서 비유어의 다른 종류를 고찰할 때 자구성에 대한 정의를 다시 다룰 것이다.

은유의 중요성

은유는 언어에 널리 퍼져 있으며, 두 가지 점에서 중요하다.
　첫째는 개별 낱말과 관련 있다. 은유는 낱말 형성과 낱말 의미의 기본 과정이다. 개념과 의미는 은유를 통해 **어휘화**(lexicalized)된다. 즉 낱말로 표현된다. 다음 BoE 예에서 field, hurt, dark의 의미에서처럼, 다의어의 많은 의미들은 종류가 서로 다른 은유이다.

> She has published extensively in the **field** of psychology.(그녀는 심리학 분야에서 광범위하게 책을 출판했다.)
> The failure has **hurt** him deeply.(실패는 그에게 깊은 **고통을 안겨주었다**.)
> ... the end of a long tale, full of **dark** hints and unspeakable innuendos. (**모호한** 암시와 말로 다할 수 없는 풍자로 가득 찬 긴 이야기의 끝에서 …)

이와 유사하게, 많은 새로운 개념이나 장치의 이름 역시 기존 낱말의 은유적 용법이거나 확장된 용법이다. 예컨대, web, bug, virus 같은 컴퓨터 용어가 그 예이다. browbeat(위협하다), foothill(작은 언덕), pigeonhole(분류용 선반) 같은 많은 합성어는 은유를 압축하고 있다. 관용어와 속담은 종종 그 기원이 은유이다. don't put all your eggs in one basket(한 가지 사업에 모든 것을 걸지 말라), miss the boat(호기를 놓치다), rattle someone's cage(장난삼아 누군가를 혼쭐을 내주다), 더 모호하지만 kick the bucket(죽다), a red herring(사람을 헷갈리게 하는 정보)이 그런 예이다. 이런 것들은 주로 **관습적**(conventional) 은유이다(아래를 보라). 제2장에서 이런 은유를 더욱 심도 있게 논의할 것이다.

둘째는 담화와 관련 있다. 은유는 설명, 해명, 기술, 표현, 평가, 오락 같은 기능 때문에 중요하다. 구어와 문어에서 은유를 사용하는 많은 이유가 있다. 특히, 때때로 특별한 사물을 가리킬 수 있는 다른 낱말이 없기 때문이다. 그러나 선택을 해야 하는 경우에, 화자가 어떤 것에 대해 무엇을 생각하며 그것에 대해 어떻게 느끼는지를 전달하기 위해 은유를 선택하기도 한다. 또한 특별한 사물이 무엇 같은지를 설명하고, 더욱 흥미롭고 창조적인 방식으로 의미를 전달하기 위해 은유를 선택한다. 이에 대한 예는 뒤에서 살펴볼 것이다. 중요한 것은 우리가 은유의 중재를 통해 사물을 많이 이해한다는 것이다. 즉 은유적 모형이나 유추의 도움 없이는 사물을 이해하지 못할 수도 있으며, 우리의 이해 자체는 은유에 의해 좌우된다. 예컨대, 우리 몸의 세포는 복잡하게 생물학적으로 감염에 반응한다. 다음에서처럼 감염에 대한 반응 과정을 싸움과 침략의 관점에서 생각하면서, 전쟁 은유를 통해 이런 과정을 더욱 쉽게 이해할 수 있다.

> Scientists believe stress may suppress development of T-cells, the white blood cells which help to **fight off invading** micro-organisms.(과학자들은 스트레스가 T세포의 발생을 억압할 수도 있다고 믿는데, 이 세포는 **침입해 오는** 미생물을 **격퇴하는** 데 도움을 주는 백혈구이다.)
>
> (BoE)

다른 은유가 사용될 수도 있었지만, 이것은 지배적이고 가장 친숙한 은유이며, 이제 생물학적 과정을 개념화하는 방법은 이런 전쟁 은유에 의해 결정된다. 이 장 앞에서 나온 예 throughout the whole range의 경우도 유사하다. 즉, 우리는 다양성을 물리적 공간으로 표상한다. 전형적으로 은유는 구체적 영상을 사용해서 추상적인 것을 전달하며, 이는 설명하기 어려운 것을 전달하는 데 도움이 된다.

창조적 은유와 관습적 은유

우리는 문학 언어의 예로 이 장을 시작했다. 셰익스피어와 예이츠는 the slings and arrows of outrageous fortune과 that dolphin-torn, that gong-tormented sea로 새로운 이미지를 창조해서 시적 효과를 창조한다.

우리는 이런 언어를 비공식적으로 창조적인 것으로 기술했지만, 창조적이라는 말은 은유에 적용될 때 더욱 전문적인 의미를 가진다. **창조적 은유(creative metaphor)**는 작가/화자가 특별한 문맥에서 특별한 생각이나 느낌을 표현하기 위해 구성하는 은유이고, 독자/청자가 그것이 무엇을 의미하는지를 이해하기 위해 해체하거나 '풀어야 할' 필요가 있는 은유이다. 창조적 은유는 전형적으로 새롭다(또 다른 용어는 **신은유**(new metaphor)이다). 그러나 창조적 은유는 전통적으로 운명을 적이든 친구이든 간에 사람으로 표상하는 것 같이 기존의 개념이나 이미지에 기초할 수 있다. 창조적 은유는 종종 문학과 연상되지만, 다른 장르에서도 창조적 은유의 많은 실례가 있다. 다음 두 예는 각각 뒤에서 살펴볼 기행문과 식당 흠잡기에서 나온 것이다.

The main street follows a higgledy-piggledy contour from the safe, sandy cove beside which the east village sits, towards a busy harbour full of the rippled reflections of brightly coloured fishing boats and **cradled by the crooked finger** of the harbour wall.(주도로는 동쪽 마을의 옆에 위치한 안전하고 모래가 많은 협곡으로부터 뒤죽박죽인 등고선을 따라, 선명한 색의 어선들이 만들어내는 잔상으로 가득 차 있고 항구 제방의 **구부러진 손가락으로 안겨진** 바쁜 항구로 향해있었다.)

(Greenwood *et al. The Rough Guide to Ireland* 1999: 227)

Got second Martini. No delicate shaving of lemon peel, just twisted to release oils, but two strips of thick peel bearing pith. And it was warm. Not **the silver bullet whistling through the rigging**, as it should be.(두 번째 마티니를 주문했다. 레몬 껍질을 정교하게 벗겨내지도 않았고, 과즙이 마티니 속으로 스며들 수 있도록 그저 눌려 있었으나, 먹을 수 없는 레몬의 흰 조직을 그대로 간직한 두꺼운 레몬 껍질 두 조각이 잔에 꽂아져

있었다. 그리고 레몬은 따뜻했다. **은실탄이 등을 휙 하고 쏘듯이** 차가워야 하는데 그러지 못했다.)

(『가디언 (주말)』 2001년 3월 17일자, Matthew Fort)

창조적 은유는 **관습적 은유**(conventional metaphor)와 대립된다. 관습적 은유는 반복해서 특별한 사물을 가리키는 은유적 용법이다. 해당 경우는 세포가 전염병을 *격퇴하고(fighting off)*, 미생물이 *침입한다(invading)*는 은유이다. '완전히 분리된'을 의미하는 divorced와 전문 주제나 활동을 가리키는 field의 은유적 의미가 관습적 은유의 경우이다. 이런 은유는 언어의 부분으로 관행화된다. 대부분 우리는 관습적 은유를 거의 알아채지 못하고, 그것을 사용하거나 접할 때 그것이 은유라고 생각하지도 않는다. 사전에서는 관습적 은유가 별개의 의미로 기록될 가능성이 크다.

관습적 은유를 가리키는 데 **죽은 은유**(dead metaphor)라는 용어를 때때로 사용하는데, 이는 사람들이 일상 용법에서 은유로 인식하지 못하는 은유를 말한다. 우리는 죽은 은유라는 용어를 사용하지 않을 것이지만, 은유에 대한 많은 논의에서 이 용어를 발견할 수 있다.

비유어: 용어와 유형

앞서 언급한 은유는 종류가 매우 달랐으며, 은유라는 용어 자체가 몇 가지 다른 언어 현상을 포괄한다는 것이 이미 명확해 졌을 것이다. 이런 언어 현상이 공통으로 가지는 것은 언어의 비유적 용법이라는 것이다. 은유는 가장 많이 알려진 비유어의 형태이지만, 다른 비유어도 있다. 이제 비유어를 더욱 폭넓게 검토하고 직유와 환유를 소개할 필요가 있다. 또한 은유라는 용어를 더욱 정확히 정의할 필요도 있다.

우리는 비자구적이라는 용어를 사용했다. 그러나 **자구적**(literal)이란 무엇인가? 낱말이나 발화의 자구적 의미가 무엇인지를 어떻게 알거나 그것을 어떻게 식별하는가? 가장 간단한 경우에, 낱말의 자구적 의미는 구체적 실체를 가리킨다. 즉 자구적 의미는 세계에서 물리적으로 존재하는 것을 가리킨다. 그리고 비자구적 의미는 추상적인 것이나 추상적 특성을 가리킨다.

낱말	자구적 의미	은유적 의미
fox	동물	교활한 사람
jewel	장식을 위한 귀중한 돌	귀중한 것
mountain	큰 바위/땅 덩어리	많은 양

그래서 자구적 의미는 가장 기본적이고 물리적인 의미이다. 즉 자구적 의미는 문맥을 무시하고 한 낱말이 무엇을 의미하는지를 설명할 때 십중팔구 가장 먼저 떠오르는 의미이다. 자구적 의미는 또한 전형적으로 역사상 가장 초기의 의미이다. 즉 은유는 역사적 (통시적) 과정이다.

따라서 **은유**는 비교나 식별을 수반하는 비자구적 언어의 실례이다. 은유가 자구적으로 해석된다면, 무의미하거나 불가능하거나 참이 아닐 것이다. 은유에서의 비교는 암시적이다. 누군가가 여우이다 또는 무언가가 보석이라고 말한다면, 우리는 그것을 여우나 보석에 비교하는 것이고, 그것이 여우나 보석과 전통적으로 연상되는 특성을 가진다는 것을 의미한다.

은유의 하위유형으로 **의인화**(personification)가 있다. 즉 무생물은 사람의 특성을 가지거나 사람의 행동을 할 수 있는 것처럼 다루어진다. to take arms against a sea of troubles(근심의 바다에 맞서 무기를 들고)에서, 근심은 인간의 적으로 의인화된다. "outrageous fortune(가혹한 운명)" 역시 그러하다. 이와 유사하게, the white blood cells which help to fight off invading micro-organisms(침입해 오는 미생물을 격퇴하는 데 도움을 주는 백혈구)에서 세포와 미생물도 의인화된다. 또 다른 두 가지 예가 있다.

15 years later the company moved into the **friendly glass and brick building** in Wellington Circus, with its almost circular auditorium designed by Peter Moro.(15년 후에 그 회사는 웰링턴 원형광장에 자리 잡은 **친절한 유리·벽돌 건물**로 이전했으며, 거의 원형인 강당은 피터 모로가 디자인한 것이다.)

(BoE)

The wind began to scream and we could see **the tops of the long-leafed pine trees doing a mad dance** against the black sky.(바람이 쌩쌩 불기 시작했고, 우리는 검은 하늘을 배경으로 **왕솔나무의 끝자락이 광란의 춤을 추는 것**을 볼 수 있었다.)

(BoE)

이 예에서 물론 건물은 실제로 친절하지 않으며, 나무가 실제로 춤추고 있는 것도 아니다. 반면에, 더욱 글자 그대로 사람이나 동물의 소리를 묘사하는 scream(날카로운 소리를 지르다), howl(짖다), whisper(속삭이다), shriek(비명 지르다) 같은 동사는 바람이나 기계, 다른 무생물이 내는 소리를 기술하기 위해 관습상 은유로 사용된다. 제7, 8장에서 보게 되듯이, 은유적 전이나 의인관(anthropomorphism)의 한 종류인 의인화는 중요할 수 있다.

직유(simile)는 마치 은유 같긴 하지만, 은유와 직유 사이에 중요한 차이가 있다. 즉 직유의 경우는 비교가 명시적이다. 즉 직유는 like, as, compare, resemble 등과 같은 낱말로 표시한다. 누군가가 여우다고 말하는 것은 은유이고, 누군가가 여우 같다고 말하는 것은 직유이다. 은유와 직유 사이에는 차이가 거의 없는 듯 보일 수도 있다. 즉 자의적인 표현상의 변화만 있을 뿐이다. 그러나 이 둘 사이에 중요한 철학적 구분이 있다. 은유는 글자 그대로는 불가능하거나 참이 아니며, 외관상 역설이나 허위이다. 어쨌든 어떻게 행동하든 간에 사람은 사람이지 여우가 아닌 것이다. 이와 대조적으로, 직유는 특히 적절하거나 명확하지는 않지만 글자 그대로 가능하거나 참이다. 어떤 학자들은 은유/직유 구분을 더 중요한 것으로 간주하기도 한다. 다음의 직유 예는 속도와 갑작스러움 모두를 강조한다.

> Not just anxiety, but sheer panic seized them. They took off **like a bullet from a gun.**(불안감은 물론이고 완전한 공포가 그들을 엄습했다. 그들은 **총에서 발사된 총알처럼** 튀쳐나갔다.)
>
> (BoE)
>
> There followed a chase in which we all ran **like rabbits.**(우리가 **토끼처럼** 도망 다니는 추적이 뒤따랐다.)
>
> (BoE)

첫 번째 예는 또한 강제성이나 목적성을 암시한다. 두 번째 예는 취약성과 필사적임을 암시한다.

 직유는 또한 as clear as crystal(맑고 깨끗한), as white as a sheet(새파랗게 질린), as thin as a rake(아위어 피골만 남은), as cheap as chips(매우 싼) 같이 패턴을 따르는 고정된 어구를 가리키는 용어이기도 한다.

 환유(metonymy)는 또 다른 중요한 비자구적 언어이다. 폭넓게 말해서, 환유의 경우는 부분과 전체 관계 및 연상을 포함한다. 부분을 가리키는 낱말이 전체를 가리키는 데 사용되거나, 전체와 연상되는 것이 전체를 가리킨다. 첫 번째 유형의 예는 노동자, 특히 육체노동자(manual 자체는 '손'을 의미하는 라틴어 낱말에서 온 것이다)를 가리키는 데 사용되는 hand이다. 이런 예는 chargehand(직물공장)와 farmhand(농장 노동자) 같은 합성어에서 두 번째 요소로 나타나기도 한다. 환유는 가장 적절한 것처럼 보이는 노동자의 신체부위에 의존한다. 다른 문맥에서 유사한 환유를 비교해 보라. 풋볼 해설자는 때때로 교체 선수를 a fresh pair of legs(신선한 다리)라고 부른다. 일류 과학자, 학자, 사상가의 이민은 때때로 brain drain(두뇌 유출)이라고 한다. 두 번째 유형의 예는 the stage(무대)로서, 이는 배우 직업과 그 활동을 가리키는 데 사용된다.

은유는 글자 그대로는 불가능하거나 참이 아닌 데 반해, 환유는 부분적으로는 참이다. 환유와 그 의미 사이에는 관찰 가능한 물리적 관계가 있는 데 반해, 은유는 비교에 의존한다. 이런 이유 때문에, 많은 언어학자들은 은유와 환유를 신중하게 구분하고, 이 둘이 상보적이긴 하지만 아주 별개인 것으로 간주한다. 그러나 어떤 학자들은 은유를 환유의 형태이거나 환유로부터 발생한 것으로 간주한다. 더욱이, 비유어의 개별 구나 단편은 은유임과 동시에 환유일 수 있다. 제4장에서 환유를 더욱 상세히 검토할 것이다.

은유 분석

은유를 더욱 깊이 분석하고 논의하기 위해, 세 가지를 식별하고 고찰할 필요가 있다. **은유**(낱말, 구, 더 긴 언어 표현), **의미**(그것이 은유적으로 가리키는 것), 이 둘 간의 **유사성**이나 **연결**이 그것이다. 문학 은유를 포함해 은유에 대한 전통적인 접근법에서 이 세 가지 요소는 각각 **매체**(vehicle), **주제**(topic), **토대**(ground)로 언급되었다. 우리는 mountain과 invade의 경우를 가지고 이 세 요소가 어떻게 작용하는지 살펴볼 것이다.

문맥	Be prepared for a mountain of paperwork(산더미 같은 많은 문서업무를 처리할 준비를 하다)
은유/매체	산
의미/주제	많은 양
연결/토대	옮길 수 없고 다루기 어려운 크기에 대한 생각

문맥	... the white blood cells which help to fight off invading micro-organisms(침입해 오는 미생물을 격퇴하는 데 도움을 주는 백혈구)
은유/매체	침입
의미/주제	나쁜 건강을 초래하는 방식과 장소의 발전
연결/토대	해롭고 위험하고 원치 않는 방식으로 장소에 침입한다는 생각

은유적 용법의 **주제**는 자구적 의미가 아닌 의도된 의미이다(어떤 학자는 주제 대신 **취의**(tenor)라는 용어를 사용한다). 은유의 **매체**를 분석할 때, 자구적 의미와 은유적 의미 간의 관계인 **토대**는 그 매체가 얼마나 효과적인지에 대한 열쇠를 제공한다. 이것은 관습적 은유(fox, invade, mountain)와 창조적 은유(that dolphin-torn, that gong-tormented sea)의 경우 모두에 적용된다. 토대를 검토함으로써 은유가 어떻게 작용하는지를 볼 수 있다. 의미가 전달되는 방식과 매체의 자구적 의미의 특별한 자질이 주제로 전이되는 방식에 대한 특별한 중요성이 그런 작용 방식이다. 예컨대, 관습적 은유 mountain은 산의 크기와 확고함의 개념을 이용하지만, 다른 자질에도 의존할 수 있다. 즉 원형적인 산은 춥고, 눈으로 덮여 있고, 암석이 많고, 울퉁불퉁하거나 뾰족하고, 황량하고, 비옥하지 않다. 어떤 원형적 자질이 전이되고 어떤 자질이 무시되거나 억압되는지를 고려하는 것은 도움이 된다.

우리는 이것을 사용해서 좋지 않은 마티니를 기술하는 은유를 분석할 수 있다.

> Got second Martini. No delicate shaving of lemon peel, just twisted to release oils, but two strips of thick peel bearing pith. And it was warm. Not **the silver bullet whistling through the rigging**, as it should be.(두 번째 마티니를 주문했다. 레몬 껍질을 정교하게 벗겨내지도 않았고, 과즙이 마티니 속으로 스며들 수 있도록 그저 눌려 있었으나, 먹을 수 없는 레몬의 흰 조직을 그대로 간직한 두꺼운 레몬 껍질 두 조각이 잔에 꽂아져 있었다. 그리고 레몬은 따뜻했다. **은실탄이 등을 휙 하고 쏘듯이** 차가워야 하는데 그러지 못했다.)
>
> (『가디언 (주말)』 2001년 3월 17일자, Matthew Fort)

매체는 the silver bullet whistling through the rigging이고, 주제는 이상적인 마티니의 맛이다. 토대에 대해, 잠재적인 파괴성은 아니지만 실탄의 속도, 강제성, 갑작스런 폭발성과 술 맛의 갑작스러운 감각과 함께 술의 차가움과 건조함 간에 유사성을 볼 수 있다. 우리는 형용사 clean이 여기서 매체와 주제 모두에 적용될 수 있는 방식을 비교할 수 있다. 즉 그것은 한편으로 맛과 냄새, 다른 한편으로 실탄 발사를 포함하는 행동을 기술하는 데 사용된다. 은유는 감각들 사이에서 교차한다. 즉 시각, 청각 또한 촉각에 기초한 이미지가 미각에 적용된다. 이런 교차는 때때로 **공감각**(synesthesia)이라고 부른다.

상징과 은유

이 책은 비유어에 관한 책이다. 은유와 환유는 상징주의의 한 형태이며, 언어 외의 다른 매체인 무용, 음악, 특히 도로표지, 미술, 영화, 텔레비전 같은 시각적 매체에서 비언어적 은유와 환유를 발견하는 것도 가능하다. 예컨대, 도로표지에서 비스듬한 Z는 은유적으로 이중으로 꺾임(double bend)을 나타내는 데 반해, 나이프와 포크는 카페나 식당을 환유적으로 나타낸다. 고전 영화는 사건과 느낌을 나타내기 위해 평범한 관습적인 은유와 환유를 사용한다. 예컨대, 영화가 끝날 무렵에 등장인물이 일몰로 사라지는 은유는 그의 나머지 삶을 나타내는 데 사용되고, 폭풍과 안개는 감정적 혼란이나 신비로움을 나타내기 위해 내러티브 장치로서는 물론이고 은유로도 사용된다. 종 울림 같은 환유는 결혼이나 죽음을 나타내는 데 사용되고, 풀을 뜯는 동물은 평화로운 시골 생활을 나타내는 데 사용된다. 비언어적 은유에 대한 논의를 위해서는 제9장을 보라.

우리가 검토할 많은 은유는 낱말이나 구일 것이다. 단락보다 더 긴 것은 거의 없을 것이다. 그러나 전체 텍스트를 은유로 간주하는 것도 가능하다. 일련의 사건과 사람들에 관한 어떤 이야기는 실재로 또 다른 이야기에 대한 은유이다. 이것은 폭넓게 말해서 **알레고리(allegory)**로서, 이는 은유적 해석이 보통 도덕적 중요성을 갖는 경우이다. 예컨대, 이솝 우화를 생각해 보라. 『반지의 제왕』(The Pord of the Rings) 같은 이야기, 『공주와 완두콩』(The Princess and the Pea)이나 『핸젤과 그레텔』(Hansel and Gretel) 같은 동화, 『동물농장』(Animal Farm) 같은 정치소설, 성경 속의 우화 같은 종교 텍스트, 비언어적으로는 많은 그림과 다른 예술작품이 알레고리의 예이다.

은유의 기능

은유에는 목적이 있다는 은유 사용의 기초가 되는 동기는 뒷장에서 다룰 것이다. 예비 논의로 방금 언급한 비언어적 예로 유용하게 시작할 수 있다. 왜 도로표지에는 단순히 낱말 double bend(이중으로 꺾임)가 아닌 비스듬한 Z가 있으며, 왜 영화감독은 등장인물이 일몰로 말을 타고 떠나는 것으로 영화를 끝내거나, 감정이나 당황을 가리키는 언어 표현이 아닌 폭풍과 안개 장면을 삽입하는가? 아마 적을수록 좋기 때문이다. 즉 일정한 양식의 도로표지가 미치는 시각적 영향은 낱말의 그것보다 의사소통에 관해서 더 빠르고 빨리 전달된다. 그리고 영화에서 말하지 않은 것은 말한 것보다 더 울림이 크고 상상력에 더 많은 것을 맡긴다. 우리는 의도한 것이 무엇이고 어떤 일이 발생할지를 알며, 우리 스스로 그런 공백을 채울 수 있는 것이다.

언어적 은유, 특히 창조적 은유도 이와 유사하다. 은유를 사용해서 직접적이고 자구적인 언어보다 암시와 함축을 통해 훨씬 더 많은 것을 전달할 수 있다. the silver bullet whistling through the rigging(등을 획 하고 쏘는 은실탄)의 경우를 보자. 작가는 완벽한 마티니가 어떠해야 하는지에 대한 자신의 생각을 어떻게 은유가 아닌 다른 방식으로 전달할 수 있었겠는가? 그런 대안적 표현은 간결하고 강력한 기술이겠는가? 혹은 문학 은유 dolphin-torn(돌고래에 찢기고)을 보자. 예이츠는 바다에 대해 정확히 무언가를 암시하고 있으며, 어떻게 다른 식으로 이를 표현할 수 있었겠는가? 작가가 은유적 언어를 사용할 때 더욱 무한히 의미를 전달하는 것처럼, 독자는 자구적 언어보다 은유적 언어를 더욱 폭넓게 해석한다. 그래서 은유가 비록 구체적이고 생생한 것처럼 보일 수 있긴 하지만, 의미는 그다지 정확하지 않게 작가와 독자 사이에서 전달된다. 의미의 이런 부정확함, 즉 '불분명함' 때문에, 은유는 감정, 평가, 설명을 전달할 때 강력한 도구가 되는 것이다.

관습적 은유는 창조적 은유와 동일한 방식으로 의사소통되는 것처럼 보이지 않을 수 있다. 관습적 은유의 의미는 더욱 고정되어 있으며, 보통 작가의 암시 과정과 독자의 추리 과정을 수반하지 않는다. 그러나 은유적 내용은 흥미롭다. 한 문화의 생각, 가정, 신념은 관습적 은유에 존재한다.

물론 이것은 외관상 명확하지 않긴 하다. 은유를 통해 이데올로기를 검토하는 것이 한 가지 방법이며, 이것은 제7장에서 다룰 것이다. 다음 두 장은 관습적 은유에 초점을 두면서 이에 대한 준비를 할 것이다.

더 읽을거리

이 책은 단지 은유 및 다른 비유어 연구의 핵심 논제를 소개하는 개론서이다. 이미 이 주제에 대해 많은 연구가 있었고, 다른 논문들과 단행본들이 해마다 등장하면서 새로운 생각을 제시하고 때때로 이전 생각을 수정하고 있다. 그래서 최근 출판물과 초기 출판물의 새로운 버전을 고려하는 것이 중요하다.

다음 두 권의 책은 은유에 대한 일반적인 개관을 제공한다. 우리는 뒷장에서 비유어의 특정한 양상을 다루는 선정된 더 읽을거리를 위한 참고문헌을 제공할 것이다.

Goatly, A. (1997) *The Language of Metaphors*, London: Routledge.
Kövecses, Z. (2002) *Metaphor: A Practical Introduction*, Oxford: Oxford University Press.

은유, 낱말, 의미

이 장에서는 개별 낱말과 구의 의미와 관련하여 은유를 검토할 것이다. 여기서는 창조적 은유가 아닌 관습적 은유에 주로 관여할 것이고, 우리가 다루는 많은 것은 낱말의 역사 및 시간이 지나면서 발생하는 의미의 변화와 관계가 있을 것이다. 은유의 역사적 양상은 때때로 (은유가 독자인 우리에게 미치는 영향 및 전달되는 복잡한 의미의 종류 같은) 텍스트 양상보다 그다지 흥미롭지 못하고 적절하지 않은 것으로 생각된다. 그러나 역사적 양상은 은유가 무엇이며, 은유가 어떻게 발전하며, 은유가 어떻게 효과와 의미를 만들어내는지를 설명하는 데 도움을 준다.

은유와 어원

다음 합성어는 모두 특정한 은유를 구체화한 것이다.

a **cooling-off** period(**냉각** 기간; **계약취소보증** 기간)
freelance workers; to work **freelance**(**비전속** 계약자; **비전속으로** 일하다)
to **green-light** a project(프로젝트를 **공식적으로 허가하다**)
a **last-ditch** attempt(**막판** 시도)
pigeonholes; to **pigeonhole** someone(**분류용 선반**; 누군가를 **분류하다**)
seed money(착수금)

각각의 경우에, 현재 영어에서 은유적 의미는 자구적 의미보다 더욱 일반적이다. 글자 그대로 '냉각' 기간, 즉 아마도 운동 후나 태양 아래 누워 있은 후에 열을 식히는 기간이라고 하는 것도 가능하지만, 이 표현은 보통 계약서에 서명한 후에도 계약을 취소하는 것이 가능한 기간을 가리킨다. 'seed money'는 씨앗을 구입하기 위한 돈일 수 있지만, 보통은 어떤 기관이나 단체가 프로젝트를 시작할 수 있도록 빌려준 돈을 가리킨다. last-ditch와 pigeonhole은 은유와 시각적 이미지 둘 다와 관계가 있으며, freelance는 고용 기사로부터 은유적으로 전이된 것으로서, 이는 글자 그대로 그리고 원래 '얽매이지 않았거나' 의무를 지지 않은 창을 가진 사람이다.

다른 낱말들은 얼핏 보면 은유처럼 보이지 않는다. 그러나 많은 낱말은 라틴어, 그리스어, 다른 언어의 어근 낱말을 은유적으로 사용해서 발전했다. 우리는 제1장에서 낱말 isolated가 '섬'을 의미하는 라틴어 낱말 insula로부터 유래했다고 언급했으며, 다음은 몇 가지 또 다른 경우이다.

ecstasy 그리스어 ekstasis '자신의 바깥에 서 있는'에서 유래
(무아성)

involve 라틴어 in+volvere '안/안으로/내부로'+'구르다'에서 유래
(포함하다)

kamikaze 일본어 kami+kaze '신성'+'바람'에서 유래
(카미카제)

poppycock (허튼 소리)	네덜란드어 pappekak '부드러운 똥'에서 유래
sarcastic (풍자의)	그리스어 sarkazein '가차 없이 말하다', 궁극적으로 '살을 찢다'에서 유래
sullied (더럽힌)	프랑스어 souiller '더럽히다'에서 유래

어원은 시각적 이미지를 만들어 내고, 낱말이 지금의 영어 의미를 가지는 이유를 암시할 수 있다.

낱말의 어원에 대한 어떤 정보는 대부분의 큰 일반 영어사전에서 찾을 수 있다. 더욱 상세한 정보는 어원 사전이나 역사 사전에서 찾을 수 있으며, 이 중에서 가장 중요한 사전은 *Oxford English Dictionary(OED)*이다.

은유와 다의성

다의성(polysemy)은 두 가지 또는 그 이상의 의미를 가진 낱말에 대한 전문 용어이다. 사전은 대부분의 일반적인 영어 낱말에 몇 가지 의미가 있고, 많은 일반적인 낱말에 시간이 지나면서 발전한 많은 의미가 있다는 것을 보여준다. 의미가 원래의 의미에서 발전하는 몇 가지 방법이 있지만, 매우 종종 의미는 은유와 환유라는 비유 과정을 통해 발전한다.

낱말 branch를 보자. 이 낱말은 무엇을 의미하며, 이 낱말에 대해 생각할 때 어떤 이미지가 우리 마음속에 떠오르는가? 우리는 십중팔구 나뭇가지에 대해 생각할 것이다. 그러나 나무에 붙어 있는 가지나, 초록색 잎이나 꽃으로 덮여 있는 가지, 어쩌면 앙상한 가지를 시각화할 수도 있다. 또는 소나무의 가지, 과일이 달린 과일나무의 가지, 떨어져 땅에 놓여 있는 가지를 시각화할 수도 있다. 우리 친구들과 가족들은 같은 이미지나 또는 매우 다른 이미지를 가질 수 있다. 그러나 우리 모두에게 떠오르는 branch의 첫 번째 의미는 나무의 목질부일 것이다.

대부분의 사전은 branch의 이 '나무' 의미를 처음에 제시한다. 즉 의미 1로 제시한다. 그러나 branch의 다른 의미들도 기재할 것 같다.

> 보조 도로, 보조 철도, 지류
> 보조 사무실이나 사업장(a branch office(지사), the local branch of a nationwide chain of stores(전국 체인점의 현지 지점))
> 연구나 학문의 분과나 부문(branches of learning(학문 분야))
> 가족의 세분(another branch of the family settled in Texas(텍사스에 정착한 또 다른 분가))

어떤 사전은 이런 의미들을 결합한다. 어떤 다른 사전은 이런 의미들을 구분해 두고, 수학, 전산, 물리학과 관련 있는 또 다른 전문 의미를 추가한다. (거의 어느 현대의 1개 국어를 사용하는 사전도 은유성이 명확한 경우에도 의미에 은유라고 표시하지 않는다는 것에 주목해 보라.) 또한 동사 to branch도 있는데, 이는 보통 the path branches off here(길이 여기에서 갈라진다)와 they decided to branch out on their own(그들은 각자의 길을 가고자 결심했다)에서처럼 글자 그대로와 은유적으로 '다른 방향으로 가다'를 의미하는 데 사용된다.

이 의미들은 이제 확정되었고 되풀이 된다. 이 의미들이 어떻게 발전했으며 어떤 종류의 유사성을 끌어내었는지를 이해하는 것은 어렵지 않다. 역사적인 관점에서 이 의미들을 검토해 보면, *OED*는 branch의 '나무' 의미가 먼저 영어에서 13세기 말에 발생한 것으로 기록하고, 다른 의미들 중 몇 가지는 2세기가 지난 후에 처음으로 나타난 것으로 기록한다. 이런 은유적 용법은 일반적인 것은 물론이고 오래되기도 했다.

제2장 은유, 낱말, 의미   23

핵심 의미, 은유, 빈도

많은 다의어는 branch 같다. 이런 낱말은 구체적이거나 물리적인 어떤 것을 가리키는 기본 의미를 가지며, 이런 의미로부터 종종 은유적인 다른 의미들이 발전한다. 이런 기본 의미는 때때로 **핵심 의미**(core meaning)라고 부른다. 예컨대, 다음 명사를 고려해 보라. 핵심 의미와 은유적 의미 사이에 꽤 명확한 연결이 있다(BoE에서 문맥을 가져왔다).

cream

Porridge was served with **cream** and brown sugar.(포리지는 죽은 **크림**과 흑설탕과 함께 나왔다.)

the **cream** of pop: Bono, Robbie Williams, the Manic Street Preachers (팝의 **정수**: 보노, 로비 윌리암스, 매닉 스트리트 프리처스)

fossil

He's found the **fossils** of two very small, very early birds.(그는 두 개의 매우 작은 초기 새의 **화석**을 발견했다.)

The old **fossils** were moaning they had yet to receive their lap-top computer.(**시대에 뒤진 사람들**은 노트북 컴퓨터를 아직 받지 않았다고 불평하고 있었다.)

stream

a country house in woodland with its own trout **stream**(송어 낚시 **하계**가 있는 숲속의 한 별장)

a small but steady **stream** of visitors.(적지만 꾸준한 방문객의 **행렬**)

핵심 의미가 물리적 활동이나 과정을 가리키는 동사와 물리적 성질을 가리키는 형용사에서도 유사한 현상을 발견할 수 있다. 예컨대, to feed의 핵심 의미는 '먹다'나 '누군가/무언가에게 음식을 주다'이다. 은유적 의미는 feeding your imagination(상상력을 부채질하다)이나 feeding lines to an actor(배우에게 대사의 실마리를 주다) 같은 문맥에서 볼 수 있다. hollow의 핵심 의미는 '속이 빈, 텅 빈'이다. 은유적 의미는 their words rang hollow(그것은 빈말처럼 들렸다), it raised a hollow laugh(그것은 공허한 웃음을 일으켰다), a hollow victory(싱거운 승리) 같은 문맥에서 볼 수 있다. 다음의 예도 유사하다(BoE에서 나온 문맥).

float
> a flotilla of tall ships **floating** along the Hudson river(허드슨 강을 따라 **떠 있는** 큰 군함들로 이루어진 전대)
> press releases **float** from office to office with compelling ideas but no practical plan for making them happen.(언론보도가 가장 흥미로운 아이디어를 **유포하지만** 실현시킬 만한 실재적 계획은 없다.)

nail down
> Lay the roofing felt flat on the roof and **nail** it **down** using galvanised clout nails(루핑 펠트를 지붕에 놓고 아연 도금을 한 징으로 **고정시켜라**.)
> They have more work to do to **nail down** the connection between global warming, shifting cloud layers and ecological disruption.(그들은 지구 온난화, 운층의 이동, 생태 파괴 사이의 관계를 **확정하기** 위해 해야 할 일이 남아있다.)

juicy
> ripe, **juicy** peaches(**즙이 풍부한** 잘 익은 복숭아)
> all the latest news and **juicy** gossip from around the world(전 세계에서 일어난 모든 최근 소식과 **재미있는** 이야깃거리)

magnetic
> the curved force lines of the **magnetic** field(**자기**장 내의 굽은 자기력선)

Foreign investment is further proof of the city's **magnetic** attraction. (해외 투자는 추후 그 시의 **매력적인** 끄는 힘에 대한 또 다른 증거이다.)

많은 경우에 낱말의 핵심 의미는 가장 오래되고 가장 빈번한 의미이다. 그러나 가장 오래된 자구적 의미가 실제로 은유적 의미보다 그다지 빈번하지 않은 경우들도 있다. 실제로, 때때로 원래의 구체적 의미가 지금은 너무 드물고 사용이 제한되어서, 가장 먼저 생각나고 핵심 의미로 간주되는 의미는 은유적 의미이다. culture의 원래 의미는 식물과 곡식 재배와 관련 있었지만, 이제 이 지배적인 의미는 예술, 학문 및 다른 문명의 기표들과 관련 있는 데 반해, 더 초기의 의미는 주로 과학과 원예 문맥에 국한된다. 때때로 원래의 자구적 의미는 완전히 사라지기도 한다. muddle은 원래 '진흙에서 뒹굴다'나 '진흙투성이가 되다'를 의미했고, solve는 원래 '느슨하게 하다'나 '풀다'를 의미했다. impress의 경우는 더욱 복잡하다. 이 낱말의 지배적인 의미는 이제 it impressed me(그것은 나에게 감동을 주었다)와 I was very impressed by ...(나는 ··· 에 의해 매우 감동받았다)에서처럼 '누군가가 호의적인 견해를 가지도록 초래하다'이다. 이 낱말의 원래의 자구적 의미는 '자국을 남기기 위해 압력을 가하다'였으며, 이 자구적 의미가 지금은 실질적으로 퇴화하긴 했지만, they impressed upon me that ...(그들은 ··· 의 중요성을 나에게 인식시켰다)에서처럼 '누군가에게 어떤 것의 중요성을 인식하게 만들다'라는 현재의 은유적 의미로 거슬러 올라갈 수 있다. 관련된 명사 impression은 원래의 자구적 의미 '각인, 자국'을 보유하고 있지만, 은유적 의미 '인상, 의견, 생각'이 더 빈번하다.

은유와 문법적 낱말

우리가 고찰하고 있는 낱말은 어휘적 낱말이다. 그러나 많은 문법적 낱말 역시 은유적 용법을 가지는데, 물론 핵심 의미와 다의성에 의해 이런 용법을 논의하는 것이 그다지 쉽지는 않다. 아마 전치사와 부사가 가장 명백히 은유인데, 존재하는 텍스트 증거로부터 언어의 역사적 발전을 재구성하는 것이 가능하다면, 이런 낱말의 첫 번째 의미는 종종 물리적 위치, 방향, 범위를 가리키는 것처럼 보인다. 예컨대, in의 물리적 의미(put it in a box(그것을 상자에 넣다), let them come in(그들을 들어오게 하다))는 시간적 의미(in twenty minutes(20분 후에), in November (11월에))와 in a difficult situation(위험한 상황에 처한), fall in love(사랑에 빠지다), take part in a competition(경쟁에 참여하다) 같은 용법보다 역사적으로 선행하는 듯하다. 이 모든 용법이 오래되었고, 영어의 가장 초기 형태까지 거슬러 올라간다는 것을 강조해야 한다.

(종종 분석되지 않긴 하지만) 구절동사의 부사류 불변화사와 전치사적 불변화사에서도 은유를 식별하는 것이 가능하다. 예컨대, melt away(녹아 없어지다), wither away(시들다), fade out(점차 희미해지다), fizzle out (쉿 소리를 내며 꺼지다), tail off(점차 감소하다) 같은 구절동사는 어떤 것이 사라지거나 끝난다는 개념을 전달한다. 불변화사의 자구적 의미는 화자나 짐작되는 기준점으로부터 멀어지는 방향으로의 물리적 이동과 관련 있다. 그래서 여기서 은유는 멀리에 있거나 보이지 않는다는 것을 끝난다는 것과 동일시한다.

제3장에서는 시간과 공간 은유를 더 깊이 검토하고, 제7장에서는 문법적 은유라는 개념을 검토할 것이다.

은유, 신조어, 차용어

우리는 낱말의 많은 의미가 은유적임을 보았다. 이와 유사한 방식으로, 새로운 개념이나 발명품을 기존 낱말의 은유적 용법을 통해 명명할 수 있다. 제1장에서 언급한 널리 논의되는 경우는 컴퓨터 용어이다. web(웹),

bug(버그), virus(바이러스) 외에, cookie(쿠키), crash(고장), firewall(방화벽), icon(아이콘), sprite(쪽화면), visit (a website)(홈페이지를 방문하다), worm(벌레) 등도 이런 예이다. phishing(피싱)은 철자가 바뀌긴 했지만 은유이다. 은유적 신조어의 또 다른 근원은 전쟁이다. 예컨대, 2003년 이라크 전쟁은 rubber number(정확하지 않거나 상당히 다른 사상자의 수)와 bug splat(목표를 정한 폭격)를 제공했다. mouseholing (쥐구멍 내기)은 군대가 덫의 철사와 위장 폭탄이 있을 경우에 문이나 창문을 통해 건물에 들어가는 것을 꺼려하여, 대신 벽을 폭파해 구멍을 내는 상황을 가리키는 데 사용되었다. 어떤 거주자라도 보통 죽거나 장애인이 된다. 여기서 은유는 완곡어법이다. 즉 직접적인 진술을 피하는 불길한 방법이다.

이와 관련된 과정으로 영어가 다른 언어로부터 낱말과 구를 받아들이는 차용이 있다. 우리는 이미 ecstasy, involve, poppycock 같은 낱말을 논의했다. freelance와 muddle의 경우처럼 그 어원은 은유적 과정이 발생했다는 것을 보여준다. 그러나 어원을 조사하지 않는다면, 은유적 본질은 명확하지 않을 수도 있다. 영어가 다른 언어로부터 은유적 항목을 차용하는 경우에, 근원 언어에 존재했을 수 있는 자구적 의미가 아닌 은유적 의미만 빈번하게 차용되었다. 이것은 형태와 종종 발음에 의해서만 영어가 아닌 것으로 구분되는 은유적 차용어에서 가장 명확히 볼 수 있다. 예컨대, sangfroid는 '침착, 냉정'을 의미하며, 이것은 글자 그대로 '차가운 피'라는 프랑스어에서 나온 것이다. 침착이 아닌 냉혹함을 가리키는 영어 표현 in cold blood(냉혹하게)와 cold-blooded(냉혹한)를 비교해 보라. in flagrante delicto는 글자 그대로 '불타는 범죄에서'나 '범죄의 열 속에서'라는 라틴어에서 나온 것이다. 영어 표현 catch someone red-handed(누군가를 현행범으로 체포하다)나 a smoking gun(명백한 증거)은 다른 이미지를 사용하지만 관련된 기초 은유를 사용한다. 다른 언어의 은유는 제6장에서 더 깊이 논의할 것이다.

은유와 관용어

관용어는 spill the beans(비밀을 누설하다)나 jump the gun(조급하게 굴다) 같은 관습적 표현으로서, 전체 표현의 의미는 그 표현을 구성하는 개별 낱말을 해석해서 나올 수 있는 의미와 다르다. 이런 예는 은유이며, 우리는 **관용어(idiom)**라는 용어를 이런 비유적 표현에 사용하는 것으로 국한할 것이다(관용어는 때때로 고정된 표현을 가리키는 데 더 일반적으로 사용된다). 어떤 관용어는 다소 투명하고, 왜 관용어가 그런 것을 의미하는지를 알 수 있다. 다른 관용어는 완전히 불투명하며, 그 기원이 모호하다.

다음은 대표적인 영어 관용어이다.

>   bury the hatchet(화해하다)
>   cost an arm and a leg(큰 돈이 들다)
>   kick the bucket(죽다)
>   make a mountain out of a molehill(허풍떨다)
>   on the cards(예상되는)
>   out of the blue(불시에)
>   put the cart before the horse(본말을 전도하다)
>   rain cats and dogs(비가 억수처럼 내리다)
>   a red herring(사람의 주의를 딴 데로 돌리는 것)
>   twist someone round you little finger(어떤 사람을 마음대로 조종하다)

평범한 문맥에서 우리는 포함되어 있는 은유에 대해서는 생각하지 않고서 관용적 의미를 해석하는 것 같다. 다음 문장을 읽거나 듣는다면, 우리는 월납이 비싸다는 것을 말하는 강조의 방법으로 해석한다.

The monthly payments **cost an arm and a leg**.(월납은 **돈이 많이 든다**.)
(BoE)

그러나 관용어를 은유적 관점에서 고찰하게 되면, 종종 관용적 의미를 이해하고, 이런 의미가 어떻게 발전했는지 평가하고, 심지어 은유에 기초한 정신적 이미지를 가지는 것이 가능하다.

이것은 특정한 경우에 더욱 쉽다. cost an arm and a leg와 twist someone round you little finger에서 은유는 비교적 투명하다. 이와 대조적으로, kick the bucket과 rain cats and dogs는 해석하기가 거의 불가능하다. 양동이를 차는 것은 죽음과 무슨 관계가 있으며, 어떻게 rain cats and dogs할 수 있으며, 폭우가 어떻게 하늘에서 떨어지는 동물과 닮을 수 있는가? (이런 별난 표현의 기원에 대해서는 이론이 다양하지만, 어느 이론도 만족스러운 것으로 입증되지 않았다.) 불투명한 관용어도 시각화하는 것이 가능할 수는 있다. 예컨대, rain cats and dogs의 경우에 고양이와 개가 비처럼 떨어지는 이미지를 가질 수 있으며, 아마 이런 이미지는 만화, 광고 등에서 볼 수 있는 이미지나 1999년에 만들어진 영화 『매그놀리아』(*Magnolia*)의 끝 부분으로 가는 절정의 한 장면에서 개구리들이 쏟아져 내리는 이미지에 의해 강화된다.

관용어의 어법은 종종 고정되거나 동결되어 있다. 예컨대, rain dogs and cats, rain budgies and canaries, out of the green, a yellow haddock 같은 변이형은 찾을 수 없다(찾을 수 있다면, 이는 글자 그대로 해석하거나, 유머러스하다고 가정하거나, 관습적인 관용어 형태에 의해 재해석해야 할 것이다). 다른 경우에, 꽤 많은 변이가 있을 수 있으며, 은유와 이미지는 동일하게 남아 있지만, 관용어 어법은 안정적이지 않다. 말뭉치와 텍스트 증거는 다음과 같은 어법을 보여준다.

the final/last nail in the coffin(결정적인 원인)
to put another/a further nail in the coffin(수명을 단축시키다)
hammer/drive/bang the last/first nail into someone's coffin(수명을 단축시키는 첫[마지막] 못(무절제, 고민, 마약 등)을 박다)
nail down the coffin (lid)(관(뚜껑)을 못으로 고정시키다)
one of the biggest nails in the coffin(치명적인 영향을 끼친 한 가지)

wash your dirty linen in public(집안의 수치를 외부에 드러내다)
air your dirty laundry(당신의 더러운 빨랫감을 바람에 쐬어서 말리다)
do your dirty washing in public(집안의 수치를 외부에 드러내다)
launder your dirty washing(당신의 더러운 빨랫감을 세탁하다)
wash/air your linen/laundry in public(집안의 수치를 외부에 드러내다)
drag/hang out one's dirty laundry(누구의 더러운 빨랫감을 내다 널다)
launder/air one's soiled/bloody linen(누구의 더러운/피로 얼룩진 빨랫감을 세탁하다/내다 널다)

　다른 은유의 경우처럼, 관용어를 글자 그대로 해석한다면, 우리가 도달하게 될 의미는 문맥상 거짓이거나 부적절하거나 불가능할 것이다. 사실상, 어떤 의미는 결코 가능할 수 없지만(jump down someone's throat(누군가에게 몹시 화내다), move heaven and earth(온갖 수단을 다하다)), 효과를 창조하기 위해 과장법을 사용한다. 그러나 항상 '참'인 관용어도 몇 개 있다. some is *not one's cup of tea*(어떤 것은 누군가의 취향이 아니다)나 something is *not a bed of roses*(어떤 것은 편안하지 않다)라고 말하는 것은 완벽하게 정확할 수 있다. 그럼에도 불구하고, 이런 관용어의 의미는 여전히 그것이 포함하는 은유로부터 도출된다. 즉 그것은 어떤 것이 실제로 누군가의 찻잔이거나 장미 침대이면 그것이 의미할 수 있는 바이다.

은유와 의미 성분

제1장에서 주제, 매체, 토대에 대해 논의했을 때, 우리는 자구적 의미의 어떤 원형적 자질만이 은유 과정에서 전이되고, 다른 자질은 억압된다고 말했다. 우리가 제시한 예는 mountain이었다. 이런 자질은 때때로 **의미 성분**(meaning component)이라고 부른다. 낱말 branch를 고려해 보면, 전이되는 성분은 부차성 및 연결과 관계있다. 즉 이것은 하나가 또 다른 것의 부차적 부분으로, 그 둘이 어떤 방식으로 연결되어 있지만 인식할 수 있을 정도로 구분된다는 생각이다. 전이되지 않는 성분은 가지의 식물학적 양상과 실세계 양상으로서, 가지 자체는 잔가지로 다시 나뉘고, 가지에 잎과 꽃, 과일이 있고, 새가 가지 위에 앉는다는 사실이 그런 성분들이다. 다음의 BoE 예에서처럼 동사 to pigeonhole을 고려해 보자.

> Maria was an artist, [...] but the work she did had nothing to do with creating objects commonly defined as art. Some people called her a photographer, others referred to her as conceptualist, still others considered her a writer, but none of these descriptions was accurate, and in the end I don't think she can be **pigeonholed** in any way.(마리아는 예술가였지만, 그녀가 만든 작품은 보통 예술로 정의되는 제작물을 창작하는 것과는 거리가 멀었다. 어떤 이들은 그녀를 사진사라고 하였고, 어떤 이들은 그녀를 개념론자라고 칭하였으며, 또한 어떤 이들은 그녀를 작가로 여겼으나, 그 어떠한 이름도 정확하지 않았다. 결국 내 생각에 그녀는 어떠한 식으로든 **분류될 수** 없을 것이다.)

> if you ever tried to **pigeonhole** their sound, you'd come up with something like reggae/hardcore/funk/indie/metal/dance ... and then you'd stop.(당신이 그 소리를 **분류하고자** 한다면, 레게/하드코어/펑크/인디/메탈/댄스 같은 것을 생각해 내다가 결국은 그만둘 것이다.)

이 동사를 고려해 보면, 비둘기가 안에서 쉬고 살 수 있는 칸막이가 있는 구조에 관한 의미 성분이 원래의 명사 용법으로부터 전이되었다. 제한된 물리적 공간과 강제적이고 정돈된 배치에 대한 생각은 은유적 동사로 전이되고, 제한된 범위나 유연성과 강제적 범주화에 관해서 개작된다. 그러나 이런 방식으로는 비둘기를 수용한다는 실용성 같은 중립적이거나 긍정적인 원래 용법의 양상은 사라진다. 대신에, 은유적 용법은 부정적 특징을 취해서, 범주가 제한적이고 심지어 그르치기 쉬운 것으로 간주된다.

cream, fossil, float, hollow, juicy, magnetic 같은 언급한 다른 낱말이나 관용어 make a mountain out of a molehill의 경우에, 어떤 성분은 자구적 의미에서 은유적 의미로 전이되고, 어떤 성분은 억압되고, 새로운 성분이 더해질 수 있다. 이런 새로운 성분으로는 긍정적이거나 부정적인 평가가 있다. 예컨대, 핵심 의미에서 hollow는 단순히 물리적 구조에 대한 기술이고 평가에 관해서는 중립적이다. 그러나 그것의 은유적 용법은 공허함과 견고함이나 밀집 상태의 결핍이라는 생각을 순수하게 부정적인 특징으로 이용한다.

> But the glossy choreography could not conceal a certain **hollow** centre to the performance.(그러나 겉만 그럴 듯한 안무는 **부실한** 공연 내용을 숨길 수 없었다.)
>
> (BoE)
>
> Life will become increasingly **hollow** and pointless if you carry on like this.(만약 당신이 이같이 계속 살아간다면 인생은 점점 **공허해**지고 무의미해질 것이다.)
>
> (BoE)
>
> He tried to sound confident, but he knew his assurances were **hollow**.(그는 자신감 있게 보이려 노력했지만, 그는 그의 확언이 **무의미하다**는 것을 알고 있었다.)
>
> (BoE)

공허함에 대한 긍정적인 생각을 표현하고자 한다면, 완전히 다른 낱말과 개념을 사용해야 할 것이다. 아마 resonant(공명하는)나 open(열린), 어떤 문맥에서는 심지어 receptive(잘 받아들이는)를 사용해야 할 것이다. 이와 유사하게, cream의 은유적 의미는 전적으로 긍정적이며, 음식 크림이 지방이 많다거나 건강에 좋지 않다거나 유해하다는 생각은 억압하거나 은폐한다. 마지막으로, 전이된 의미 성분의 평가적 태도와 중요성은 관점에 따라 다를 수 있다. 전쟁에서 나온 은유적 신조어인 bug splat와 mouseholing의 경우에, 군대, 목표물, 독자로서 우리는 매우 다른 견해를 가질 것 같다.

은유와 불분명한 의미

우리는 은유가 자구적 의미와 대조되거나 성분으로 깔끔하게 분리될 수 있는 고정된 의미나 특정한 의미를 가진다는 인상을 줄 수도 있었다. 그러나 우리는 제1장 끝에서 은유를 의사소통 장치로 매우 강력하게 만드는 것 중 하나가 은유의 부정확성과 불분명함이라고 제안했다. 우리가 작가/화자로서 은유를 사용하든 독자/청자로서 은유를 해석하든, 자구적 의미의 경우보다 더 넓은 허용 범위로 은유적 의미를 조작한다. 이것은 창조적 은유는 물론이고 관습적 은유에도 적용된다. hollow와 cream이 은유적일 때가 자구적일 때보다 얼마나 정확하지 않은지를 고려해 보라. 즉 이는 자구적 의미의 성분들 중 일부만이 은유 과정에서 전이되고, 이런 성분들이 종종 자구적 의미의 원형적 또는 이상적 자질과 대응하기 때문이다. 부정확성은 자연스러운 결과인 듯하다.

Dan Sperber & Deirdre Wilson(1986)은 **느슨한 이야기**(loose talk)라는 용어를 사용해 언어의 부정확함을 기술하고, 은유가 단순히 이것의 한 가지 형태라고 주장한다. 느슨한 *이야기* 자체가 은유적 구와 중의적 구이지만, 여기서는 무분별하거나 선명하지 않은 언어를 가리키는 것이 아니라 유연하고 융통성 있는 언어를 가리킨다. 의미는 고정된 것이 아니라 문맥에 따라 재해석될 수 있고, 느슨함은 작가/화자와 독자/청자 사이의 성공적인 의사소통을 위한 중요한 요인이 된다.

우리는 아마도 비유어의 창조적 용법으로 이것을 가장 명확히 예증할 수 있다. 예컨대, 제1장의 'silver bullet(은실탄)' 은유에 대한 우리의 논의나 구어 대화에서 따온 다음 예를 비교해 보라.

> The only thing was they given you a pittance. You know they didn't even give you enough for one day never mind anything else. So really it's sort of like erm you know it's like putting an arm to help you but just as you fell [sic] to grab it they draw it back. (그저 그들은 너에게 약간의 돈만 주었다. 너도 알다시피 그들은 다른 것은 물론이고 하루 동안 쓸 수 있는 충분한 돈을 주지 않았다. 그것은 실제로 너도 알다시피 네가 넘어졌을 때 그들이 네가 잡도록 팔을 내밀었지만 바로 팔을 치워버리는 그런 것이다.)
>
> (BoE)

(남성) 화자는 자신의 관점을 설명하려고 직유를 사용하고, you know와 sort of 같은 다른 항목은 망설임이나 불확실성을 예증한다. 비교가 그것을 정확하게 보이도록 만들 수는 있지만, 이것은 실제로 정확한 기술은 아니다. 여기서 언어의 '느슨함'은 의사소통을 용이하게 하고 있다.

은유, 이용, 재자구화

지금까지 우리는 관습적 은유의 은유성에 대해 명시적으로 생각하고 있었다. 즉 그것은 이상한 과제이다. 그러나 평범한 용법에서도 그 은유성을 알게 될 때가 있는데, 가령 누군가가 자구적/은유적 중의성을 이용하는 언어유희나 농담을 할 때가 그렇다. 다음은, 영국의 사회 계층에 대한 오래된 농담이다.

> Why is the aristocracy known as the cream of society?
> Because it's rich and thick and full of clots.
> (귀족이 사회의 핵심으로 알려진 이유는 무엇인가?
> 그 이유는 귀족들이 부유하고 귀족층이 두텁고 더러움으로 가득 차 있기 때문이다.)

(잡지 *Private Eye*에서) Colemanballs의 오락 가치는 화자가 은유들을 무심코 혼합하거나 혼동하거나 자구적 의미와 은유적 의미 사이에서 충돌을 만드는 방법에 있다.

> With regard to the broken finger, when batting I'll just have to play it by ear.(부러진 손가락 때문에, 야구 방망이로 공을 칠 때 나는 그저 느낌으로 쳐야 할 것이다.)
> Rooney's got the world at his feet, if he can keep his feet on the ground.(루니는 세상을 자기 발아래에 두었는데, 그가 축구를 계속하는 한 그럴 것이다.)
> He's not the sharpest sandwich in the picnic.(그는 가장 능숙한 사람이 아니다.)
> Messner was a great mountaineer, but now he's 59. Surely he's past his peak?(메스너는 훌륭한 산악인이었으나, 이제 그는 59세이다. 분명 그의 전성기는 지났겠지?)
> That sniper story ... some bullet points ...(그 저격수 이야기. 조준점.)
> The people of Northern Ireland should step back and ask themselves

have they moved on.(북부 아일랜드 사람들은 물러서서 스스로가 계속 할 것인지 자문해야 할 것이다.)

(Fantoni (ed.) *Colemanballs 12, 2004*)

역으로, 우리가 사용하고 있는 낱말이나 구가 자구적이 아닌 은유로 해석될 것임을 인식할 수 있다. literal/literally(자구적/자구적으로)라는 낱말은 때때로 우리가 은유적이지 않고 있음을 암시하는 데 사용된다.

In space, you can find methanol in **literally astronomical** quantities.(우주에서는 **글자 그대로 천문학적인** 양의 메탄올을 발견할 수 있다.)

(BoE)

The country is now witnessing unprecedented trials of the military, and **literally truckloads** of secret documents are being released.(국가는 이제 전례가 없는 군의 위기를 직면하고 있으며, **글자 그대로 트럭 몇 대분에 실을 수 있는 양**의 기밀문서가 반출되고 있다.)

(BoE)

그러나 literally(자구적으로/글자 그대로)는 더 종종 은유성을 인정하면서도 단순히 과장된 진술을 강조하는 데 사용되기도 한다.

Everywhere public space is disappearing. Everywhere the city streets are becoming meaner and the city just **literally bristles with malice**.(많은 곳에서 공공장소다운 공간은 사라지고 있다. 어디든지 간에 도시의 도로들은 건너기가 힘들어졌고 도심은 **글자 그대로 악의로 가득하다**.)

(BoE)

One way or another our future is moving towards Europe. Technological change, plus increased communication and travel have **literally shrunk** the world.(이런 저런 이유로 우리의 미래는 유럽을 향해 나아가고 있다. 기술 변화와 함께 의사소통과 여행의 증가가 **글자 그대로 전 세계를 축소시켰다.**)

유사한 방식으로 사용하는 다른 관용 표현도 있는데, (거의 속담과 함께 나타나지 않는) proverbial(속담투의), so to speak(말하자면), figurative/figuratively(비유적/비유적으로) 그리고 말을 할 때 사용하는 if you like(그렇게 하고 싶다면)가 그것이다. 이것들 역시 의미를 강조하거나, 어법의 선택에 대해 망설임을 나타내거나, 중의적인 무언가를 말했거나 말장난을 했다는 것을 암시한다.

I have seen some cynical tactics in my time, but this **takes the proverbial biscuit.**(나는 살면서 몇 가지 냉소적인 전술을 보았으나, 이것은 **속담투로 보통이 아니다.**)

(BoE)

Unheard for 400 years, the Cornish bagpipes are now making a comeback, **getting a second wind so to speak.**(콘월의 백파이프는 400년 동안 들리지 않다가 이제 복귀하고 있다. **말하자면 두 번째 바람을 가지기 시작했다는 것이다.**)

(BoE)

Books have nourished me literally as well as figuratively - I have made my living by editing other people's books since I graduated from college in 1965.(책은 비유적으로 뿐만 아니라 글자 그대로 나에게 자양분을 주었다. 나는 1965년에 대학을 졸업한 이래로 다른 사람들의 책을 편집하면서 생계를 꾸려 나갔다.)

(BoE)

Because at the end of the day the most logical structure is the clinical directorate structure because that firmly puts the clinician ... **in the driving seat if you like.**(여러모로 고려해서 가장 논리적인 구조는 임상 관리 구조인데, 그 이유는 그것은 임상의가 **그렇게 말하고 싶다면 결정권을** 쥐게 해주기 때문이다.)

(BoE)

마지막으로, 관습적 은유 표현은 문맥에서 **재자구화**(reliteralization)될 수 있다. 그래서 자구적 의미가 재생되거나, 은유적 의미와 공존한다. 예컨대, 다음 행은 아일랜드 시인 폴 멀둔(Paul Muldoon)의 시 'The Field Hospital(야전병원)'에서 따온 것이다.

We answer to no grey South

Nor blue North, not self defence,
The lie of just wars, neither
Cold nor hot blood's difference
In their discharging of guns ...

(Muldoon 1996: 14)

in cold blood(냉혹하게), cold-blooded(냉혹한), hot-blooded(혈기찬)는 관습적 은유이다. 그러나 연어 Cold nor hot blood's 그리고 cold와 hot의 대조는 이것이 창조적 은유인 것처럼 우리가 자구적 의미와 은유적 의미 사이의 기본 긴설에 반응하도록 만든다.

요약

우리는 이 장에서 은유적 의미가 낱말과 관용어에서 관습화되는 방식을 검토했다. 이것은 다중 의미의 발전과 은유 표현의 '동결'이라는 간단한 과정을 통해 발생할 수 있다. 그래서 이것은 비자구적 의미와 함께 되풀이 되거나, 고정되었거나 반 정도 고정된 공식에서 되풀이 된다. 시간상 더욱 멀고 종종 그다지 명확하지 않게, 은유는 낱말의 어원까지 거슬러 올라갈 수 있다. 우리는 일상 용법에서 관습적 은유를 분석하지 않으며, 보통 그것의 비유성을 의식하지 못한다. 그러나 작가/화자가 은유적 항목을 사용하고 있다는 것을 인식하게 되고 그래서 이런 방식으로 이것을 암시할 될 때가 있다.

관습적 은유를 조사하는 과정은 우리에게 종종 평가적 태도나 이데올로기적 입장 같은 은폐된 의미를 조심하도록 충고해 준다. 뒷장들에서 이 모든 것이 어떻게 창조적 은유와도 관련 있는지를 고찰할 것이고, 더 나아가 은유의 이해와 해석을 검토하고(제5장), 문맥에서의 은유 사용에 대한 암시를 검토할 것이다(제7, 8장). 먼저 제3장에서 은유가 어떻게 체계적으로 작용하는지를 검토할 것이다.

더 읽을거리

Aitchison, J. (2002) *Words in the Mind: an Introduction to the Mental Lexicon*, 3rd edn, Oxford: Blackwell. (낱말 의미에 대한 심리언어학적 접근법을 취한다. 예컨대, 은유를 다루는 제4장과 제13장을 보라.)

Carter, R. (2004) *Language and Creativity: the Art of Common Talk*, London: Routledge. (제4장은 '비유'를 다룬다.)

Chantrell, G. (ed.) (2002) *The Oxford Dictionary of Word Histories*, Oxford: Oxford University Press. (알파벳순으로 기재된 12,000개의 영어 낱말의 역사적 기원과 발달에 대한 매우 읽기 쉬운 설명.)

Pyles, T. and Algeo, J. (1993) *The Origins and Developments of the English Language* 4th edn, Fort Worth, Texas: Harcourt Brace Jovanovich. (제10장과 12장은 낱말 의미와 어휘의 역사적 변화를 다룬다.)

Sperber, D. and Wilson, D. (1986) 'Loose talk', *Proceedings of the Aristotelian Society* 86 (1985-6), 153-171. (불분명한 의미, 자구적과 은유적 사이의 연속체에 대한 논의)

은유에 대한 체계화

우리는 제1장에서 다음 예를 고찰했다.

> Scientists believe stress may suppress development of T-cells, the white blood cells which help to fight off invading micro-organisms.(과학자들은 스트레스가 T세포의 발생을 억압할 수도 있다고 믿는데, 이 세포는 침입해 오는 미생물을 격퇴하는 데 도움을 주는 백혈구이다.)

그리고 어떻게 전쟁 은유를 통해 생물학적 과정을 이해하는 것이 가능하게 되는지에 대해 의견을 말했다. 미생물은 적으로 개념화되고, 미생물에 대한 몸의 반응은 싸움으로 개념화된다. 실제로 이런 은유적 개념화는 이런 특별한 문맥을 넘어서 확장되어, 다음 BoE 예에서처럼 관습적 은유에서도 나타난다.

died last week … after a long **battle** against cancer …(암과의 오랜 **투병** 생활을 하고서 지난주에 죽었다)

fell victim to peritonitis aged just 36(단지 36세의 나이에 복막염의 **희생이 되다**)

The body has its own **defence** mechanism called the immune system to enable it to **fight off** untoward conditions.(사람의 몸에는 운이 나쁜 상황들을 **퇴치하게** 할 수 있는 면역 체계라 불리는 **방어** 체계가 있다.)

Deaths from malaria would almost double if the disease developed **resistance** to all available drugs.(말라리아가 모든 사용 가능한 항생제에 대한 **저항력**을 개발한다면 말라리아 치사율은 거의 두 배로 증가할 것이다.)

Others say it helps to **combat** depression and side effects of the Pill.(다른 이들은 그것이 우울증 및 그 약의 부작용과 **싸우도록** 도와준다고 말한다.)

그리고 이런 은유적 개념화는 다음에서처럼 창조적 은유에서도 나타난다.

[The newly-isolated peptide] could be used as a **missile** to carry other **lethal warheads** to brain cancer cells. It slides off the good cells, and therefore only kills the bad cells.([최근에 분리시킨 펩티드는] 다른 **치명적인 탄두**를 뇌 암세포로 운반시키는 **미사일**로 사용될 수 있다. 이 펩티드는 체내 세포를 비켜가서 결국 암세포만 죽인다.)

(BoE)

우리는 또한 heart attacks(신장병)아 bouts of illness(오랜 병), aggressive therapies and treatments(과감한 치료요법과 치료), patients are bombard with antibiotics(환자들은 항생제로 폭격당하다)에 대해서도 이야기한다. (이 은유의 역사적 발달에 대한 논의를 위해서는 Montgomery

1991을 보라.)

전쟁의 어휘장에서 나온 어휘항목이 병의 어휘장으로 체계적으로 전이되는 것에 대한 증거가 있다. 이것을 해석하는 두 가지 방법이 있다. 그저 전쟁과 싸움을 가리키는 많은 영어 낱말이 다의적이며, 우연히 병과 관련 있는 이차적인 은유적 의미를 나타내었다고 말할 수 있다. 그러나 이것을 검토하는 더욱 강력한 방법은 앞서 제안했듯이 병에 대해 이야기하기 위해 전쟁 은유를 사용한다고 말하는 것이다. 즉 병에 대한 우리의 이해는 적어도 부분적으로 전쟁에 대한 우리의 이해에 의해 형성되고, 유기체들 간의 상호작용, 즉 생물학적 과정은 다른 종류의 활동이나 과정이 아닌 싸움으로 간주된다는 것이다. 그래서 은유가 이해를 용이하게 하는 것은 물론이고 이해를 중재하기도 한다고 말할 수 있다. 이 장에서는 George Lakoff이라는 학자와 특별히 관련 있는 은유에 대한 이 두 번째 접근법을 탐구할 것이다.

'Metaphors We Live By': Lakoff, Johnson, 개념적 은유

1980년에 처음으로 출판된 George Lakoff과 Mark Johnson의 책 *Metaphors we Live by*는 보통 은유 연구에 대한 새로운 접근법을 확립했다고 믿어진다. (Lakoff & Johnson 자신은 Michael Reddy의 연구가 자신들의 연구를 자극했다는 점을 인정한다.) 1980년 이후로 Lakoff은 Mark Johnson, Mark Turner, Zoltán Kövecses와의 공동 연구를 포함해 여러 단행본에서 이 접근법을 발전시켰다. 많은 다른 학자들 역시 이 계열을 따라 은유 연구에 기여했다. 이 장에서는 2판(2003)의 발문에 있는 조정과 함께 Lakoff & Johnson의 최초의 단행본을 논의할 것이다. 우리는 또한 몇 가지 다른 주요한 기여를 간략히 언급할 것이다.

Lakoff & Johnson의 출발점은 은유가 언어의 "특별한" 부분이 아닌

"일상적인" 부분이라는 것이다. 그들은 다음과 같이 말한다.

> 우리는 은유가 일상의 삶에, 즉 언어는 물론이고 사고와 행동에도 널리 퍼져 있다는 것을 알게 되었다.
>
> (Lakoff & Johnson 1980/2003: 3)
>
> 우리가 생각하고 행동하는 관점이 되는 일상의 개념적 체계는 본질상 근본적으로 은유적이다.
>
> (Lakoff & Johnson 1980/2003: 3)

그들이 제공한 많은 예와 우리가 논의할 예들이 *언어*를 수반하지만, 은유가 언어에 국한된 것이 아니라 일종의 *사고*나 개념화라는 것이 그들의 주장에서 중추적이다. 그러나 언어는 은유가 작용하는 방식을 관찰할 수 있는 편리한 방법을 제공한다(비언어적 예에 대한 논의를 위해서는 제9장을 보라). 제2장에서 검토한 경우처럼, 우리는 보통 개념적 체계의 은유성을 인식하지 못한다.

그들이 제공한 첫 번째 예는 은유적 개념화, 즉 **개념적 은유**(conceptual metaphor) **논쟁은 전쟁이다**와 관련 있다. (개념적 은유는 관례상 고딕체로 표기하고, 은유적 개념을 먼저 언급한다.) 그들은 개념적 은유를 사용해 어떻게 한 개념이 은유적이고 일상 활동을 구조화할 수 있는지를 증명한다. 그들은 **논쟁은 전쟁이다**가 나타나는 자주 인용되는 다음과 같은 예를 제시한다.

> Your claims are *indefensible*.(당신의 주장은 방어하기 어렵다.)
> He *attacked every weak point* in my argument.(그는 나의 주장에서 모든 약점을 공격했다.)
> His criticisms were *right on target*.(그의 비판은 정곡을 찔렀다.)

I *demolished* his argument.(나는 그의 주장을 뒤엎었다.)

I've never *won* an argument with him.(나는 그와의 논쟁에서 한 번도 이긴 적이 없다.)

You disagree? Okay, *shoot!*(동의하지 않는다고? 그래, *쏴봐!*)

If you use that *strategy*, he'll *wipe* you out.(당신이 그 전략을 사용한다면, 그는 당신을 쓸어버리게 될 것이다.)

He *shot down* all of my arguments.(그는 나의 모든 주장을 철저히 논파했다.)

그들은 이런 예들이 은유적 언어 표현 그 이상을 나타낸다고 주장한다. 그들의 말을 인용해 보자.

> 우리가 논쟁할 때 행하는 많은 것은 전쟁의 개념에 의해 부분적으로 구조화된다.
>
> (Lakoff & Johnson 1980/2003: 4)

즉 우리가 논쟁을 하는 방법은 전쟁을 하는 방법에 의해 좌우된다. 그들은 우리의 문화가 다른 은유를 통해, 가령 춤 은유를 통해 논쟁을 개념화한다면, 논쟁의 담화 구조도 달라질 것이라고 주장한다. 전쟁으로 구조화되는 논쟁은 공격과 반격의 순서로 구성되고, 승리하는 것이 목적이 된다. 그러나 춤처럼 구조화되는 논쟁은 미학과 균형을 우선시하고 그 목적도 달라질 것이다. 2003년 판에서 그들은 개념화를 **논쟁은 싸움이다**로 확장하지만, 물리적 충돌과 언어적 충돌 간의 기본 연결은 동일하게 남아 있다.

강조해야 할 몇 가지 중요한 논점이 있다. 첫째, 이런 은유는 *개념적* 은유이고, 개별적인 어휘항목이 아닌 개념과 관련 있다. 은유 **논쟁은 전쟁/싸움이다**는 '논쟁'의 개념화를 '전쟁'이나 '싸움'의 개념화에 연결한다. 은유 표현 a war of words(말싸움)가 '논쟁'을 의미한다는 사실은 거의 관련성이 없다. 은유 표현이 개념적 은유에 대한 언어적 증거를 제공하긴 하지만, 개별 항목인 war of words와 argument 사이가 아닌 기본적인 개념 영역 **전쟁**과 **논쟁** 사이에 은유적 연결이 있는 것이다.

둘째, 개념적 은유 **논쟁은 전쟁/싸움이다**는 하나의 예일 뿐이고, 일반적인 대화, 진리와 도덕성, 지식과 교육 등과 같은 인간 삶의 또 다른 양상과 관련 있는 더 많은 개념적 은유가 있다. 더욱 중요한 것은, 많은 개념적 은유가 정의하거나 기술하기 어려운 추상적 현상과 관련 있다는 것이다. 전쟁 은유를 통해 병을 개념화할 수 있는 것처럼, 다른 은유를 통해 경험, 감정, 특성, 문제, 사고 자체를 개념화할 수도 있다. 따라서 은유는 개념화 과정의 평범한 부분인 듯하다. Lakoff & Johnson이 말하듯이, '우리 일상의 개념적 체계는 […] 본질상 근본적으로 은유적이다'.

셋째, 개념적 은유는 문화 특정적이다. *우리가* 논쟁을 전쟁으로 간주하거나 병을 적으로 간주한다고 말하는 것은 영어를 사용하는 서구 사회가 그렇게 간주한다는 것을 말하는 것이다. 다른 문화는 논쟁과 병을 아주 다르게 바라볼 수 있다. 동시에, 어떤 은유는 보편적인 것처럼 보이며, 이는 인간의 개념적 체계에 대한 Lakoff & Johnson의 주장을 강하게 뒷받침한다. 이 장의 뒷부분에서 이 논점을 다시 다룰 것이며, 범문화적·범언어적 논제는 제6장에서 더욱 심오하게 다룰 것이다.

개념적 은유에 대한 분석

우리는 제1장에서 은유의 요소에 대해 *주제(topic)*, *매체(vehicle)*, *토대(ground)*라는 전통적인 용어를 소개했다. 이 세 용어는 각각 의미, 언어 표현, 이 둘 사이의 유사성이나 연결을 가리킨다. 그러나 개념적 은유에 수반되는 요소를 식별하는 데는 다른 용어가 사용되는데, 이는 매우 다른 이론적 접근법을 반영하는 것이다.

개념적 은유는 **논쟁은 전쟁이다**에서처럼 두 개념 영역을 같다고 표시한다. 은유가 도출되는 개념 영역에 대해서는 **근원영역**(source domain)이라는 용어를 사용한다. 여기서는 **전쟁**이 근원영역이다. 은유가 적용되는 개념 영역에 대해서는 **목표영역**(target domain)이라는 용어를 사용한다. 여기서는 **논쟁**이 목표영역이다. (번역의 경우에 **근원**과 **목표**라는 용어의 사용과 비교해 보라. 여기서 원래 텍스트의 언어는 근원으로 간주되고, 번역되는 언어는 목표로 간주된다. 번역 과정은 한 개념을 또 다른 개념의 관점에서 재구조화하거나 다시 진술하는 과정과 비교할 수 있다.)

개념적 은유 이론은 개념 영역들 사이의 연결을 근원영역과 목표영역 내에 있는 요소들 간의 **대응**(correspondence)이나 **사상**(mapping)으로 간주한다. 예컨대, **전쟁**이라는 개념 영역이나 근원영역에서 전형적인 자질은 방어용 방책이나 군인의 방어선이다(여기서의 개념은 '이상적이고' 전통적인 전쟁의 개념을 나타낸다). **논쟁**이라는 목표영역에서 이것은 누군가가 자신의 입장을 입증하기 위해 사용하는 데이터, 사실, 신념과 대응하거나 그것으로 사상된다. 이와 유사하게, 방책과 군인의 방어선에는 약점이 있고, 적은 승리하기 위해 이런 약점을 찾아서 이곳을 공격하기 마련이다. 이것은 논쟁에서의 약점, 즉 불완전한 데이터, 부정확한 정보, 그릇된 신념으로 사상된다. 따라서 우리는 전쟁과 논쟁 모두에서 lines of defence(방어선)와 outflanking or outmanoeuvring adversaries(허를 찌르는 적)에 대해 이야기할 수 있다. 근원영역의 모든 양상이 반드시 목표영역으로 사상되는 것은 아니다. 어떤 사상은 다른 사상보다 훨씬 더 광범위하다.

대응과 사상은 영역들 속에 있는 요소들 간의 유사성으로 간주하기 쉽다. 그러나 Lakoff & Johnson은 개념적 은유가 유사성이 아닌 근원영역과 목표영역 속의 상관적 요소에 기초한다고 믿는다. 유사성이 있는 것처럼 보인다면, 이런 유사성은 이런 상관성으로부터 도출된 것이지 그 반대가 아니다. *대응*이나 *사상*이라는 용어를 사용하게 되면, 개념적 은유를 분석할 때, 개념적 층위에서 근원영역과 목표영역 속의 양상, 자질, 또는 역할들이 연결된다는 것을 보장하는 데 도움이 된다. 제5장에서 보게 되듯이, 은유 이론마다 '유사성'에 대한 견해가 서로 다르고, 직유와 은유 사이의 관계에 대한 견해도 서로 다르다는 것에 주목해 보라.

은유와 시간

Lakoff & Johnson이 논의하는 두 번째 경우는 **시간은 돈이다**(또는 **시간은 자원/일용품이다**)이다. 시간이라는 현상은 과학을 사용하지 않고서는 설명하기 어렵다. 그러나 우리는 은유를 사용해 시간을 물리적 일용품 및 소유하고 사용하고 획득하고 잃어버릴 수 있는 것으로 개념화한다. Lakoff & Johnson은 다음과 같은 예를 제시한다.

> You're *wasting* my time.(당신은 내 시간을 낭비하고 있다.)
> I don't *have* the time to *give* you.(나는 너에게 내줄 시간이 없다.)
> How do you *spend* your time these days?(요즘 어떻게 시간을 보내니?)
> That flat tire *cost* me an hour.(저 터진 타이어 때문에 한 시간이 들었다.)
> I've *invested* a lot of time in her.(나는 그녀에게 많은 시간을 투자했다.)
> I don't *have enough* time to *spare* for that.(나는 그것에 할애할 만한 시간이 없다.)
> You're *running out* of time.(당신은 시간이 부족하다.)
> You need to *budget* your time.(당신은 시간을 아껴 쓸 필요가 있다.)

이런 예는 평범하고 특별하지 않은 낱말의 용법이다. have, give, enough 같은 낱말은 전혀 은유가 아닌 듯하다.

제3장 은유에 대한 체계화   49

이것은 시간을 개념화하는 유일한 방법은 아니며, 다음과 같이 은유와 관련 있는 다른 전통적인 은유 표현도 있다.

    Time is a great healer.(시간은 위대한 의사이다.)
    It's a race against time.(이것은 시간과의 싸움이다.)
    The sands of time are running out.(운명이 가까워졌다.)

이런 개념화 중 어느 것이 **시간은 돈이다** 만큼이나 광범위하게 발달했었다면, 시간은 아주 다르게 생각되었을 것이다. **시간은 의사이다**나 **시간은 경쟁자이다**의 사상이 어떻게 작용했겠는가? the sands of time은 전통적인 모래시계를 가리킨다. 그러나 시간을 기본적으로 모래알의 관점에서 이해하는 것이 가능한가? 모래알은 분열 과정을 통해 형성되고 불안정하거나, 자연력에 의해 축적되거나 평평하게 되고, 물건을 쌀 수 있고, 벽이나 모래성으로 만들어질 수 있고, 언젠가는 무너지거나 바람에 날리거나 물에 씻기어 없어질 수 있는 어떤 것이다. 생각하는 것이 아무리 어렵다 할지라도, **시간은 돈이다**가 시간에 대한 한 가지 개념화일 뿐임을 기억할 필요가 있다. 우연히 영어에서 시간에 대해 pass time(시간을 보내다)이나 spend time(시간을 보내다)이라고 말한다. 이것은 함께 쓰이는 가장 흔한 동사이다. 프랑스에서 spend의 자구적 상당어구는 dépenser이지만, 이 동사는 시간에 대해 사용되지 않는다. 프랑스어 화자들은 동사 passer '지나가다'를 사용하거나 '무언가를 하면서 시간을 보내다' 같은 문맥을 번역할 때는 동사 consacrer를 사용하는데, 이 동사는 영어 동사 consecrate(전념하다)와 어원이 같으며, '(무언가에 시간을) 바치다'로 역 번역될 수 있다.

    사실상, pass와 time의 연어 관계는 또 다른 개념적 은유를 나타낸다. 이것은 이 경우에 언어 특정적이거나 문화 특정적이 아닌 보편적인 것처럼 보이는 개념적 은유이다. 일반적으로 시간은 물리적 차원을 가지거나 물리적으로 공간에 위치하는 것처럼 개념화된다. 시간에 대해 이야기하는 방식은 거리와 위치에 대해 이야기하는 방식과 유사하다. passing time(경과하는 시간)이나 time passing(시간 경과) 외에, years go by(몇 년이 지나간다), Christmas is coming(크리스마스가 오고 있다), the end of term is approaching(계약이 끝나가고 있다), the holidays came and went(휴일이 왔다가 갔다), how do you fill your time?(당신은 시간을 어떻게 보충하나요?) 같은 동사 용법이 있다. at this point in time(이 시점), over the course of time(시간이 경과함에 따라), a length of time(시간의 길이), a time span(시간 기간) 같은 명사 용법이 있다. long(긴), lengthy(긴), short(짧은), drawn-out(지루한) 같은 형용사 용법이 있다. 이런 용법들의 은유성은 일단 그것에 대해 생각하기 시작하면 비교적 명확하다. 우리는 제2장에서 문법적 낱말도 은유적 의미를 가질 수 있다고 지적했다. 많은 전치사와 부사에는 공간적인 자구적 의미와 시간과 관계 있는 은유적 의미가 있다. in the weeks ahead(다가올 주에), in April(4월에), at the weekend(주말에), on Sunday(일요일에), within eight months(8개월 내에), quarter past nine(9시 15분)(미국 영어 quarter before nine(9시 15분 전)과 quarter after nine(9시 15분)을 비교해 보라). looking back into the past(과거를 되돌아보다), looking ahead/forward to the future(미래를 생각하다), (어원상 동사 go와 관련 있는) five years ago(5년 전에)가 그 예이다.

의사소통과 이해의 은유

우리는 앞서 Michael Reddy의 연구, 특히 1979년에 처음으로 발표된 논문이 은유에 대한 이 접근법의 발전에 기여했다고 말했다. Reddy는 우리가 의사소통에 대해 이야기하는 은유적 방법과 이것이 우리의 사고에 미치는 영향에 주의를 기울였다. 그는 다음과 같이 적고 있다.

> 증거를 통해 암시되듯이, 영어에는 의사소통을 개념화하는 선호되는 체제가 있으며, 사고 과정을 이런 체제 쪽으로 치우치게 할 수 있다. 하지만 단지 상식만 있으면 더욱 정확한 다른 체제를 고안할 수 있다.
>
> (Reddy 1993: 165)

Reddy는 이 체제를 **수도관 은유**(conduit metaphor)라고 부르고, 주요한 자질을 다음과 같이 분석한다.

> (1) 언어는 수도관처럼 기능한다.
> (2) 글을 쓰고 말을 할 때, 사람들은 생각이나 느낌을 낱말 속에 삽입한다.
> (3) 낱말은 생각과 느낌을 담아서 그것을 다른 사람에게 전달함으로써 전이를 달성한다.
> (4) 듣거나 읽을 때, 사람들은 다시 한 번 그 낱말로부터 사고와 느낌을 뽑아낸다.
>
> (Reddy 1993: 170)

즉, 물질이 도관을 따라 한 장소에서 또 다른 장소로 전이될 수 있는 것처럼, 우리는 의사소통을 사고, 낱말, 생각을 한 사람에게서 또 다른 사람에게로 전이하는 것으로 개념화하고, 이런 사고, 생각과 낱말이 물리적 물질을 가진 것처럼 개념화한다. 그는 증거에 기초해서 의사소통과 관련 있는 영어 낱말과 구의 70퍼센트가 **수도관** 은유의 실례라고 말한다. 다음은 Reddy가 제시한 예이다.

> Try to *get* your *thoughts across* better.(당신의 생각을 상대방이 더 잘 이해할 수 있도록 하라.)

> Try to *pack* more *thoughts into* fewer *words*.(더 많은 생각을 더 적은 낱말에 채우도록 하라.)
> The *sentence was filled with emotion*.(그 문장은 감정으로 가득 차 있었다.)
> Let me know if you *find* any good *ideas in* the essay.(에세이에서 좋은 아이디어가 있으면 알려주십시오.)

이 논문에서 Reddy는 더 나아가 **수도관** 은유가 특히 매스컴의 발달과 관련하여 도움이 되는 것이 아니라 해로울 수 있는 방법을 포함해 **수도관** 은유의 사회·문화적 영향을 논의한다. 예컨대, **수도관** 은유는 우리가 더 많은 정보를 전달하거나 저장할수록 더 성공적으로 의사소통한다고 생각하도록 조장한다. 그러나 실제로 성공적인 의사소통은 수신자가 얼마나 많이 받았는지가 아니라 이해를 했는지에 달려 있다. 논의를 확장해 나가면서, 그는 우리가 도서관이 문화의 '창고'를 나타내면서 문화적 유산을 지식과 생각을 포함하는 책의 관점에서 생각하지만, 이는 문화에 대한 잘못된 견해라고 주장한다. 그의 논의를 바꿔 설명하면, 지식을 도서관에 저장하는 것만으로는 충분하지 않다는 것이다. 그런 지식을 이해하고 해석하고 사용할 수 있는 사람도 필요한 것이다. 그의 의견은 지금 인터넷 시대에서 다르게 비교해 볼 수 있다. 검색엔진으로 전자 '수도관'을 통해 엄청난 양의 정보를 쉽게 회수할 수 있다. 그러나 정보만으로는 충분하지 않으며, 그런 정보를 이용하고 정보의 전달이 성공적이기 위해서는 기술, 도구, 상당한 분석 기술도 필요한 것이다.

수도관 은유는 기본적인 의사소통 은유이다. 의사소통의 몇 가지 양상은 지식 및 이해와 관련 있는 또 다른 개념적 은유를 통해 탐구할 수 있다. 예컨대, 의사소통이 데이터를 '포함하는 것'으로 개념화하는 것처럼, 우리는 인간의 마음이 그릇이고 공간적 차원을 가진 것으로 간주한다. 즉 우리는 thoughts *enter our head*(생각이 우리의 머리 속으로 들어간다), thoughts *cross our mind*(생각이 우리 마음속에 떠오르다), *cramming for examination*(주입식 시험공부), *filling our heads with facts*(사실들로 머리를 채우다), *search our memories*(기억을 더듬다), have vague recollections *in the back of our minds*(마음 한 구석에 막연한 추억을 가지다)라고 말한다. 이와 유사하게, 우리는 이해의 과정을 시각이나 촉각의 관점에서 개념화하고, 우리가 이해하는 것이 물리적 실재를 가지는 것처럼 개념화한다. 이 은유는 **이해는 시각이다** 또는 **이해는 움켜쥠이다**로 말할 수 있다. 다음은 영어의 많은 관습적인 어휘적 표현 중 일부이다.

  see what someone means(누군가가 의미하는 바를 이해하다)
  see what someone's point(누군가의 요점을 이해하다)
  look at the facts(사실을 검토하다)
  recognize that there is a problem(문제가 있음을 인식하다)
  insight(통찰력), foresight(선견), perception(지각)

  getting to grips with a problem(문제를 이해하게 되다)
  a grasp of a subject(주제에 대한 이해)
  put one's finger on something(무언가에 대한 정보를 제공하다)
  kick an idea around(이리저리 생각하다)

clarify(분명하게 하다), elucidate(밝히다), illuminate(설명하다), comprehend(이해하다), (in)tangible((불)명확한) 같은 이해와 관련 있는 또 다른 낱말의 어원에서도 동일한 은유를 더듬어 올라갈 수 있다.

은유와 감정

개념적 은유에 대한 마지막 예는 감정 범주화와 관련 있다. 사고, 낱말, 생각의 경우에서처럼, 우리는 감정이 물리적 물질을 가지거나 존재하는 것처럼 생각한다. 우리는 we *have* feelings(우리는 감정을 *가진다*), we *are filled with* emotion, love, pride, rage(우리는 감정, 사랑, 자부심, 분노로 *가득 차 있다*), we react to things *with* astonishment, anger, enthusiasm (우리는 놀라움, 화, 열정*으로* 반응한다), we fall *in* love(우리는 사랑에 빠진다)라고 말할 수 있다. 어떤 것이 우리에게 감정적으로 영향을 미칠 때, 그것이 우리에게 물리적인 영향을 미치는 것처럼 개념화한다. news *hits* us hard(우리는 그 소식에 *타격을 받는다*), we are *struck* or *touched* by events, action, and people, or *bowled over* or *knocked out* by them(우리는 사건, 행동, 사람들에 의해 *타격을 받거나 영향을 받거나, 당황하게 되거나 깜짝 놀란다*)이라고 말한다(제2장의 impress/ impression의 자구적 의미와 은유적 의미에 대한 우리의 설명을 비교해 보라). Lakoff & Johnson은 이것을 **감정적 효과는 물리적 효과이다**로 표현한다(1980/2003: 50).

개별 감정 또한 은유적으로 개념화된다. 예컨대, 애정과 사랑은 열과 불의 관점에서 개념화되고, 일반적인 관계는 물리적 근접성과 연결의 관점에서 개념화된다. 이를 예증하는 많은 표현, 즉 관습적 은유가 있다.

a warm welcome(따뜻한 환영)
she was very cool/cold/frosty with us(그녀는 우리에게 냉정하다/냉담하다/쌀쌀하다

a red-hot lover(정렬적인 연인)
be on heat(암내가 나다)

inflame someone's passions(누군가의 애정에 불을 붙이다)
smoulder with desire(자부심이 밖으로 드러나다)

a close relationship(친한 관계)
inseparable friends(절친한 친구)
a rift between them(그들 간의 불화)
they broke up(그들은 헤어졌다)

화 역시 적열상태와 그릇 속의 뜨거운 액체나 증기를 포함해서 **열**의 관점에서 개념화된다.

a heated argument(열띤 논쟁)
a fiery temper(불같은 화)
flare up(불끈 성내다)
hot under the collar(화가 나서)

see red(격노하다)
scarlet with annoyance(화가 치밀은)

blow one's top(불같이 노하다)
explode(감정이 격발하다)
make someone's blood boil(누군가를 격앙시키다)

행복과 슬픔은 **위/아래**(또는 **높음/낮음**)와 **밝음/어둠**의 관점에서 개념화된다.

on a high(기분 좋은 상태에)
raise someone's spirits(누군가의 기운을 북돋우어 주다)
Things are looking up.(모든 것이 잘 되고 있다.)

feel low(침울하다)
downcast(풀이 죽은)
depressed(침울한)

shining eyes(빛나는 눈)
Future is bright.(미래가 밝다.)
dark thoughts(어두운 생각)
a sombre mood(우울한 기분)

감정의 이런 은유적 개념화에 대한 광범위한 논의는 Kövecses(2000, 2002: 85ff 등)와 Lakoff(1987: 380ff)에서 찾아볼 수 있다.

개념적 은유의 유형

Lakoff & Johnson은 *Metaphors we Live by*의 1980년도 판에서 개념적 은유의 세 가지 범주를 식별한다. **구조적 은유, 방향적 은유, 존재론적 은유**가 그것이다. 이런 용어들과 범주들은 은유에 관한 문헌에서 사용되기 때문에, Lakoff & Johnson이 나중에 어떻게 수정하는지 고려하기에 앞서 이를 간략히 논의할 것이다.

논쟁은 전쟁이다는 **구조적 은유**(structural metaphor)의 예이다. Lakoff & Johnson에 따르면, 구조적 은유는 '한 개념이 또 다른 개념의 관점에서 구조화되는 경우'이다(1980/2003: 14). 근원영역은 목표영역에 대한 체제를 제공한다. 근원영역은 목표영역이 가리키는 실체의 활동에 대해 생각하고 이야기하는 방식 및 논쟁의 경우에서처럼 우리가 행동하거나 활동을 수행하는 방식을 결정한다.

Lakoff & Johnson에 따르면, **방향적 은유**(orientational metaphor)는 '한 전체 개념 체계를 또 다른 전체 개념 체계와 관련하여 조직한다'(1980/

2003: 14). 그것은 전형적으로 위/아래, 안/밖 같은 방향적 또는 공간적 개념을 수반한다. 두 가지 예는 우리가 막 고려한 **행복은 위이다/슬픔은 아래이다**와 **많은은 위이다/적음은 아래이다**이다. 각각의 경우에 목표 개념은 근원 개념과 쌍을 이룬다. 이 두 개념은 반의어나 대응요소이다. Lakoff & Johnson은 많은은 위이다/적음은 아래이다에 대해 다음과 같은 예를 제공한다.

> The number of books printed each year keeps going *up*.(연간 출판되는 책의 수가 계속 증가한다.)
> My income *rose* last year.(지난 해 내 소득이 늘어났다.)
> The number of errors he made is incredibly *low*.(그는 믿을 수 없을 정도로 실수가 적다.)
> If you're too hot, turn the heat *down*.(너무 더우면 온도를 낮추어라.)

위/아래 방향적 은유는 많은 다른 목표영역에서 나타난다. 의식은 위이다, 건강과 생명은 위이다, 통제나 힘은 위이다, 높은 지위는 위이다, 좋음은 위이다와 그 대립이 그 예이다. Lakoff & Johnson은 많은 이런 은유들이 문화 특정적인 것이 아니라 보편적이라고 주장하며, 이런 그들의 주장은 연구를 통해 일반적으로 뒷받침된다.

존재론적 은유(ontological metaphor)는 우리로 하여금 아무리 모호하고 추상적이라 할지라도 사물, 경험, 과정이 한정된 물리적 특성을 가진 것처럼 개념화하고 이야기하도록 해준다. Lakoff & Johnson은 다음과 같이 말한다.

> 일단 우리의 경험을 실체나 물질로 식별할 수 있다면, 우리는 그것을 가리키고, 범주화하고, 분류하고, 양화할 수 있다. 그리고 이 방법으로 그것에 대해 추론할 수 있다.
>
> (Lakoff & Johnson 1980/2003: 25)

시간, 의사소통, 이해에 대한 은유적 개념화가 적절한 예이다. 이것은 추상적 특성이 사물인 것처럼 개념화하는 것과 유사하다. 우리는 미, 지혜, 명성 같은 특성과 속성을 *가지고, 획득하고, 잃어버린다*. 마지막으로, 우리는 어렵고 문제가 있는 어떤 것이 물리적 형태나 병을 가지는 것처럼 개념화한다. 예컨대, 우리는 facing problem(문제에 직면하기), ironing out difficulties(어려움을 제거하다), teasing out tricky areas(다루기 힘든 분야를 해결해 내다), a remedy for a problem(문제에 대한 구제책), a sick society(병든 사회), a headache for the government(정부의 골칫거리)에 대해 이야기한다.

이런 세 범주들 간에는 중복이 있다. 구조적 은유와 방향적 은유 역시 존재론적 기능을 가질 수 있는 데 반해, 존재론적 은유는 구조화된 근원영역을 가지는 것에 의존한다. 실제로 Lakoff & Johnson은 그들 책의 2판의 발문에서, 초기의 범주화가 '인위적'이라고 언급하면서, 모든 개념적 은유가 구조적이고 방향적이라고 주장한다. 그들은 또한 많은 개념적 은유가 방향적이라고 말한다(Lakoff & Johnson 2003: 264-265를 보라).

체계성

은유가 체계적이라는 생각은 개념적 은유 이론에 근본적이다. 그러나 서로 다른 은유들의 단순한 수는 때때로 체계가 없다는 인상을 준다. 하나의 근원영역이 여러 개의 목표영역을 개념화하거나(**전쟁은 논쟁과 병 둘 다에 대한 근원영역이다**), 하나의 목표영역이 여러 개의 근원영역에 의해 개념화되는 (**일용품**과 **공간은 시간에** 대한 근원영역이다) 다중 사상(multiple mapping)의 경우에 이런 인상은 특히 강할 수도 있다. 다대다 사상(many-to-many mapping)의 경우(**행복은 위이다, 행복은 빛이다** 그리고 **많음은 위이다, 이해는 빛이다**)와 동일한 영역이 근원영역임과 동시에 목표영역인 경우(**병은 전쟁이다, 문제는 병이다**)도 있다. 개념적 은유 이론에게 한 가지 도전은 이런 은유가 모순적이지 않고 일관적이거나 응집적임을 보여주는 것이며, 우리는 다음 절에서 다중 사상이 어떻게 서로 양립할 수 있는지를 논의할 것이다. 먼저, 창조적 은유, 관습적 은유, 특이한 은유가 어떻게 체계와 일치하는지를 검토하고, 그 다음에 개념적 은유에서 일반성의 서로 다른 층위를 검토할 것이다.

   Lakoff & Johnson이 사용하거나 우리가 제시한 대부분의 언어 예는 관습적 은유이다. 즉 다의어의 관행화된 의미(attack, see, spend), 고정된 어구(shoot down, put one's finger on, hot under the collar), 소수의 어원적 은유(elucidate, intangible)가 그 예이다. 이것이 체계성을 증명하는 편리한 방법이긴 하지만, 관행화되지 않은 창조적 은유 또한 체계적일 수 있다. 다음의 BoE 예는 관습적 은유와 창조적 은유 모두를 포함하며(두 번째 은유는 부분적으로 직유를 통해 표현된다), 개념적 은유 **논쟁은 전쟁이다, 시간은 공간이다, 화는 열이다**와 관련 있다.

     And so Max flagellated us with the purist's cudgel, but just as often, I suspect, he wielded it stringently at himself.(그래서 맥스는 순수주의자들의 곤봉으로 우리를 매질했으나, 여느 때처럼, 내가 느끼기에, 그는 그것을 자기 자신을 향해 엄격하게 휘둘렀다.)

     a future stretching out as broad and as bright as a beach at sunrise(해가 뜰 때의 바닷가만큼 넓고 밝게 펼쳐져 있는 미래)

     My anger flared again ... Something stirred in the seething stew of my thoughts.(나의 분노는 또 한 번 폭발했다. 무언가가 나의 펄펄 끓는 생각의 스튜를 휘저었다.)

또 다른 예는 아직 언급하지는 않았지만 널리 논의되는 **인생은 여행이다**라는 개념적 은유이다. 출생, 죽음, 그 사이의 경험에 대한 이 관습적 은유는 여행과 이동의 개념을 포함한다. 우리는 babies *arrive*(아기가 태어나다), babies are *on the way*(태어나려고 뱃속에 있다)라고 말할 수 있다. 죽음은 the *departed*(고인)나 have *gone*(죽었다)으로 언급된다. 우리는 *moving on* and *getting ahead* in our lives(우리의 삶에서 계속 나아가고 성공한다), having *direction*(방침을 가지다), *reaching* particular ages(특정한 나이에 이르다), *milestones*(중대 시점), rites of *passage*(통과 의식), the *courses* of our lives(우리 삶의 진로)라고 말한다. 여기서 창조적 은유는 하나의 구나 문장에서는 물론이고, 인생을 어떤 방식으로 표상하거나 상징화하는 데 사용되는 여행을 중심으로 구조화된 전체 텍스트로서도 찾을 수 있다. 언어 토대적 예는 노래(비틀즈(The Beatles)의 *Long and Winding Road*, 리너드 스키너드(Lynyrd Skynyrd)의 *Freebird*, 조니 미첼(Joni Mitchell)의 *Woodstock*)에서부터 책과 연극(세르반테스(Cervantes)의 『돈키호테』, 톨킨(Tolkien)의 『반지의 제왕』, 베케트(Beckett)의 『고도를 기다리며』)까지 퍼져있다. 제9장에서 몇 가지 비언어적 예를 검토할 것이다.

그러나 모든 은유가 체계적 집합에 산뜻하게 일치하는 것은 아니며, 어떤 은유는 특이하다. 아마 이에 대한 가장 유용한 접근법은 그것을 지나치게 특정한 개념화 방식이 아닌 매우 일반적인 개념화 방식에 의해 분석하는 것이다. 예컨대, 우리는 관용어 put the cart before the horse(앞뒤 순서를 바꾸다)가 개념적 은유 **잘못된 순서로 무언가를 하는 것은 동물을 잘못 이용하는 것이다**를 나타낸다고 말할 수 있다. 그러나 시간적 순서가 물리적 위치와 대응한다는 것에 의해 더 잘 분석할 수 있다. 이런 대응은 **시간은 공간이다**와 관련 있다. 소설 한 편을 논평하고 있는 한 비평가가 주제가 다음과 같다고 말할 때, 특정한 개념적 은유 **지적 특징은 양념이다**,

더욱 광범위한 은유 글쓰기는 요리이다와 창조적이고 언어적이고 지적인 과정을 은유적으로 물리적 과정에 의해 개념화하는 매우 일반적인 은유를 식별하는 것이 가능하다.

> Themes are tossed into [John] Irving's literary work, then spiced with the paprika of his black humour and stirfried in his extraordinary imagination.(주제는 [존] 어빙의 문학 작품에 던져진 후, 그의 블랙 유머라는 파프리카로 양념하고 그의 비상한 상상력으로 볶아졌다.)
>
> (BoE)

실제로 은유를 이런 식으로 체계화하는 것은 은유적 개념화의 일관된 패턴을 분명히 하는 데 도움을 준다. 예컨대, **논쟁은 전쟁이다**와 **수도관** 은유는 더욱 일반적인 **언어적인 것은 물리적인 것이다**라는 은유와 관련 있다. 위/아래를 가진 방향적 은유는 개별적인 목표영역에 대한 광범위한 일련의 사상을 가지며, 더욱 일반적인 경향은 위 은유는 긍정적(**많음/행복/의식/힘은 위이다**)이고 아래 은유는 부정적(**적음/슬픔/무의식/무기력은 아래이다**)이라는 것이다. 제7장을 또한 보라. 매우 일반적인 이런 개념화는 특히 인간 사고의 기본 과정에 대해 무언가를 밝혀준다는 점에서 가장 흥미로운 것이다.

부각과 은폐

제2장에서 낱말 의미를 보았을 때, 일반적으로 어떤 의미 성분만 자구적 의미에서 은유적 의미로 전이된다고 말했다. 개념적 은유 이론은 **부각**(highlighting)이라는 용어를 사용해 근원영역 자질을 목표영역으로 선택적으로 사상하는 것을 가리킨다. 다른 자질의 억압은 **은폐**(hiding)라

고 한다(Lakoff & Johnson 1980/2003: 10ff를 보라). 근원영역과 목표영역의 개념 영역은 복잡하고, 은유마다 다른 양상이 부각된다. 그래서 근원영역이나 목표영역이 다중 사상을 가질 때, 사상마다 다른 부각 자질을 나타낸다. 예컨대, Lakoff & Johnson은 위/아래 근원영역이 많은 다른 목표영역과 관련 있지만, 이런 목표영역마다 다른 종류의 '위'를 부각하고 이용한다고 지적한다.

Lakoff & Johnson은 **논쟁** 및 네 가지 근원영역과 관련하여, 부각과 다중 사상을 논의한다(1980/2003: 87ff). 영역 **전쟁** 외에, 그들은 **논쟁은 여행이다**, **논쟁은 그릇이다**, **논쟁은 건물이다**라는 은유를 검토한다. 이런 은유들은 싸움이 아닌 논리적 논쟁이나 학문적 논쟁과 관련 있다. 여러 은유가 서로 충돌하지 않지만, 각각의 은유마다 근원영역과 목표영역 사이의 서로 다른 대응을 부각한다. **논쟁은 전쟁이다**가 충돌과 승리나 패배의 사건을 부각하는 것처럼, **논쟁은 여행이다**는 논쟁의 목표(또는 목적)와 목표를 달성하는 과정을 부각하고, **논쟁은 그릇이다**는 논쟁의 내용과 모양이나 형태를 부각한다. **논쟁은 건물이다**는 논쟁의 강도와 구조를 부각한다. 다음은 그들이 제시한 예이다.

> We will *proceed* in a *step-by-step* fashion.(우리는 단계적인 방식으로 진행할 것이다.)
> *So far*, we have seen that no current theories will work.(지금까지 우리는 현재 어떤 이론도 효과가 없다는 것을 보았다.)
> You don't have *much of* an argument, but his objections have even less *substance*.(너의 주장은 힘이 없지만, 그의 반론도 힘이 없다.)
> Your argument *won't hold* water.(너의 주장은 오래가지 못할 것이다.)
> You've got the *framework* for a *solid* argument.(당신에게는 탄탄한 논쟁에 대한 체제가 있다.)

He is trying to *buttress* his argument with a lot of irrelevant facts.(그는 많은 부적절한 사실들로 그의 주장을 *뒷받침하려고* 한다.)

Lakoff & Johnson(1980/2003: 87ff)을 보라. 다중 사상에 대한 더욱 심오한 논의는 Kövecses(2002: 79ff)에서 찾을 수 있다.

개념적 은유의 경험적 기초

지금까지 우리는 왜 특정한 은유가 먼저 발전했어야 했는지를 검토한 것이 아니라 개념적 은유가 어떻게 작용하는지를 주로 검토했다. 이론가들은 많은 개념적 은유가 매우 기본적인 인간 경험과 관련 있을 수 있다고 제안한다. 이것은 은유에 대한 **경험적(experiential)** 기초라고 불렀던 것이다. 예컨대, 온도 상승, 호흡 패턴 변경 등과 같은 화로 생산되는 물리적 감각에서 은유 **화는 열이다**에 대한 설명을 찾을 수 있다. 또한 위와 아래라는 방향적 은유도 물리적으로 설명할 수 있는 것처럼 보인다. 즉 우리는 행동하고 깨어있을 때 직립해 있지만, 아프고 잠자고 무의식적일 때는 누워있다(**의식은 위이다, 아픔/무의식은 아래이다**). 우리는 행복할 때는 직립해 있거나 더욱 '유동적으로' 움직이지만, 불행할 때는 구부정한 자세를 취하거나 아래를 본다(**행복은 위이다, 슬픔은 아래이다**). 어떤 사람은 물리적으로 다른 사람 위에 있고 그를 억누름으로써 싸움에서 승리한다(**강력함은 위이다, 무기력함은 아래이다**). **많음은 위이다/적음은 아래이다**는 사물의 많은 양이 더 크고 더 높은 더미를 형성하는 방식과 관련 있다. Lakoff은 '우리가 아는 것의 대부분은 시각을 통해 오고, 매우 많은 경우에 무언가를 보게 되면 그것이 참이라는 것을 안다'로 **앎/이해는 시각이다**를 설명한다(1993: 240). 추가 논의를 위해서는 Lakoff & Johnson(1980/2003, 1999)과 Kövecses(2002: 67ff)를 보라. 은유에 대한 이러한 기초에 대한 개념은 중요하며, 제5장에서 또 다른 양상을 검토할 것이다.

요약

이 장에서는 개념적 은유와 Lakoff과 동료들의 생각을 소개했다. 핵심은 은유가 개념 대 개념으로 작용하고, 체계적이고, 우리의 개념적 체계에 구조를 제공하고, 사물에 대해 이야기하는 방식에 영향을 미치고, 경험적 기초를 가질 수 있다는 것이다. 언어가 개념적 은유가 작용하는 방식을 예증하는 데 사용될 수 있긴 하지만, 개념적 은유는 언어에만 국한되는 것은 아니다. 이데올로기(우리가 세계를 바라보는 방식) 및 철학(사고 자체의 본질)과 관련 있는 중요한 함축이 있다.

    Lakoff과 동료들의 연구는 상당한 영향을 미쳤으며, 우리는 뒷장에서 다른 양상들을 논의할 것이다. 그러나 인지적 은유 접근법이 비판을 받았다는 것에 주목하는 것이 중요하다. 그런 반대 의견들로는 이 접근법이 충분히 엄격하지 않고, 개념적 은유에 대한 분석이 종종 임시적인 것처럼 보이고, 진정한 데이터에 충분히 주의를 기울이지 않고, 사고에 대한 주장이 종종 입증되지 않거나 입증될 수 없다는 것이다.

    우리는 개념적 은유 이론의 장점과 범위를 보여주고자 했다. 어떤 다른 이론 그 이상으로, 이 이론은 은유를 주류 의미론과 화용론에 통합했으며, 영향력이 얼마나 광범위한지를 보여주었다. 현재 비유어에 대한 상당한 관심은 직접적으로 Lakoff과 동료들 그리고 그들의 연구에서 비롯된 것일 수 있다. 아마도 이 장을 끝내는 적절한 방법은 우리가 무엇을 개념화했으며, 어떻게 그렇게 했으며, 텍스트의 의미에 무엇이 중요한지에 주의를 기울이기 위해, 이 장을 쓰면서 우리 스스로 사용한 많은 은유 중 일부를 기재하는 것이다.

metaphor *operates*(은유가 작용하다)
how we *view* the world(우리가 세계를 바라보는 방식)
the cognitive *approach*(인지적 접근법)
mainstream semantics and linguistics(주류 의미론과 언어학)
shown how *far-reaching* it(얼마나 영향력이 광범위한지를 보여주다)
enormous interest *in* figurative language(비유어에 대한 상당한 관심)
at the *present* time(현재)

더 읽을거리

Gibbs, R. W. (1994) *The Poetics of Mind: Figurative Thought, Language, and Understanding*, Cambridge: Cambridge University Press.

Gibbs, R. W. and Steen, G. (eds) (1999) *Metaphor in Cognitive Linguistics*. Amsterdam: John Benjamins.

Kövecses, Z. (2000) *Metaphor and Emotion: Language, Culture and Body in Human Feeling*, Cambridge: Cambridge University Press.

Kövecses, Z. (2002) *Metaphor: a Practical Introduction*, Oxford: Oxford University Press.

Lakoff, G. (1993) 'The contemporary theory of metaphor', in A. Ortony (ed.) *Metaphor and Thought*, 2nd edn, Cambridge: Cambridge University Press: 202-251.

Lakoff, G. and Johnson, M. (1980; new edn 2003) *Metaphors we Live by*, Chicago: Chicago University Press.

Lakoff, G. and Johnson, M (1999) *Philosophy in the Flesh: The Embodied Mind and Its Challenge to Western Thought*, New

York: Basic Books. (Esperically parts Ⅰ and Ⅱ)
Reddy, M. J. (1993) 'The conduit metaphor: a case of frame conflict in our language about language', in A. Ortony (ed.), *Metaphor and Thought*, 2nd edn, Cambridge: Cambridge University Press: 164-201.

환유

우리는 제1장에서 **환유**(metonymy)를 특별한 종류의 비유어로 소개했다. 우리는 환유가 노동자를 가리키기 위해 hands를 사용하는 것 같은 부분과 전체 관계나 배우 직업을 가리키기 위해 the stage를 사용하는 것 같은 연상에 의한 명명을 포함한다고 설명했다. 환유는 은유 연구와 관련하여 중요하기 때문에, 이 장에서는 환유를 더욱 상세히 검토할 것이다.

여기에 환유의 몇 가지 추가적인 예가 있다.

환유	의미
the Crown	군주제
plastic	신용카드
threads	옷
wheels	차량
dish	준비한 음식
bricks and mortar	집이나 다른 건물
a roof over one's head	살 곳

wheels와 a roof over one's head는 hands와 유사하다. 즉 한 구성 부분이 전체를 가리킨다. threads와 bricks and mortar의 경우에는 전체를 구성하는 물질이 전체를 가리킨다. crown은 stage와 유사한데, 이는 연상에 의한 명명으로서, 개인 왕이나 여왕이 아닌 기관을 가리키고, 실제 왕관이 아닌 왕이나 여왕과 연상되는 상징적인 것을 가리킨다.

환유와 제유

우리는 **환유**를 이 비유어를 가리키는 일반 용어로 사용했다. 그러나 때때로 부분과 전체 환유에 대한 전통 용어로는 **제유**(synecdoche)를 사용한다. 즉, 제유는 한 구성 부분의 이름이 전체 실체를 가리키는 경우와 전체의 이름이 구성 부분을 가리키는 경우를 모두 망라한다. hands는 첫 번째 경우에 해당한다. Scotland가 스코틀랜드 국가대표팀을 가리키는 Scotland have a great chance of winning the game(스코틀랜드 국가대표팀은 그 경기에서 승리할 가능성이 크다)은 두 번째 경우에 해당한다.

제유라는 용어를 사용하는 경우에, 환유는 더욱 협소한 의미를 가지고, 연상에 의한 명명 과정만을 가리킨다. 그래서 hands = workers는 제유의 예이지만, stage = theatrical profession과 Crown = the monarchy는 환유의 예일 것이다. 그러나 환유와 제유를 구분하기란 종종 쉽지 않다. 신용카드는 플라스틱으로 만들기 때문에, plastic = credit card는 제유의 경우이다. 그러나 plastic을 사용해 신용카드 자체가 아니라 협정된 신용 실비에 의한 신체 지불 시스템을 가리키기 때문에, 그것은 또한 환유이다. 실제로, 많은 학자들은 제유를 범주나 용어로 사용하지 않는다. 이 책에서는 제유라는 용어를 사용하지 않고 부분과 전체 및 연상에 의한 명명이라는 두 가지 종류의 명명 현상을 환유로 언급할 것이다.

환유, 다의성, 의미

우리는 제2장에서 비유 과정이 종종 다의성의 경우를 설명한다는 것을 보았다. 다의어의 많은 의미가 은유인 것처럼, 많은 다른 의미는 환유이다. 앞서 논의한 hands, plastic, threads, wheels의 환유적 의미는 hand, plastic, thread, wheel의 부차적 의미이지 제일 먼저 생각나는 핵심 의미가 아니다.

몇 가지 일관된 환유적 전이의 패턴이 있다. 가장 일반적인 패턴은 매우 폭넓게 그릇을 가리키는 낱말이 그 내용물을 가리키는 데도 사용되는 것이다. 가장 간단한 경우에, glass, jug, tin, packet 등은 종종 유리잔, 주전자, 통조림, 다발 속에 있는 것을 가리키는 데 사용된다. drink three glasses a day(하루에 세 잔을 마시다), you'll probably need three tins to finish the job(아마 그 일을 끝내는 데 세 개의 주전자가 필요할 것이다)가 그 예이다. 건물을 가리키는 낱말, 즉 house, university, school, office, church는 건물에 사는 사람을 가리키는 데 사용되거나, 건물과 연상되는 기관이나 조직을 가리키는 데 사용된다. the collage was outraged by the news(그 대학은 그 소식에 격분했다)가 그 예이다. 이와 유사하게, 국가와 국민의 이름은 스포츠 팀이나 군대, 다른 대표자를 가리키는 데 사용될 수 있다. Sweden 1, Argentina 1, Rome conquered Britain (로마는 영국을 정복했다)이 그 예이다. 구어나 문어 내용, 녹음된 음악, 예술의 형태를 가리키는 낱말인 conversation, book, newspaper, letter, CD, painting은 말했거나, 썼거나, 녹음했거나, 그린 것의 지적 또는 예술적 내용을 가리키는 데 사용될 수 있다. a large book(큰 책)과 대조되는 a fascinating book(매혹적인 책)이 그 예이다. 이런 종류의 환유적 전이는 규칙성이 거의 문법적이다.

환유적 의미의 다른 반복되는 패턴은 hands, crown, stage에서 찾을 수 있다. 여기서 신체부위는 사람의 몸 전체를 대표하고, 의류 항목은 (그들이 실제로 무엇을 입고 있는 지와는 상관없이) 사람이나 사람의 하위집단을 대표하고, 일의 양상은 노동자를 대표한다. 예컨대, 우리는 또한 *head* of cattle(소의 *머리*)이나 counting *heads*(머릿수를 헤아리다)에 대해 이야기한다. 우리는 all eyes were on her(모든 시선이 그녀에게 가 있다)에서처럼, eye(s)를 사용해서 주의를 기울이는 사람을 대표한다. blonde(금발의 여성), brunette(머리가 거무스름한 사람), redhead(머리가 빨간 사람)를 사용해 특별한 색의 머리카락을 가진 사람을 대표한다. 어떤 모욕적인 말은 성기 및 다른 신체부위에 대한 낱말에 기초하는 환유이다. 구어체에서, suits는 권력을 쥐고 있거나 경영을 하는 남성을 가리킬 수 있고, skirt는 성적 매력의 관점에서 고려되는 젊은 여자를 가리키고, anorak는 사회적으로 눈치 없고 강박관념에 사로잡힌 누군가를 가리킨다. 이와 유사하게, cloth는 특히 미국 교회의 목사를 대표한다. Bar는 영국에서 법정 변호사(또는 미국에서 일반적으로 법조계)를 대표한다. sparks와 chips는 전기기사와 목수에 대한 구어체 용어이다. 각각 육체/산업 노동과 사무/전문 일을 가리는 blue collar와 white collar, 교수를 가리키는 chalkface, 기계공을 가리키는 grease monkeys(여기서 monkey는 은유이다) 같은 표현에서도 유사한 용법이 있다.

지금까지 살펴본 대부분의 예에서, 자구적 또는 핵심 의미는 꽤 구체적이고 물리적이고 특정적인 데 반해, 환유적 용법은 구체적이기도 하고 추상적이기도 하고 일반적이기도 하다. 다음 예는 소리를 가리키는 낱말에 관한 것으로서, 환유적 용법은 실제 물리적 사물을 가리킨다. 이들 중 대부분은 반향적이고 의성어를 통해 발전된다. 그리고 핵심 또는 원래의 의미는 종종 동사이다. fizz와 pop은 둘 다 환유적으로 거품이 이는 음료를 가리키고, 요리한 감자와 양배추를 볶아서 만든 음식인 bubble-and-squeak는 요리 과정 동안 나는 소리를 가리킨다(샴페인을 가리키는 bubbles와

bubbly의 환유적 용법을 비교해 보라). 마지막으로, rattle '장난감, 악기'는 그것이 내는 소리를 가리키는 동사로부터 발전했다. the patter of tiny feet(아이의 탄생) 같은 표현에 있는 계획했거나 예상한 아기를 가리키는 patter(또닥또닥 발소리) 역시 환유이다.

환유와 어원

다의어의 환유적 의미의 역사적 발달은 종종 꽤 명확하다. 은유의 경우처럼, 원래 의미는 전형적으로 가장 구체적이고 물리적인 의미이고, 여전히 핵심 또는 가장 일반적인 의미인 것도 당연하다. 이것은 crown, dish, hand, thread, wheel 같이 지금까지 언급한 많은 낱말들에 해당하는 경우이다.

그러나 다른 경우들은 더욱 복잡하다. 대부분의 사람들에게 명사 train의 지배적인 핵심 의미는 이제 일종의 차량이다. 즉 철도 위를 달리는 자동 추진차, 객차, 마차이다. 낱말 train의 역사는 길고 복잡하다. 지금은 쓸모없이 된 가장 초기 의미는 '지연'이나 '체재'였다. 이 낱말에는 또한 끌어당기기와 관련 있는 초기 의미도 있다(이것은 궁극적으로 라틴어 동사 trahere '끌다'에서 유래한다). a train of followers(추종자의 행렬)에서처럼 누군가나 어떤 것의 뒤를 따르는 일군의 사람과 관련 있는 의미도 있고, a wagon train(마차 수송대)에서처럼 어떤 것 뒤에서 끌리거나 함께 묶인 일련의 사물과 관련 있는 의미도 있다. 철도가 발명된 후에, *a train of carriages* behind the locomotive(기관차 뒤의 *마차 행렬*)에 대해 이야기하는 것은 자연스러웠으며, 이것은 나중에 train에 대한 속기가 되고 궁극적으로 기관차 자체를 포함하게 된다. 이것은 전체가 부분을 대표하는 환유이다(기관차를 engine으로 언급하는 것 역시 환유이다).

은유처럼 환유는 어원 내에 숨겨져 있다. capitation(인두세)은 지정된

수의 사람들에게 서비스를 제공하기 위해 학교, 건강단체 등에 지불하는 수당이다. 이 낱말은 표현 per capita에서처럼 라틴어 명사 caput '머리'에서 유래하고 환유적으로 머리로서 사람을 가리킨다. map은 글자 그대로 '세계의 종이'인 mappa mundi로부터 유래하며, 세계를 그린 종이, 천, 양피지이다. 이것은 plastic 및 threads와 같은 방식으로 환유이다. surgeon과 surgery 같은 낱말은 궁극적으로 각각 '손'과 '일'로부터 유래하는 그리스어 어근 kheir-와 ergon에서 유래한다. 이것은 '노동자'를 의미하는 hand에 수반되는 것과 매우 유사한 환유이다.

다음 예는 특히 복잡하다. cattle은 가축, 즉 지금은 소만을 가리킨다. 그러나 중세 영어에서는 일반적으로 재산으로 간주될 수 있는 피조물인 말, 양, 돼지를 가리킬 수도 있었다. cattle의 이런 의미는 더욱 초기 의미 '재산, 부'와 관련 있으며 환유이다. 가축은 재산이나 부를 대표한다. (정확하게 동일한 환유가 고대 영어에도 존재했었는데, 그때 feoh는 가축과 돈이나 재산 모두를 가리켰다.) cattle에 대해 '재산'이라는 더욱 초기 의미가 더 이상 존재하지 않지만, 이 의미는 역사적으로 cattle의 변이형이고 프랑스에 공통된 기원을 가진 chattels에서는 찾을 수 있다. 이는 궁극적으로 다시 라틴어 capitalis, caput '머리와 관련 있는, 머리'로부터 유래한다. 라틴어 capitale와 현대 영어 capital 모두 '재산, 자산'이라는 의미를 가지며, 이런 의미는 '주요한' 또는 '가장 중요한' 자산이나 부의 출처라는 개념으로 거슬러 올라갈 수 있다. 따라서 은유적 의미는 궁극적으로 나중에 환유적 의미로 발전하게 되었다.

마지막으로, 다른 언어에서 나온 소수의 환유적 표현이 형태가 바뀌지 않고 영어로 채택되었다. per capita는 한 가지 예이다. 또 다른 예는 프랑스어 tête à tête '대화', 글자 그대로는 '머리 대 머리'이다. head-to-head 자체는 영어에서 어휘화되고 역시 대화를 가리킨다. 이 낱말에는 역시 경쟁 및 대립과 관련 있는 다른 의미도 있다. 그러나 tête à tête는 친밀함이나 비밀이라는 함축을 가지는 데 반해, head-to-head는 대항이나 협상의 함축을 가진다.

환유와 관용어

우리는 제2장에서 은유적인 관용어와 속담을 검토했다. 관용어와 속담 역시 환유일 수 있으며, a roof over one's head가 적절한 예이다. 많은 환유적 관용어와 속담은 신체부위를 포함한다. hate someone's guts(누군가를 몹시 미워하다), two heads are better than one(백지장도 맞들면 낫다), show one's face somewhere(어딘가에 모습을 나타내다)가 그 예이다. 특별한 신체부위를 언급하는 어휘항목은 종종 그 의미의 함축이나 양상을 공유한다. 예컨대, 낱말 heart는 전형적으로 absence makes the heart grow fonder(떨어져 있으면 그리움이 더해진다), set one's heart on something(무언가에 희망을 걸다), lose one's heart to someone(누군가에게 마음을 주다)에서처럼 감정 및 느낌과 관련된 표현에서 발생한다. 다른 항목은 옷이나 장비의 항목을 포함한다. 관용어 hang up one's boots(은퇴하다)는 전형적으로 풋볼 선수의 은퇴를 가리키며, boots가 은퇴자에 적절한 다른 어휘항목으로 대체되는 많은 가능한 변이형들이 있다. 즉 gloves(권투선수), microphone(방송인), helmet(사이클 선수), racquet(테니스 선수) 등이 그 예이다.

앞서 기재한 많은 다른 관용어처럼, 이 마지막 관용어는 은유이기도 하다. 즉 'hanging up'은 글자 그대로가 아니고, hang up one's boots는 스포츠 선수 외에 다른 은퇴자에 대해서도 사용될 수 있다. 실제로, 환유와 은유 사이에 복잡한 관계가 있으며, 특히 신체부위를 언급하는 표현들에 대해 더욱 그러하다. to fight tooth and nail for something(필사적으로 싸우다)은 은유이다. 실제의 육체적인 싸움은 발생하지 않으며, 특별히 바라는 목표를 달성하기 위한 어떤 강렬한 활동만 있으며, 실제의 사람 경쟁자나 적이 없을 수도 있다. 우리는 이 은유를 개념적으로 **강렬한 노력은 전쟁이다**로 표현할 수 있다(공통된 어원을 가진 낱말 strive와 strife를 비교해 보라). 동시에 to fight tooth and nail은 환유이기도 하다. 두 개의 신체부위가 명명되며, 이는 전체 사람이나 그의 행동을 대표한다. 이것은 모순처럼 보일 수 있는 한 쌍의 관용어로 더욱 예증할 수 있다. 사람들이 get their hands dirty라고 말한다면 어떤 활동에 완전히 연루된다는 것을 의미한다. 사람들이 have dirty (or bloody) hands라고 말한다면 어떤 죄를 범한다는 것을 의미한다. 첫 번째 관용어는 감탄을 암시하고 두 번째 관용어는 비난을 암시한다. hands가 활동을 대표함으로써 이 관용어 둘 다 부분적으로 환유이다. 그러나 둘 사이의 차이는 dirty의 은유적 용법에서 탐지할 수 있다. 첫 번째 관용어에서 dirty는 단순히 힘든 육체노동에 따른 부작용을 나타내지만, 두 번째 관용어에서는 **고결함은 깨끗함이다, 고결하지 않음은 더러움이다**라는 개념적 은유와 관련될 수 있다.

환유와 은유

어떤 관용어가 은유인 동시에 환유이지만, 은유와 환유 사이에는 종류에 있어서 중요한 차이가 있다. 전통 언어학자들은 은유의 중심에는 한 실체와 또 다른 실체 사이의 **유사성(similarity)**이 있다고 말하곤 했다. 두 실체 자체는 구분되고 종종 관련이 없으며, 다른 종류의 사물을 나타낸다. 개념적 은유 이론에서 이것은 두 개의 다른 영역에 관한 다른 두 실체 사이의 대응에 의해 표현될 것이다. 두 경우에 주제와 매체, 즉 근원영역과 목표영역은 본질적으로 구분되어 있다.

이와 대조적으로, 환유의 중심에는 유사성이나 대응이 아닌 **근접성(closeness)**이 있다(어떤 학자들은 이를 **인접성(contiguity)**이라고 부른다). 환유는 그것이 가리키는 데 사용되는 한 실체의 통합적 부분이거나 또는 그 역이며, 연상에 의해 그것과 밀접하게 연결된다. 환유의 두 요소는 본질적으로 한 사물의 부분이고, 동일한 영역에 속한다. 환유는 전체를 명명하기 위해 한 가지 성분이나 연결된 자질을 선택한다. 또는 부분을 가리키기 위해 전체를 선택한다.

sixty head of cattle(60마리의 소)에서의 head와 the head of the organization(조직의 우두머리)에서의 head의 사용을 비교하면 둘 사이의 차이를 알 수 있다. 첫 번째는 이 신체부위(아마 세기에 가장 간단한 부위)가 전체 소를 가리키는 환유이다. 머리와 소는 동일한 실체의 부분이다. 두 번째는 조직과 몸 사이의 은유적 유사나 개념적 사상과 관련 있는 은유이다. 조직과 몸 사이에 일관되게 끌어낼 수 있는 유사성이 있긴 하지만, 이 둘은 구분되는 실체이다. Lakoff & Johnson(2003: 266)은 시간/공간에 기초한 예를 제시하는데, San Francisco is a half hour from Berkeley(샌프란시스코는 버클리에서 30분 거리이다)와 Chanukah is close to Christmas(차누카는 크리스마스와 가깝다)를 비교해 보라. a half hour(30분)는 환유이고, 여행하는 데 30분 걸리는 거리를 가리킨다. close to는 은유이다.

Kövecses(2002: 146)는 은유와 환유를 구분하기 위해 Gibbs의 '~와 같다(is like)' 테스트를 기술한다. 어떤 것이 다른 것과 '같다'라고 말할 수 있다면, 그것은 은유이다. 이렇게 말하는 것이 무의미하다면, 그것은 환유이다. 예컨대, the head of an organization 'is like' the head of a body(조직의 우두머리는 몸의 머리'와 같다)라고 말하는 것은 가능하지만, heads of cattle 'are like' cattle(소의 머리는 소'와 같다)이라고 말하는 것은 무의미하다. 오히려 우리는 heads of cattle 'stand for' cattle(소의 머리는 소를 '대표한다')이라고 말할 것이다. Gibbs의 예는 미국 영어 문맥에서 나온 것이다.

> The **creampuff** was knocked out in the first round of the fight.(그 **슈크림**은 1라운드에 녹아웃 되었다.)(은유)
>
> We need a new **glove** to play third base.(우리는 삼루에 새 **글러브**가 필요하다.)(환유)

'the boxer is like creampuff(권투선수는 슈크림과 같다)'는 작용한다. 'the third baseman is like a glove(삼루수는 글러브와 같다)'는 그렇지 않다. BoE에서 나온 유사한 예가 있다.

> She fell head over heels in love with a man who has turned out to be a real **rat**.(그녀는 결국 **비열한 놈**으로 밝혀진 한 남자와 깊이 사랑에 빠졌다.)(은유)
>
> He is the **brains** behind the outfit.(그는 그 단체 배후의 **두뇌**이다.)(환유)

환유와 은유는 또한 근본적으로 기능이 서로 다르다. 환유는 *지시*에 관한 것이다. 즉 환유는 어떤 것을 명명하거나 식별하기 위해 성분 부분인 어떤 다른 것 또는 밀접하게나 상징적으로 연결된 어떤 다른 것을 언급하는 방법이다. 이와 대조적으로, 은유는 이해와 해석에 관한 것이다. 은유는 한 현상을 또 다른 현상의 관점에서 기술함으로써 그 현상을 이해하거나 설명하는 수단이다.

마지막으로, 환유와 은유가 일반적으로 구분되긴 하지만, 어떤 학자들은 이 둘을 하나의 현상으로 간주하고, 은유를 환유의 한 종류로 간주하거나 환유를 은유의 한 형태로 간주한다는 것을 지적해야 한다. 우리는 환유의 경험적 기초와 관련해서만 이 관점을 논의하고 그 이상은 논의하지 않을 것이다. 아래를 보라.

환유에 대한 체계화

인지적 환유 접근법은 은유처럼 환유도 본질상 개념적이라고 주장한다.

> 환유적 개념은 우리의 언어는 물론이고 사고, 태도, 행동도 구조화한다.
> (Lakoff & Johnson 1980/2003: 39)

은유 과정이 은유 관계의 기초가 되는 개념적 사상에 따라 체계화될 수 있는 것처럼, 환유 과정은 환유와 그 의미 간의 관계의 종류에 따라 체계화된다는 것을 볼 수 있다.

Kövecses와 다른 학자들은 환유를 분석할 때 **매체 실체**(vehicle entity)와 **목표 실체**(target entity)라는 용어를 사용한다. 매체 실체는 환유적으로 사용되는 낱말이나 구인 데 반해, 목표 실체는 의도한 의미나 지시물이다.

매체 실체	목표 실체
hands	노동자
the Crown	군주제
plastic	신용카드
threads	옷
wheels	차량
bricks and mortar	집/건물
a roof over one's head	살 장소

이런 용어는 은유에 대한 근원영역과 목표영역이라는 용어와 비교해 볼 수 있다. 환유는 단지 한 영역하고만 관련 있다. 또한 이런 용어는 은유 분석에 대한 전통 체제에서 *매체*라는 용어를 사용하는 것과도 비교해 볼 수 있다(제1장을 보라).

매우 기본적이고 일반적인 환유는 hands를 사용해서 노동자를 가리키는 **부분은 전체를 대표한다**이다. (개념적 환유는 관습적으로 이런 방식으로 쓰며, 매체 실체를 먼저 언급하고 목표 실체를 그 다음에 언급한다. 이는 **논쟁은 전쟁이다** 같은 개념적 은유의 공식과 대조되는데, 개념적 은유에서는 목표영역을 먼저 언급하고 근원영역을 그 다음에 언급한다.) **부분은 전체를 대표한다** 자체는 더욱 특수한 다른 환유를 포함하며, Lakoff & Johnson은 we need some new faces around here(우리 주변에 새로운 인물이 좀 필요하다)에서처럼 **얼굴은 사람을 대표한다** 같은 한 가지 환유에 주의를 기울인다. **부분은 전체를 대표한다**라는 환유는 England scored just before half time(영국 팀이 하프타임 직전에 점수를 올렸다)에서처럼 **전체는 부분을 대표한다**의 역이다.

Lakoff & Johnson이 예와 함께 기재한 또 다른 개념적 환유는 다음과 같다(1980/2003: 38-9).

> **생산자는 제품을 대표한다**
> He bought a *Ford*.(나는 포드 한 대를 샀다.)
> He's got a *Picasso* in his den.(그는 자기 서재에 피카소 한 점이 있다.)
>
> **사용물은 사용자를 대표한다**
> The *sax* has the flu today.(그 색소폰은 오늘 독감에 걸렸다.)
> The *buses* are on strike.(버스는 파업 중이다.)
>
> **통제자는 통제물을 대표한다**
> *Nixon* bombed Hanoi.(닉슨은 하노이를 폭격했다.)
> *Napoleon* lost Waterloo.(나폴레옹은 워털루에서 졌다.)
>
> **기관은 책임자를 대표한다**
> You'll never get the *university* to agree to that.(너는 결코 대학이 그 문제에 동의하도록 만들 수 없을 것이다.)

I don't approve of the *government's* actions.(나는 정부의 조치에 찬성하지 않는다.)

장소는 기관을 대표한다
The *White House* isn't saying anything.(백악관은 아무 말도 하지 않고 있다.)
Wall Street is in a panic.(월가는 공황이다.)

장소는 사건을 대표한다
Let's not let Thailand become another *Vietnam*.(타일랜드가 또 다른 베트남이 되지 않게 합시다.)
Remember *the Alamo*.(앨라모 전투를 기억하자.)

우리는 앞의 몇 가지 예에서 개념적 환유를 범주화할 수 있다.

환유	의미	개념적 환유
the Crown	군주제	부분은 전체를 대표한다
threads	옷	재료는 물건을 대표한다
dish	준비한 음식	그릇은 내용물을 대표한다
bricks and mortar	집/건물	재료는 물건을 대표한다
a roof over one's head	살 장소	부분은 전체를 대표한다
glass, cup	(내용물)	전체는 부분을 대표한다

이런 개념적 환유 중 어떤 것은 사실 더욱 복잡해서 환유적 의미의 또 다른 층을 가진다. 이것은 신용카드와 신용카드로 지불하는 시스템 둘 다를 가리키는 plastic의 경우이다. a roof over one's head를 가리킬 때, 우리는 물리적 건물이 아닌 집을 가리키고 있다. hands를 사용해서 노동자를 가리킬 때, 손을 사용해서 생산하거나 전통적으로 생산되는 일의 관점에서 사람을 가리킨다. 이와 유사하게, a fresh pair of legs는 교체선수를 가리키는 데 사용된다. brains는 함께 일을 하거나 두뇌가 뛰어난 사람들

을 가리키는 데 사용된다. 즉 매체 실체로 선택되는 신체부위는 특별한 기술, 활동, 기능, 그 사람의 관심 요소와 관습적으로 연상된다. 그러나 목표 실체도 사람이 아닌 기술, 활동, 기능, 관심 요소일 수 있다. hand를 포함하는 은유와 환유에 대한 상세한 논의를 위해서는 Kövecses (2002: 207-210)를 보라.

목표 실체가 군주제라는 기관인 Crown의 경우에, **부분은 전체를 대표한다**라는 폭넓은 개념적 환유와 더욱 미세한 **왕관은 기관을 대표한다**를 탐지할 수 있다. Crown은 상징으로 사용되고 있으며, Lakoff & Johnson은 상징, 특히 문화적·종교적 상징이 본질상 환유라고 주장한다. 상징은 제9장에서 더 깊이 검토할 것이다.

마지막으로, 개념적 환유의 흥미롭고 중요한 쌍은 **결과는 원인을 대표한다**와 그 역인 **원인은 결과를 대표한다**이다. **부분은 전체를 대표한다**와 **전체는 부분을 대표한다** 같은 이런 개념적 환유는 매우 일반적이다. **결과는 원인을 대표한다**에 대한 Kövecses의 한 가지 예는 a slow road(더딘 도로)이다(2002: 154). slow는 이동 속도를 가리키지만, 더디게 이동하는 도로 위의 교통을 대표한다. **원인은 결과를 대표한다**의 예는 it's a long/difficult/easy road(그것은 긴/어려운/쉬운 길이다)로서, 이는 일종의 여행을 가리킨다. road는 환유이고 여행을 대표한다. 원인과 결과라는 전체 개념은 행동과 사건에 대한 책임을 돌리는 것과 관련 있으며, 이는 텍스트의 이데올로기적·평가적 양상을 탐구할 때 특히 흥미롭다. Lakoff & Johnson은 다음과 같이 지적한다.

> 닉슨 자신이 하노이에 폭탄을 투하하지 않았을 수도 있지만, **통제자는 통제물을 대표한다**라는 환유를 통해, 우리는 '닉슨이 하노이에 폭탄을 투하했다'라고 말할 수 있는 것은 물론이고, 또한 그가 폭탄을 투하한 것으로 간주할 뿐만 아니라 그에게 그 일에 대한 책임을 지운다.
>
> (Lakoff & Johnson 1980/2003: 39)

환유의 경험적 기초

우리는 제3장에서 개념적 은유에 경험적 기초가 있을 수 있다는 의견을 간략히 언급했다. 예컨대, **많음은 위이다/적음은 아래이다**는 더미의 크기로부터 나오고, **화는 열이다**는 화난 감정과 연상되는 생리적 감각으로부터 나온다. Lakoff & Johnson은 환유에도 경험적 기초가 있는 것으로 간주한다. 그들은 이런 기초가 환유의 경우에는 더욱 명확하다고 언급한다.

> 이는 환유가 보통 직접적인 물리적·인과적 연상을 수반하기 때문이다. 예컨대, **부분은 전체를 대표한다**라는 환유는 일반적인 부분이 전체와 관련되는 방식에 대한 우리의 경험에서 발생한다 … **장소는 사건을 대표한다**는 사건이 일어난 물리적 장소에 대한 우리의 경험에 토대를 둔다.
> (Lakoff & Johnson 1980/2003: 39-40)

이번에는 개념적 은유가 환유로부터 경험적으로 도출된다거나 환유를 통해 발전했다는 제안도 있었다. Kövecses는 이를 다음과 같이 설명한다.

> '화로 인한 체온'은 환유 **체온은 화를 대표한다**로 간주될 수 있다. 따라서 다음과 같은 개념화의 연쇄가 있다. **화는 체온을 생산한다**(환유). **체온은 화가 된다**(일반화). **열은 화를 이해하는 데 사용된다**(은유). **화는 열이다**라는 은유는 열의 근원영역이 환유 과정을 통해 화의 목표영역으로부터 발생하는 경우이다.
> (Kövecses 2002: 156-157)

이것에 **결과는 원인을 대표한다**라는 환유가 내포되어 있다. 체온은 결과이고 화는 원인이다. 은유를 발생시키는 것은 *결과*인 것이다.

또 다른 은유는 물리적 근접성의 관점에서 관계를 개념화한다(a close relationship(친한 관계), inseparable(떨어질 수 없는), drift apart(소원해지다), break up(헤어지다)). 이런 경우에 경험적 기초는 상당히 자명하며, 우리는 이를 인과성의 환유에 연결시킬 수 있다. 그러나 이 경우에, 은유의 어떤 부분이 환유의 **원인**에 연결되고, 어떤 부분이 **결과**에 연결되는지에 대해 논의해야 한다. 물리적 근접성이 감정적 근접성을 초래하고, 물리적 거리가 감정적 거리를 초래하는가? 또는 그 역인가? 즉 감정적 근접성이 물리적 근접성을 초래하고, 감정적 거리가 물리적 거리를 초래하는가? 또는 이 둘 다인가?

요약

우리는 환유의 서로 다른 종류를 고려하면서 이 장을 시작했으며, 그 다음으로 다의성, 그리고 낱말의 의미 및 관용어와 관련하여 환유를 고찰했다. 또한 환유에 대한 개념적 또는 인지적 접근법과 환유 내에서 식별된 체계의 종류를 고찰했다. 우리는 환유와 은유를 구분했지만, 환유임과 동시에 은유로 간주될 수 있는 어휘항목을 지적했으며, 환유에 대한 경험적 기초가 어떻게 개념적 은유에 대한 기초가 되는지에 대해 언급했다.

환유는 은유보다 때때로 그다지 풍부하지 않고 흥미롭지 않은 비유어로 보일 수 있다. 그러나 은유의 평가적·이데올로기적 중요성은 더욱 명확할 수 있지만, 환유가 사용되는 방식, 환유를 선택하는 방식, 어떤 종류의 환유적 관계가 무각되는지도 중요하다(제7장을 보라). 결론적으로, 베토벤(Beethoven)이나 레드 핫 칠리 페퍼스(Red Hot Chili Peppers)를 좋아한다고 말하는 것과 그들의 음악을 좋아한다고 말하는 것 간의 차이를 고려해 보라. 또한 영국이 군대를 보냈다고 말하는 것과 영국 정부가 군대를 보냈다고 말하는 것 간의 차이를 고려해 보라. 이것은 환유가 중요한 한 가지 이유이다.

더 읽을거리

Kövecses, Z. (2002) *Metaphor: a Practical Introduction*, Oxford: Oxford University Press.

Lakoff, G. and Johnson, M. (1980; new edn 2003) *Metaphors we Live by*, Chicago: Chicago University Press.

은유 이해

앞장에서 은유가 설명하고 기술하고 평가하는 방법을 제공한다고 말했다. 또한 은유를 통해 추상적 개념과 여타 어려운 개념을 이해하고 그것에 대해 의사소통할 수 있다고 말했다. 그러나 어떻게 은유를 이해하고, 어떤 메커니즘과 과정이 수반되는지의 문제는 아직 다루지 않았다. 이 주제를 논의하기 위한 출처로는 보통 실험 데이터에 기초하는 심리언어학, 철학과 의미론의 이론적 논의, 실험 데이터에 의존하는 은유에 대한 개념적·인지적 접근법, 텍스트 토대적 연구가 있다. 우리는 이를 차례로 검토할 것이다. 은유에 대한 이해와 해독에 논의를 제한하면서 은유 생산은 검토하지 않을 것이다. 이 장에서는 모국어와 관련해서만 은유를 고찰할 것이다. 외국어의 은유를 이해하는 데는 다른 메커니즘이 수반될 것이다. 이는 제6장에서 간략히 논의할 것이다.

은유와 뇌

신경 연구와 심리언어학 연구는 언어 기능마다 뇌의 다른 부위와 관련된다는 것을 암시했다. 초창기 연구는 뇌 손상과 언어 장애를 가진 사람들을 대상으로 했다. 뇌 손상의 위치와 장애의 본질을 서로 관련지음으로써, 언어의 어떤 양상이 뇌의 어떤 부위에 의해 통제되는지에 대한 가설을 세우는 것이 가능했다. 증거에 따르면, 대부분의 오른손잡이와 많은 왼손잡이의 경우에, 언어 기능에 대한 일차적 영역은 좌뇌(左腦) **한쪽에 의해 지배된다**(lateralize). 이런 일차적 영역으로 말의 생산과 특히 관련 있는 브로카의 영역과 이해와 특히 관련 있는 베르니케의 영역이 있다. 더욱 최근 연구는 기본적인 언어 기능이 어느 정도 좌뇌·우뇌 한쪽에 의해 지배된다는 사실, 즉 어느 정도의 반구편중현상(lateralization)을 뒷받침하지만, 상황은 더욱 복잡하다는 것을 보여주었다. 예컨대, 전극 또는 자기 공명 화상법을 사용하는 실험은 좌뇌와 우뇌 모두에서 활동이 있다는 증거를 발견했다.

다른 연구에 따르면, (표준 반구편중현상에서) 우뇌는 모두 비자구적 과정인 유머, 추리, 아이러니, 은유를 포함하는 언어 과정과 관련 있다. 우리는 이것을 '좌뇌' 활동(논리적, 분석적, 합리적 활동)과 '우뇌' 활동(감정적, 표현적, 창조적 활동)을 구분하는 더욱 일반적인 견해와 관련지을 수 있다. 따라서 한 가지 가설은 비자구적 언어가 그 자체의 뇌 내에 분화와 반구편중현상을 가진다는 것이다. 예컨대, 우뇌가 손상된 환자는 자구적 언어는 생산하고 이해할 수 있지만, 은유적 용법을 이해하는 데는 문제가 있는 것이다.

그러나 어떤 것도 확실하지 않으며, 진행 중인 연구도 결정적이지 않다. 더욱이 우리는 이미 창조적 은유와 관습적 은유처럼, 은유에 다른 종류가 있다는 것을 보았다. 은유 처리가 좌뇌·우뇌 한쪽에 의해 지배된다는 가설이 옳다면, 어쩌면 창조적 은유와 관습적 은유가 다르게 처리되어야 할 것 같다. 즉 창조적 은유는 부분적으로 우뇌에서 처리될 것인데, 왜냐하면 의도한 의미는 표면적 의미와 같지 않기 때문이다. 반면에 관습적 은유는 마치 자구적 의미처럼 좌뇌에서 처리될 것이다. 이상하게도, 관습적 은유를 처리할 때도 여전히 은유의 의도한 의미와 대조적으로, 표면적 의미와 관련되는 나머지 정신적 이미지를 가질 수 있다는 것에 주목해 보라. 인지적 이론가들은 이에 대해 의견을 말했으며, 우리는 이 장 뒷부분에서 이를 논의할 것이다.

은유와 언어습득

은유를 이해하고 사용할 수 있는 능력은 때때로 **비유적** (또는 **은유적**) **언어능력**(figurative (or metaphoric) competence)이라고 부른다. 이 절에서는 어린이가 언어를 습득할 때 이런 능력이 어떻게 발전되는지를 검토할 것이다. 우리는 어린이가 어느 정도까지 비유어의 의도된 의미가 자구적 의미가 아님을 인식하면서 그것을 은유적으로 해석하는지 고려함으로써 비유적 언어능력을 평가할 수 있다. 매우 간단한 일어 발화나 이어 발화만을 생산할 수 있는 매우 어린 아이들이 은유가 무엇인지 이해할 수 있을 것으로 기대하는 것은 확실히 타당하지 않을 것이다. 따라서 대부분의 연구는 3세 정도의 어린이들을 대상으로 하고, 많은 연구는 학령이나 그 이상의 어린이들을 대상으로 하였다.

일반적으로, 어린이들은 10세와 12세 사이에 비유적 언어능력을 획득하고 5세나 6세경에 이런 능력을 획득하기 시작하는 것처럼 보인다. 그러나 8세경의 어린이들은 은유에 대한 자구적 해석이나 적절하지 않은 비자구적 해석을 생산할 것 같다. 어린이마다 언어적으로 발전하는 속도가 다르기 때문에, 더욱 정확하기란 어렵다. 연구에서 나온 결과 역시 서로 다른데, 왜냐하면 부분적으로 과제의 종류나 어린이 실험대상자들이 반응해야 하는 은유의 종류가 서로 달랐기 때문이다. 일반적으로 어린 아이들은 유사성이 암시적인 은유보다 명시적인 직유를 이해하는 것이 더 쉽다는 것을 알게 된다. 그러나 매우 어린 아이들조차도 상상적 세계에 접근할 수 있다. 즉 그들은 이야기를 따라가고, 가장하고 연극한다는 것이 무엇을 의미하는지 이해한다. 비실재를 다룰 수 있는 이런 능력은 비유적 언어능력의 초기 형태이다. 아마 이것은 전비유적 언어능력이다.

아이들이 은유에 대해 갖는 일부 문제는 어휘와 세계에 대한 지식이 부족한 탓이다. 어린이들은 관용어를 거의 모르거나 아예 알지 못하며, 추상적 사고를 할 수 없는 듯하다. 그래서 어린이들은 자구적 해석이 뜻이 통하지 않는다는 것은 인식할 수 있지만, 단순히 은유를 처리할 만큼 일반적으로 충분히 알지 못할 수도 있다. 예컨대, Ellen Winner(1988: 39ff)가 보고했고 Winner, Rosenstiel & Gardner가 수행한 연구는 어린이들에게 다음에 대해 질문한다.

> After many years of working at the jail, the prison guard had become **a hard rock** that could not be moved.(감옥에서 몇 년간 일한 후에, 교도관은 감동받지 못하는 **단단한 바위**가 되었다.)

어떤 6세 어린이는 이 텍스트를 해석하지 못했다. 어떤 어린이는 바위가 감옥 벽을 가리킨다고 생각했다. 또는 교도관이 매우 강하고 육체적으로 단단하다는 것을 의미한다고 생각했다(이는 여기서 의도한 의미는 아닐지라도 hard의 또 다른 의미이다). 다른 어린이는 교도관이 바위로 변했다는 식의 마술 같은 설명을 했다. 8세 어린이들 중 거의 3분의 1이 이 텍스트가 교도관의 느낌이나 행동을 가리키는 것으로 해석했지만, 일부 어린이들은 적절하지 못한 해석을 내놓았다. 흥미롭게도, Winner는 정보 제공자들이 은유의 정확한 의미를 잘못 이해하지만, 종종 은유에 긍정적인 평가 성향이 있는지 또는 부정적인 평가 성향이 있는지 인식한다고 보고했다.

대부분의 어린이들은 다른 인지 능력 및 언어 능력과 함께 적당한 과정 중에 비유적 언어능력을 발전시킨다. 그렇게 하지 못하는 것은 기능장애로 간주될 수 있으며, 이는 특별한 건강 상태에 대한 징후이다. 예컨대, 아스페르거 증후군을 포함해 자폐증의 한 가지 특징은 은유, 아이러니와 여타 비자구적 언어를 해석하지 못한다는 것이다. 이것은 다시 관습적인 사회적 상호작용에 대한 어려움으로 이어진다. 국립자폐협회(National Autistic Society)의 2004년 광고는 많은 관용어(All thumbs(손재주가 없는), two left feet(운동신경이 둔하다), [. . .] every cloud has a silver lining(쥐구멍에도 볕들 날 있다), eyes in the back of your head(항상 주위를 잘 살피다))를 기재하고 그 다음에 '사람들이 하는 모든 것이 거짓임을 알 때 자폐증 환자는 어떻게 사람들을 신뢰할 수 있겠는가?'라고 말하면서 이것에 주의를 기울였다. 마크 해던(Mark Haddon)의 소설, 『한밤중에 개에게 생긴 이상한 일』(The Curious Incident of the Dog in the Night-Time)은 자폐증에 걸린 한 십대에 의한 1인칭 서술이다. 중요한 주제는 그의 완벽한 정직함, '선의의' 거짓말을 포함해 거짓말에 대한 증오, 언어 및 언어 이해에 대한 자구적 사용이다. 그는 은유를 다음과 같이 논의한다.

다음은 은유의 예이다.

He was the apple of her eye.(그는 매우 소중한 사람이었다.)
They had a skeleton in the cupboard.(그들에게는 남에게 숨기고 싶은 가족의 비밀이 있었다.)
We had a real pig of a day.(우리는 일진이 나빴다.)

나는 이 예가 거짓이라고 불러야 한다고 생각하는데, 왜냐하면 돼지는 하루와 같지 않고, 찬장에는 해골이 없기 때문이다. 그리고 이런 표현에 대한 그림을 머릿속에 떠올리려고 하면 혼돈스러울 뿐이다. 왜냐하면 누군가의 눈에 사과가 있다고 생각하는 것은 누군가를 좋아한다는 것과 아무런 관련이 없고, 그 사람이 무엇에 대해 이야기하고 있는지를 기억하지 못하게 만들기 때문이다.

(Haddon 2003: 19-20)

다음처럼 은유를 진리와 관련해 논의하는 것에 비추어 이런 관점을 고찰하는 것은 흥미롭다.

은유 이해: 전통적 견해

은유 이해에 대한 이론으로 시선을 돌려, 먼저 전통적 견해를 검토할 것이다. 이런 이론들은 대체로 철학, 더 구체적으로 언어철학과 의미론 내에서 발전했으며, Lakoff과 동료들의 개념적 은유에 관한 연구보다 시기상 앞선다. 은유를 철학을 통해 고찰하는 것에는 중요한 암시가 있는데, 왜냐하면 발화의 진리성과 논리를 포함해 진리와 논리에 주로 관심을 가졌기 때문이다. 이는 자구적 의미와 비자구적 의미에 대한 관심 및 어느 정도로 '참'인지에 대한 관심으로 이어진다.

apples are fruit(사과는 과일이다), fire burns(불이 탄다), water is a colourless liquid(물은 무색 액체이다) 같은 문장이나 발화를 고려해 볼 때, 이런 문장은 실재 사태를 나타내기 때문에 글자 그대로 명제로서 참이라는 것을 보여줄 수 있다. 자구적 언어 진리는 세계의 진리와 대응한다. 역으로, apples are not fruit(사과는 과일이 아니다), fire does not burns(불은 타지 않는다), water is not a colourless liquid(물은 무색 액체가 아니다)는 거짓임을 알 수 있다('물은 잉크와 섞으면 무색 액체가 아니다' 같은 특별한 문맥은 무시한다). 일반적으로, 자구적 진리, 즉 실세계 진리와 충돌하는 발화는 문제가 있는 것으로 간주된다. 이런 발화는 속이고자 하는 고의적인 의도에서 비롯된 것일 수 있다. 의도적으로 범죄를 저지른 사람은 처벌을 피하기 위해 '나는 그것을 하지 않았습니다'라고 말할 수도 있다. 그러나 글자 그대로 참이 아닌 모든 발화가 거짓이거나 틀렸거나 거짓말이라고 말하는 것은 잘못된 것인데, 왜냐하면 은유가 이런 경우에 해당하기 때문이다.

20세기 의미론에서 일어난 몇몇 주요한 발전은 속이거나 거짓말을 할 의도가 없는 명백히 '참이 아닌' 발화에 대한 탐구 때문이었다. 예컨대, 일반적으로 화용론과 특히 화행론은 'Can you pass the salt?(소금 좀 건네주시겠습니까?)'와 'I name this ship Argo(나는 이 배를 아르고 선이라고 명명합니다)' 같은 발화를 탐구했다. 이 중 첫 번째는 능력에 대한 질문이 아닌 요청이다. 이에 반해 두 번째는 간단한 사실 진술이 아닌데, 왜냐하면 화자는 낱말을 발화해서 배를 명명하는 행동을 수행하기 때문이다. 엄격히 '참이 아닌' 발화의 다른 예로 아이러니와 명백히 부적절한 소견이 있다. 이런 경우에, 화자는 발화가 문맥에서 의미가 있도록 의도한다. 그래서 다음 각각의 쌍에서 두 번째 발화의 의미는 자구적 의미와 동일하진 않지만 거짓이거나 부적절한 의미는 아니다.

Can you lend me twenty quid?(20파운드만 빌려줄 수 있니?)
I'd love to.(나도 그러고 싶어.)

When are you going to finish that essay?(언제 그 에세이를 끝낼 거니?)
Nice weather, isn't it?(날씨 좋지 않니?)

이는 **문장 의미**(sentence meaning)와 **발화 의미**(utterance meaning) 사이에 공백이 있는 경우이다. 즉 표면적 의미와 의도한 의미 사이에 공백이 있기 때문에, 추상적인 언어 형태의 의미와 문맥 속의 의미 사이에 공백이 있는 것이다.

이렇게 해서 은유는 문장 의미와 발화 의미 사이의 또 다른 공백의 예로 간주된다. 진리 및 언어와 관련하여 연구하는 것은 또 다른 문제이다. 실제로 이것은 기원전 5세기에 아리스토텔레스가 은유를 논의한 것처럼 매우 오래된 주제이다. 물론 언어철학 내에 은유에 대한 많은 이론과 모형이 있다. 그러나 여기서는 단순히 어떻게 은유를 이해하는가라는 질문에 대한 매우 폭넓은 두 가지 접근법만 검토할 것이다.

첫 번째 접근법에서 은유는 **대치**(substitution)나 **전이**(transfer)로 간주된다. 이것은 낱말 metaphor 자체의 어원적 의미, 즉 'transfer'와 일치한다. 합성어에서 그리스어 접두사 metá-는 종종 변화라는 개념을 뜻하고, -phor는 그리스어 동사 phérein '실어 나르다'에서 유래한다. 은유 이해의 과정은 특별한 낱말이나 표현이 다의적임을 인식하는 것과 자구적 의미가 아닌 이차적인 은유적 의미로 사용된다는 것으로 이루어진다. 이런 이차적 의미는 자구적 의미를 가진 또 다른 낱말이나 표현을 *대치한다*. 다음 예에서, thrash(패배시키다)의 은유적 의미는 'defeat(패배시키다)' 같은 자구적 낱말을 대치한다.

> We used to **thrash** all the teams in the Keith Schoolboy League. We had a great squad and no-one could touch us.(우리는 키스 소년단 리그에서 모든 팀을 **패배시키곤** 했다. 우리 팀은 최고였고 어느 누구도 우리를 건드리지 못했다.)
>
> (BoE)

thrash는 '때리다'라는 또 다른 자구적 의미를 가진다. 이것은 더욱 도식적으로 다음과 같이 표현할 수 있다.

낱말 A	자구적 의미 A를 가진다
낱말 B	자구적 의미 B1을 가진다
	은유적 의미 B2를 가진다
은유	**B2는 A를 대치한다**

이 견해는 B를 다의어로 간주해야 한다는 것을 의미한다. 그러나 B2와 A와 사이에 은유적 관계와 대치가 있으며, B1과 B2 사이에는 다른 연결을 설립할 필요가 없다. 현대 1개 국어를 사용하는 사전에서 다의어를 다루는 방식은 은유의 대치론을 암시하는 듯하다. 즉 은유적 의미는 자구적 의미와 별개로 다루어지지만, 그것의 은유성은 보통 설명하거나 표시하지 않고 암시되어 있을 뿐이다.

두 번째 접근법에서, 은유는 **비교(comparison)**로 간주된다. 은유를 사용할 때, 은유의 주제와 매체 간의 유사성이 암시되며, 은유는 매체가 주제와 '유사하다'라고 말하는 속기 방법이다. 은유 이해의 과정은 은유가 비교이고, 어떤 유사성이 있고, 매체가 어떻게 주제와 관련 있는지를 인식하는 과정이다. 'thrash' 예에서, 은유는 'winning a game easily is like hitting one's opponents(경기를 쉽게 이기는 것은 상대편을 때리는 것과 같다)'라는 기본적인 진술을 암시한다. 이 은유를 이해하기 위해서는 경기에서 이기는 것이 왜, 어떻게 물리적 공격과 유사한지를 이해해야 한다. 이것은 다음과 같이 도식적으로 표현할 수 있다.

낱말 A	자구적 의미 A를 가진다
낱말 B	자구적 의미 B를 가진다
은유	**A는 B 같다**

이 견해는 은유와 직유 사이에 그리고 한 낱말의 다른 의미들 사이에 더

욱 밀접한 관계가 있음을 암시한다.

　우리는 제1장에서 어떤 언어학자들이 은유와 직유 사이의 관계가 다른 것들보다 더 중요하다고 간주한다고 말했다. 어떤 언어학자들이 이것에 더욱 더 관심이 있다고 말하는 것이 더 맞는 말일 것이다. 은유를 비교로 간주한다면, 직유 역시 비교이고, 직유를 고찰하는 것도 적절한 것처럼 보인다. 은유를 대치로 간주한다면, 직유는 종류가 아주 다른 것이다. 직유를 고찰하는 것보다 일반적인 환유와 다의성을 고찰하는 것이 더 적절할 것이다.

　이 절에서는 은유 이론에 대한 단지 두 가지 포괄적인 접근법을 매우 간단히 설명했다. 맥스 블랙(Max Black)의 '상호작용론(interaction view)'(Black 1993) 같은 접근법 및 대치와 비교의 요소들을 결합하거나 은유적 의미가 관습화되는 정도를 고찰하는 접근법들도 있다. 예컨대, 대치와 비교 접근법을 상보적인 것으로 간주할 수도 있다. 이 경우에 대치론은 관습적 은유와 더 잘 어울리고, 비교론은 창조적 은유와 더 잘 어울린다. 다음과 같은 문맥의 경우에, agitated에 대해 의미 'upset and worried(당황하고 걱정한)'에 직접적으로 접근하거나 그것을 대치할 수 있는데, 이때 이 의미와 자구적 의미 'physically shaken or stirred(물리적으로 흔들리거나 움직이는)'의 관계는 더 이상 분석하지 않거나 또는 어원적 관계를 고려하지 않는다.

　　　The news had shocked her; she was very **agitated**.(그녀는 소식을 듣고 놀랐다. 그녀는 매우 **동요했다**.)

그러나 다음과 같은 문맥의 경우에서는 그것을 이해하기 위해 회오리와 감정 상태 사이에 유사성과 어떤 암시가 있는지를 식별할 필요가 있다.

The news had shocked her; **a whirlwind of emotions blew her hither and thither.**(그녀는 소식을 듣고 놀랐다. **감정의 회오리가 그녀를 여기저기로 날렸다.**)

은유와 화용론

우리는 화용론이 문장 의미와 발화 의미 간의 공백을 탐구함으로써 발전했다고 언급했다. 화용론 이론 자체는 은유를 설명하고자 했으며, 이에 대한 한 가지 예는 그라이스(H. P. Grice)의 연구에서 찾아 볼 수 있다. 그라이스는 대화를 할 때 우리가 따르는 **협동성 원리**(Cooperative Principle), 즉 일련의 관습이나 **격률**(maxim)이 있다고 제안했다. 이 격률은 양(적절한 양의 정보를 주는 것), 질(진실한 것), 관계(적절한 것), 방식(명확한 것)과 관련 있다. 청자는 화자가 이런 격률을 준수할 것으로 예상한다. 화자가 이런 격률을 준수하지 않고 명확히 격률을 어기거나 **위배**(flout)한다면, 청자는 화자가 실재로 무엇을 의미하는지 이해하기 위해 그런 위배를 해석해야 한다. 그라이스는 은유가 질의 격률 중 하나인 '당신이 거짓이라고 믿는 바를 말하지 마세요'를 조롱한 것이라고 말한다. You are the cream in my coffee(당신은 내 커피의 크림이다)(그라이스의 예) 같은 말이 거짓이기 때문에, 화자는 무언가 다른 것을 의미했음에 틀림없다. 이 경우에 화자는 수신자와 크림 간의 유사성을 이끌어 낸다.

은유는 다른 격률도 위배한 것으로 간주될 수 있다. 특히 문학 은유는 명확하지 않거나 지나칠 정도로 '정보적'이거나 정보가 없을 수 있다. 즉 문학 은유는 방식이나 양의 격률을 위배하여 독자는 작가의 의미를 해석해야 한다. 은유는 또한 부적절하기 때문에 관계의 격률을 위배한 것일 수도 있다.

관계의 격률이 작용하는 방식은 그라이스의 연구를 따르는 Dan Sperber

& Deirdre Wilson(1995)이 개발한 **적절성 이론(relevance theory)**의 초점이다. 이 이론은 적절성을 발화 해석 방식의 핵심 논제로 간주하고, 적절한 해석을 할 때 문맥적 의미를 사용하고 추론하는 방식의 메커니즘에 관심을 갖는다. 적절성 이론은 화자의 의미를 이해하는 데 필요하고 적절한 모든 정보를 화자가 제공한다고 가정한다. 이것이 어떻게 은유에 적용되는가? 다음 예는 BoE에서 나온 비격식체 대화를 편집한 것이다.

> A: She's complaining that she might have an overdraft that she will have to pay back, and she wants to emigrate the day she qualifies.(그녀는 다시 갚아야 하는 초과인출이 생길 수도 있다고 불평하고 있으며, 적당한 때 이주하고 싶어 해.)
> B: Well, you've opened up a whole new can of worms here, I think.(음, 내 생각에 네가 완전히 새로운 귀찮은 문제를 야기한 것 같아.)

A가 B의 응답을 글자 그대로 해석한다면, 그것은 부적절하고 무의미할 것이다. A는 B가 적절하고 유의미할 의도이고, 더 이상의 배경 지식이 필요 없다고 가정해야 한다. 따라서 A는 그것을 은유로 해석한다. 즉 그것을 A가 이야기하고 있는 것에 대한 평가로 해석한다.

은유 이해: 인지적 접근법

Lakoff과 동료들이 방금 언급한 은유 접근법들과는 매우 다른 접근법을 취하는 것은 놀라운 일이 아니다. 제3장에서 보았듯이, 그들은 은유가 인간 사고의 본질적인 부분이고, 은유가 개념을 실현하는 어휘항목, 즉 발화가 아닌 개념들을 연결시킨다고 주장한다. 이로부터 은유가 문제가 있거나 이상한 것으로 간주될 수 없다는 결론이 나온다. 진리와 거짓에 대한 우리의 개념은 은유를 통해 구성되기 때문에, '진리'와 '허위'를 은유와 관련하여 논의하는 것은 무의미할 것이다. 유사성이 아닌 대응들로 이루어진 기본 개념들 사이에 실재 관계가 있기 때문에, 주제와 매체 간의 관계에 의해 은유를 분석하는 것 역시 동등하게 무의미할 것이다.

그렇다면 인지적 체제 내에서 은유 이해의 메커니즘에 대해 어떤 말을 할 수 있는가? 비록 많은 것이 이론적이긴 하지만, 어떤 것은 심리언어학 실험과 실험대상자 테스트에 기초하는데, 우리는 이것으로 논의를 시작할 것이다.

자구적 의미가 심리언어학적으로 선험적이라고 기본적으로 가정할 수 있다. 즉, 은유로 사용되는 낱말이나 구를 읽거나 듣게 될 때, 우리는 먼저 그것을 자구적으로 해석해서 이해하려고 한다. 그 다음에 이런 해석이 문맥과 일치하지 않기 때문에 실패할 때, 이차적인 은유적 해석을 시도한다. 다음을 읽을 때, 우리는 먼저 backbone을 '척추'라는 자구적 의미로 해석한다.

> If the Premier had any **backbone** he would stand up and say 'I won't have this'.(만약 수상에게 **용기**가 있다면 그는 일어서서 '이건 용납하지 않겠다'라고 말할 것이다.)

그러나 이것은 뜻이 통하지 않는다. 즉 모든 사람에게는 척추가 있다. 이 시점에서 우리는 척추와 용기나 결단력 간의 대응점을 고려해서 만족스럽게 일치하는 '용기와 결단력'이라는 관습적인 은유적 해석을 위해 자구적 해석을 거부한다. 이러한 시행착오의 과정은 일반적인 언어 처리처럼 순간적이고 무의식적으로 발생하지만, 여전히 2단계 과정이기 때문에 기본 가정에 따라 직접적인 자구적 의미(If the Premier had any courage (수상에게 용기가 있다면) 또는 If the Premier had the evolution of the mammalian backbone(수상이 포유류 척추의 진화를 가지고 있다면))를 처리할 때보다 시간이 더 많이 걸려야 할 것이다.

그러나 심리언어학 실험이 실제로는 그렇지 않다는 것을 암시했다. 즉 은유와 여타 비자구적 용법을 처리하는 데 자구적 용법을 처리하는 것보다 시간이 더 많이 걸리지 않으며, 보통 더 어렵거나 문제가 있는 것도 아니다. (우리는 여기서 that dolphin-torn, that gong-tormented sea(저 돌고래에 찢기고, 종소리에 고통 받는 바다를) 같은 복잡하고 상당히 일정한 양식의 문학 은유의 특별한 경우는 고려하지 않아야 한다.)

비자구적 언어에 대한 인지적 접근법 및 심리언어학적 처리에 관한 연구와 특별히 관련 있는 한 학자는 Raymond Gibbs이다. 그녀는 우리가 은유, 환유, 아이러니와 여타 비자구적 언어(그녀의 용어로 'trope(비유적 용법)')를 쉽게 이해할 수 있다는 것을 결정적으로 입증한다.

> 화자는 은유, 환유, 아이러니 등의 비유적 도식을 통해 그들의 많은 경험을 개념화하기 때문에, 일상 대화에서 비유적 용법을 이용하지 않을 수가 없다. 청자는 정확히 그들의 많은 사고가 비유적 과정에 의해 제약되기 때문에, 비유적 용법이 이해하기 쉽다는 것을 안다.
>
> (Gibbs 1994: 253)

Gibbs는 종종 다른 학자들과 협력하여 은유적 관용어의 처리에 대한 여러 실험을 했다. 예컨대, 실험대상자들이 let the cat out of the bag와 spill the beans 같은 표현에 반응하는 시간을 기록했다. 연구결과를 통해 기본적 해석이 실제로 자구적 해석이 아닌 관용적 해석이라는 것이 암시되었다. 실제로 실험대상자들에게 같은 표현의 자구적 용법을 가진 예를 제시했을 때, 관용적 상당어구보다 자구적 용법을 처리하고 이해하는데 시간이 더 많이 걸렸다.

이것은 다음과 같은 문맥을 접할 때 우리가 spilled the beans가 '비밀을 누설하다'를 의미한다는 것을 가정함을 암시한다.

> They were getting dinner ready when Jack spilled the beans.(잭이 비밀을 누설했을 때 그들은 저녁 식사를 준비하고 있었다.)

이 문맥에서 잭이 실제로 콩을 엎질렀다면, 우리는 철회해서 그에 따라 다시 해석을 해야 할 것이다. 심리언어학적 관점에서 볼 때, 이것은 관용어가 보통 자구적으로 해석되는 것이 아니라 그 의미와 함께 완전한 언어 단위로 머릿속 사전에 저장된다는 것을 암시한다.

증거에 따르면, 관습적인 관용적·은유적 의미는 직접적으로 처리된다. 또한 다른 실험대상자들이 은유적 내용에 대한 정신적 이미지를 만들어보라는 요청을 받는다면, 그들은 이런 이미지를 기술할 수 있는 것은 물론이고 그들 사이에 놀랄 만한 일관성도 있다는 증거가 있다. 예컨대, Lakoff이 (미국인) 실험대상자들에게 spilling the beans에 대한 이미지에 대해 질문했을 때, 일반적인 견해는 콩이 요리되지 않았고, 인간 머리만한 크기의 그릇 속에 담겨 있고, 콩을 엎지르는 것은 의도한 것이 아니라 뜻밖이고, 콩은 멀리까지 흩어지고 주워 담기가 어렵다는 것이었다(Lakoff 1987: 446ff를 보라). 우리의 경험에서, 주로 대학 학부생인 영국 실험대상자들은 깡통에 든 구운 콩의 이미지를 생각하는 경향이 있지만, 그런 이미지 역시 일관적이었고, 그것은 단순히 하위문화적 변이일 뿐이었다.

은유, 경험, 신경 사상

우리는 제3, 4장에서 Lakoff & Johnson이 기술한 은유의 경험적 기초에 대해 언급했다. 예컨대, **화는 열이다**는 생리적 변화와 관련 있고, **많**

많음은 위이다는 더미의 크기와 관련 있는 데 반해, **앎/이해는 시각이다**는 얼마나 많은 우리의 경험이 시각으로부터 도출되는지를 반영한다. **애정은 따뜻함이다**와 **애정은 가까움이다**라는 은유는 보살핌이나 애정의 표현으로 한 사람이 또 다른 사람을 껴안을 때 발생하는 따뜻함이라는 물리적 감각이나 실제적인 물리적 가까움 때문일 수 있다. 이 은유의 어휘적 실현으로 warm regards(따뜻한 인사)나 a close friendship(친한 우정) 같은 표현이 있다. **목적은 목적지이다**라는 은유는 사람들이 특별한 것을 얻거나 달성하기 위해 특별한 장소로 간다는 사실 때문이다. 이 은유의 어휘적 실현으로 arrive(도착하다), reach(도달하다), goal(행선지), go to great lengths to(상당히 멀리까지 가다)가 있다. Lakoff & Johnson이나 같은 체제 내에서 연구하는 다른 학자들은 많은 다른 개념적 은유를 이런 방식으로 설명한다.

이것으로부터, 우리가 어릴 적 경험을 통해 은유적 개념화를 획득한다고 주장할 수 있다. 예컨대, 아기였을 때 부모에게 안김으로써 애정을 따뜻함 및 가까움과 관련짓는 법을 배운다. 특별한 것을 얻기 위해 특별한 장소로 갈 때, 목적을 목적지와 관련짓는 법을 배운다. Christopher Johnson이 발전시킨 가설(Lakoff & Johnson 1999: 48를 보라)은 먼저 두 개의 개념을 같다고 생각하거나 '융합하고', 그 다음에 그 두 개념을 구분하고 두 영역을 분리하는 법을 배운다고 암시한다. (이것이 은유적 어휘 항목이 아닌 은유적 *개념*의 습득과 관련 있다는 것에 주목해 보라.)

Lakoff & Johnson은 논쟁을 더 깊이 진행시킨다.

> 은유는 신경 현상이다. 우리가 말하는 은유적 사상은 물리적으로 신경 지도로 실현되는 듯하다.
>
> (Lakoff & Johnson 2003: 256)

그들은 애정과 따뜻함을 물리적으로 관련지을 때 감정을 다루는 뇌의 부위와 온도를 다루는 부위가 동시에 활성화된다고 제안한다. 결과적으로, 이 두 부위는 신경 연결을 발전시키기 때문에, **애정은 따뜻함이다**라는 은유에 대한 실제 신경 구조가 있다. 그들은 기본적인 인간 경험에서 유래되는 다른 개념적 은유에 대해서도 유사한 사상이 있음을 암시하면서 다음과 같이 말한다.

> 우리는 은유적으로 사고할지의 여부에 대해 선택권이 없다. 은유적 지도는 우리 뇌의 부위이기 때문에, 원하든 원치 않든 간에 우리는 은유적으로 사고하고 말하게 되어 있다.
>
> (Lakoff & Johnson 2003: 257)

이 견해는 급진적이다. 그러나 이것은 가설로 남아 있으며, 현재 이 가설을 어떻게 방법론적으로 테스트할지 알기는 어렵다.

개념적 혼성 이론

고려할 인지적 접근법의 마지막 양상은 더욱 추상적이다. **개념적 혼성 이론**(blending theory)은 Gilles Fauconnier와 Mark Turner의 연구로 1980년대 후반에 시작되었다(Mark Turner는 문학 은유에 대한 책을 George Lakoff과 공동으로 집필했다). 이 이론은 우리가 하는 추리를 포함해 은유를 처리할 때 어떤 일이 발생하는지를 복잡하고 동적인 모형으로 설명하고자 한다.

개념적 혼성 이론에서 '정신공간(mental space)'이 중요한 개념이다. 우리가 언어를 처리할 때, 마음속에 '정신공간'을 창조한다. 해당 언어에 포함된 생각을 처리하는 데 필요한 모든 정보와 개념적 지식이 이 정신공간 속에 들어간다. 이것은 알려진 모든 것은 아닐 것이며, 단지 문맥에 적절한 것들이다.

　개념적 혼성 이론은 은유를 처리하는 것과 관련해서 네 가지 정신공간을 식별하는데, 이는 다음과 같이 나타낼 수 있다(Grady *et al*. 1999에서 따옴).

총칭공간

입력공간₁　　　　　　　　　입력공간₂

혼성공간

두 입력공간에는 목표영역과 근원영역을 특징짓는 자질이 들어 있는 데 반해, 총칭공간에는 두 입력공간에 공통된 일반적인 자질이 들어 있다. 다른 정신공간들로부터 나온 데이터는 혼성공간에서 함께 혼성된다. 이 정신공간의 출력이 은유의 의미인 것이다.

　우리는 '척추'의 예로 이것이 어떻게 작용하는지 살펴볼 것이다.

> If the Premier had any **backbone** he would stand up and say 'I won't have this'.(만약 수상에게 **용기**가 있다면 그는 일어서서 '이건 용납하지 않겠다'라고 말할 것이다.)
>
> (BoE)

한 입력공간에는 인간의 행동 및 활동과 관련 있는 데이터가 들어 있다. 여기서 적절한 것은 어려운 행동을 수행하는 데 필요한 행동과 정신적 태도이다. 다른 입력공간에는 척추와 관련 있는 데이터가 들어 있을 것이다. 여기서 적절한 것은 사람이 행동을 하기 위해 서 있고 물리적 위치에 있을 때 척추가 다소 곧고 직선이라는 사실이다(사람이 누워 있을 시 척추의 구조나 위치는 부적절하거나 은폐되는 자질이다). 목표영역과 근원영역의 경우처럼 두 정신공간에 사상이 있을 것이다. 총칭공간에는 두 입력공간에 공통된 자질과 관련 있는 데이터가 들어 있다. 여기에서 이 자질은 대략 행동을 할 수 있는 능력이라고 말할 수 있다. 혼성공간은 다른 정신공간들에서 나온 데이터를 혼성해서, 행동을 할 준비가 되어 있을 때 안정되고 확고하게 있도록 해주는 특징을 가지는 것과 관련 있는 의미를 생성한다. 이것은 간단한 분석이지만, 수반되는 다른 요소들을 폭넓게 나타낸다.

개념적 혼성 이론의 중요한 자질은 근원영역과 목표영역 둘 다 혼성공간과 최종 의미에 적극적으로 기여한다는 것이다. 혼성공간은 동적이다. 이것은 은유적 의미에 대한 기여가 근원영역에서 목표영역으로나 매체에서 주제로 단일방향으로 진행되는 더욱 간단한 분석 모형과 대조된다. 개념적 혼성 이론의 후원자들은 이 이론이 복잡한 창조적 은유를 분석할 수 있는 훨씬 더 정교한 방식을 제공한다고 주장한다. 반면에, 이 이론을 비방하는 사람들은 그것이 적용하기에 너무 복잡하다고 주장하다.

은유 이해: 텍스트 토대적 접근법

우리는 지금까지의 접근법들이 사람들이 은유를 어떻게 이해하는지 설명하는 모형과 이론을 구성하는 데 대체로 관심이 있는 것으로 특징지을 수 있다. 적절성 이론처럼, 실험 데이터에 기초하거나 문맥을 고려하는 접근법들조차 그러하다. 이 장의 마지막 부분에서는 이론을 구성하는 것이 아닌 언어를 기술하는 데 주로 관심이 있고, 어떻게 은유적 의미에 도달할 수 있는지를 설명하기 위해 진정한 텍스트 데이터를 분석하는 접근법을 검토할 것이다.

말뭉치 언어학은 컴퓨터에 저장된 많은 텍스트를 이용하여 언어의 어휘와 문법을 분석한다. 많은 문맥에서 낱말과 구를 회수하는데, 이것으로 낱말과 구의 전형적인 행동을 쉽게 관찰할 수 있다. 말뭉치 데이터는 다른 의미들의 상대적 빈도 및 이것들이 어떤 문맥에서 발생하는지에 대한 통계적 증거를 제공한다. 예컨대, attack의 예 중 70퍼센트는 물리적 공격이고, 20퍼센트 이하는 은유이고 논쟁과 비판을 가리킨다. 이런 은유적 용법에 대한 가장 일반적인 텍스트는 활자 매체이고, 구어 대화에서는 그다지 흔하지 않다. 말뭉치 데이터는 spill the beans(비밀을 누설하다)나 can of worms(귀찮은 문제) 같은 표현의 자구적 의미에 대한 증거는 종종 거의 없거나 아예 없다는 것을 보여준다. spill the beans의 예 중 99퍼센트 이상은 은유이며, can of worms의 모든 예는 은유이다. 이는 사람들이 자구적 용법이 아닌 은유적 용법을 예상하는 성향이 있을 것 같음을 암시하고, 실험대상자들이 관용적이거나 은유적 용법보다 자구적 용법을 해석하는 데 시간이 더 많이 걸린다는 앞서 보고한 심리언어학 연구결과를 뒷받침한다. 자구적 용법은 정도를 벗어나고 따라서 예상 밖이다.

 빈도가 언어적 행동의 유일한 양상은 아니며, 말뭉치 언어학은 또한 다른 낱말들의 연어 패턴과 어법 패턴이나 한 낱말의 여러 의미에 주목한다. 자구적 의미와 은유적 의미는 종종 연어의 다른 다발 및 다른 어법과 연상된다. gold, diamond(s), ruby/rubies, sapphire(s)는 jewel의 자구적 의미와 공기하는 데 반해, real, hidden, glittering은 은유적 용법과 공기한다. 자구적 의미와 은유적 의미가 공통된 연어를 가질 때도, 종종 다른 어휘적 또는 구조적 구분이 있다 즉 a precious jewel(소중한 사람)은 자구석이라기보다 십중팔구 은유이지만, 복수 형태 precious jewels(귀중한 보석)는 십중팔구 자구적이다.

 말뭉치 언어학자들은 이와 같은 데이터를 사용해서 의미마다 텍스트상의 다른 패턴 및 다른 빈도와 보통 연상된다는 것을 증명한다. 중의성은 드문데, 왜냐하면 문맥은 어떤 의미가 사용되고 있는지를 명확히 보여주기 때문이다. 이는 attack과 jewel 같은 개별적인 다의어 또는 spill the beans 같은 관용어에도 적용된다. 이것은 또한 Sam is a pig(샘은 돼지이다) 같은 발화에도 적용되는데, 왜냐하면 문맥은 논의가 사람과 관련 있는지 아니면 동물과 관련 있는지 그리고 이것이 은유적 평가인지 사실에 대한 자구적 진술인지를 명확히 하기 때문이다. 문맥은 의미를 매우 강력하게 구분하기 때문에, 중의성이나 자구성과 은유성에 대한 논의는 전적으로 인위적인 듯하다. 관습적 은유는 단순히 그 자체의 특징적 패턴과 행동을 가진 일상적 용법인 것으로 간주된다. 1회에 한하는 창조적 은유는 비전형적이거나 일탈적 용법으로 간주된다. 이는 정상적인 패턴과 행동을 고려해서 설명할 수 있다.

 게다가 텍스트 분석가들은 담화 문맥과 문화적 문맥을 포함해 문맥 속에서 의미를 기술하는 데 관여한다. 독자는 비유어와 그것의 이데올로기적 하위텍스트 및 어떤 종류의 의미가 창조되었는지를 어떻게 해석해야 하는가? 다음은 제1장에서 제시한 예의 더 긴 버전이다.

> Further around the Waterford coast, Dunmore East settles snugly between small, chunky sandstone cliffs topped by masses of rambling golden gorse. The main street follows a higgledy-piggledy contour from the safe, sandy cove beside which the east village sits, towards a busy harbour full of the rippled reflections of brightly coloured fishing boats and cradled by the crooked finger of the harbour wall. From here, the ruddy sandstone cliffs make bold ribs around the coast. This is still a very active fishing harbour, but has also cashed in on its undeniable picturesqueness, with self-consciously new thatched houses sneaking in alongside the originals.(워터퍼드 해안 주변 더 멀리에 있는 던모어 이스트는 산만하게 자라난 다량의 가시금작화로 덮여진 작게 덩이리진 사암 절벽 사이에 조촐하게 자리 잡고 있다. 주도로는 동쪽 마

을의 옆에 위치한 안전하고 모래가 많은 산의 오목한 곳으로부터 뒤죽박죽의 도로를 따라, 선명한 색의 어선들이 만들어내는 잔상으로 가득 차 있고 항구 제방의 구부러진 손가락으로 안겨진 바쁜 항구로 향해있었다. 여기서부터 붉게 물든 사암 절벽은 해안을 따라 단단한 뼈대 역할을 한다. 이곳은 여전히 어업이 활발한 항구이지만 옛집들 사이로 불쑥 튀어나와 수줍어하는 새 초가집들이 들어선 멋진 풍경 때문에 관광 명소가 되었다.)

(Greenwood et al. The Rough Guide to Ireland 1999: 227)

텍스트 분석가는 가령 the village 'sitting', the harbour 'cashing in on', the new houses 'sneaking in'이라는 의인화와 환유로부터 독자로서 우리가 구성하는 의미와 crooked를 부정적 평가를 가진 '굽은, 휜'을 의미하는 형용사로 읽을지 아니면 동사 crook '구부러지다'의 과거분사로 읽을지에 따라 cradled와 crooked 사이에 있을 수 있는 불일치를 가진 cradled by the crooked finger of the harbour wall이 만들어 내는 효과에 관심이 있을 것이다. 이와 유사하게, 개념적 은유 **시간은 공간이다**는 물론이고 확장된 직유와 의인화가 들어 있는 소설에서 나온 다음 예도 유사하다(내레이터는 심장병에 걸린 중년 여성이다).

I think of my heart as my companion on an endless forced march, the two of us roped together, unwilling conspirators in some plot or tactic we've got no handle on. Where are we going? Towards the next day.(나는 내 마음을 끝없는 강제 행군에 잠여한 동료로 여긴다. 우리 둘은 단단히 묶였고, 우리가 지배할 수 없었던 어떤 음모나 전술에 개입한 내키지 않는 공모자들이다. 우리는 어디로 가는가? 내일을 향하여 나아가고 있다.)

(Margaret Atwood The Blind Assassin 2000: 83)

이 비교는 여자와 그녀의 병 때문인 심장 사이의 특별한 관계를 암시한다. 물론 이 둘은 글자 그대로는 분리할 수 없지만, 비유적으로 심장은 여기서 외부 힘에 의해서만 여성에게 연결되어 있는 별개의 존재로 나타내진다. 독자로서 우리는 이 비교가 병에 대한 여자의 태도를 보여주는 것으로 해석한다. 물론 우리는 개인마다 다르게 해석할 수도 있다. 제2장의 불분명한 의미에 대한 논의를 비교해 보라. 제7, 8장에서 텍스트상의 비유어와 그것의 함축을 더 깊이 검토할 것이다.

요약

이 장에서는 은유 이해에 대한 몇몇 다른 접근법들을 검토했다. 가장 '과학적인' 접근법은 실재 경우를 조사하고 실험 데이터를 사용하여 뇌가 은유를 어떻게 처리하고, 비유적 언어능력이 어떻게 어린이들에게서 발전하는지를 기술한다. 가장 '전통적인' 또는 '철학적인' 접근법은 은유를 진리 및 낱말 의미와 관련하여 조사하고, 논리학을 통해 분석한다. '인지적' 접근법은 사고가 근본적으로 은유적이고 개념적이라는 주장을 통해 은유를 조사한다. '문맥 토대적' 접근법과 '텍스트 토대적' 접근법은 문맥 속의 정보가 어떻게 언어가 은유인지를 암시하고 청자/독자가 은유에 어떤 의미를 할당하는지에 대해 조사한다.

외부 증거를 통해 뒷받침되긴 하지만 이 접근법들과 관련 있는 어느 이론도 확실히 옳은 것은 아니며, 어떤 이론도 확실히 틀렸거나 그릇된 것도 아니다. 여하튼 우리가 생각할 때 어떤 일이 진행되는지를 모형화하는 것은 매우 어려우며 심지어 불가능하기도 하다. 아마 단순히 어떤 접근법(그리고 다른 접근법도 있다)이 더 타당하거나 만족스럽고 이 이론들이 어느 정도로 서로 충돌하거나 양립하는지를 고찰하는 것이 여기서 적절할 것이다.

더 읽을거리

Black, M. (1993) 'More about metaphor', in A. Ortony (ed.) *Metaphor and Thought*, 2nd end, Cambridge: Cambridge University Press: 19-41. (은유에 대한 그의 '상호작용론'에 관하여)

Deignan, A. (2005) *Metaphor and Corpus Linguistics*, Amsterdam: John Benjamins. (말뭉치 데이터를 통한 은유에 대한 상세한 연구)

Gibbs, R. W. (1994) *The Poetics of Mind: Figurative Thought, Language, and Understanding*, Cambridge: Cambridge University Press. (은유에 대한 인지언어학적 접근법: 제9장은 비유적 언어능력을 다룬다.)

Goatly, A. (1997) *The Language of Metaphors*, London: Routledge. (제5장은 적절성 이론을 다룬다.)

Grady, J., Oakley, T., and Coulson, S (1999) 'Blending and metaphor', in R. W. Gibbs and G. Steen (eds) *Metaphor in Cognitive Linguistics*. Amsterdam: John Benjamins, pp. 101-124. (개념적 혼성 이론에 대한 설명과 논의.)

Kittay, E. F. (1987) *Metaphor: its Cognitive Force and Linguistics Structure*, Oxford: Clarendon Press. (은유에 대한 전통적 접근법으로 상세히 논의함.)

Kövecses, Z. (2002) *Metaphor: a Practical Introduction*. Oxford: Oxford University Press. (제11, 14, 15장.)

Lakoff, G. and Johnson, M. (1980; new edn 2003) *Metaphors we Live by*, Chicago: Chicago University Press. (제8장.)

Mahon, J. E. (1999) 'Getting your sources right: what Aristotle didn't say', in L. Cameron and G. Low (eds) *Researching and*

Applying Metaphor, Cambridge: Cambridge University Press: 69-80. (은유에 대한 아리스토텔레스의 논의.)

Searle, J. R. (1993) 'Metaphor', in Ortony (ed.) *Metaphor and Thought*, 2nd edn, Cambridge: Cambridge University Press: 83-111. (은유에 대한 해석.)

Sperber, D. and Wilson, D. (1995) *Relevance: Communication and Cognition*, 2nd edn, Oxford: Blackwell. (적절성 이론에 대한 상세한 설명.)

Winner, E. (1988) *The Point of Words: Children's Understanding of Metaphor and Irony*, London and Cambridge, Massachusetts: Harvard University Press. (비유적 언어능력의 습득을 다룸.)

범언어적 은유

우리는 지금까지 영어와 관련하여 은유와 환유를 고찰하였다. 이 장에서는 은유와 환유가 다른 언어와 문화에서는 범언어적으로 어떻게 작용하는지를 검토할 것이다. 이것은 언어학습 및 번역과 관련해서 실질적으로 중요한 것은 물론이고 언어, 문화, 사고라는 더욱 추상적인 논제와 관련해서도 중요하다.

비유적 인식

우리는 평범한 상황에서는 관습적 은유와 환유의 비유성을 알지 못한다고 말했다. 우리는 비유적이지 않은 일상적인 의미나 낱말을 사용하듯이 관습적 은유와 환유를 사용만 할 뿐이다. 또한 어린이의 비유적 언어능력이 몇 년 간에 걸쳐 발전한다고 말했다. 매우 어린 아이들은 자구적의미만 처리할 수 있는 데 반해, 10세나 12세의 어린이들은 일반적으로 비자구적 언어에서 대부분의 은유적 용법을 다룰 수 있다. 그러나 이것은 외국어가 아닌 제1언어의 습득에만 적용된다. 외국어 학습은 보통 제1언어의 은유에 대해 이미 다소간 능통하는 나이에 시작된다. 더욱이 다른 언어의 어휘를 들을 때, 어휘항목이 은유라는 것을 알아차릴 수도 있다. 물론 그런 은유는 관습적이다. 우리는 또한 합성어를 분석하고, 그것의 자구적인 합성적 의미에 대해 생각할 수 있다. 다른 언어에 대한 이해와 생산이 자동적이게 됨에 따라, 이런 부각된 비유적 의식은 모국어 화자의 그것보다 더 강하지 않을 때까지 희미해질 것 같다.

예컨대, 처음에 '감자'에 대한 프랑스어 낱말이 pomme de terre라고 듣고 나서 이를 '땅의 사과'로 분석하고 일종의 은유로 생각할 수도 있다. 글자 그대로 '하나의 냄비'를 의미하고 환유인 독일어 Eintopf '스튜요리'의 경우도 비슷하다. 은유적·환유적 음식 이름의 또 다른 예는 다음이다.

은유

mille-feuille	프랑스어 '수천 개의 잎': 가루반죽의 층으로 만든 케이크
Apfel Strudel	독일어 '사과 소용돌이': 가루반죽으로 둘둘 만 간 사과로 만든 케이크
linguine	이탈리아어 '작은 혀': 편평하고 좁은 파스타 조각
burrito	스페인어 '작은 당나귀': 고기, 콩, 치즈 주위를 감은 납작하게 구운 옥수수빵
dim sum	중국어 '점 심장': 소량의 다른 음식들로 구성된 식사/요리

환유

paella	스페인어 '냄비': 치킨, 조개, 사프란을 곁들인 쌀 요리
balti	우르두어 '들통': 큰 금속 접시에 나오는 일종의 카레 요리

다른 언어의 은유

한 가지 흥미로운 질문은 어느 정도까지 영어의 관습적 은유를 다른 언어에서도 발견할 수 있는가이다. 이를 조사하기 위해, 앞장에서 논의한 fox, jewel, mountain, hollow 같은 몇몇 낱말을 가져와서, 프랑스어와 독일어에도 유사한 용법이 있는지 살펴볼 수 있다. 다음은 영어 낱말의 자구적 의미와 은유적 의미에 대한 사전에 기재된 번역이다.

영어 낱말	의미	프랑스어 번역	독일어 번역
fox	'동물'	renard	Fuchs
	'교활한 사람'	un fin renard	ein alter/schlauer Fuchs
jewel	'보석'	bijou, joyau	Juwel, Goldstück
	'귀중한 것'	bijou, joyau, trésor, perle	
mountain	'큰 언덕'	montagne	Berg
	'많은 양'	montagne, monceau, tas	Berg
hollow	'고체가 아닌'	creux	hohl
	'무의미한, 거짓, 무익하게,	faux, vain	hohl, innerlich
	공허한 등'	creux	hohl, leer

따라서 프랑스어와 독일어에는 fox의 '교활한 사람'이라는 의미에 대한 유사한 은유 표현이 있다. 영어의 경우처럼, 두 언어 모두 그런 사람에 대한 다른 표현이나 낱말이 있긴 하지만, 여우가 교활하고 사람을 속인다는 은유적 생각은 언어-문화 장벽을 뛰어넘는다. 이런 생각은 다른 언어에서도 발생한다. 예컨대, 스페인어(zorra, zorro)와 이탈리아어(volpe, volpone)가 그 예이다. 영화『마스크 오브 조로』(*The Mask of Zorro*)나 벤 존슨(Ben Jonson)의 연극『볼폰』(*Volpone*)에서 나오는 이름에 대한 지시를 비

교해 보라. 자구적 jewel에 대한 프랑스어와 독일어의 상당어구 역시 은유로 사용되며, jewel의 개략적인 동의어에도 유사한 용법이 있다. 프랑스어 번역으로 trésor '보물'과 perle '진주'가 있으며, 독일어 번역으로 Goldstück '금 조각'이 있다. 이들은 영어의 treasure, pearl, gem, diamond 등의 은유적 용법과 비교할 수 있다. mountain의 경우에 프랑스어 montagne과 독일어 Berg 모두 은유로 사용된다. 그 은유적 의미에 대한 다른 프랑스어 번역은 '더미'나 '쌓아올린 것'을 의미한다. hollow의 경우에, hollow laugh(공허한 웃음), hollow promise(무의미한 약속), hollow threat(괜한 위협), hollow person(불성실한 사람) 같이 언어에 따라 번역도 달라진다. 프랑스어에서 creux는 무의미함을 암시하는 데 사용될 수 있다. c'est creux는 '그 속에 아무것도 없다'를 의미할 수 있다. 그러나 다른 문맥에서는 faux '거짓의'나 vain '헛된' 같은 번역이 사용될 것이다. 독일어에서 hohl '속이 빈'은 광범위한 범위의 문맥을 망라하고, leer '텅 빈'은 유사한 은유적 개념을 포함한다.

모든 은유적 용법이 이처럼 명확한 것은 아니다. 영어의 많은 평범한 동사는 상당히 다의적이고 보통 알아차리지 못할 수도 있지만, 많은 의미는 역사적으로 은유였다. 그러나 다른 언어의 유사한 동사를 학습할 때, 모든 의미에 대해 동일한 동사를 사용할 수 있는지를 명시적으로 고려해야 한다. 예컨대, 자구적 run '다리를 사용해 빨리 이동하다'에 대한 프랑스어 상당어구는 courir이고, 독일어의 상당어구는 laufen이나 rennen이지만, 다른 의미를 번역할 때는 다른 동사가 사용될 수도 있다. 다음 문맥을 보자.

    the water is running(물이 흐르고 있다) (= flow)
    the machine is running(기계가 작동 중이다) (= in operation)
    run a business(회사를 경영하다) (= manage)

이와 같은 문맥에서 프랑스어는 각각 couler '흐르다', marcher '걷다', fonctionner '작동하다', diriger '관리하다, 조종하다'를 사용할 것이다. 독일어는 물 흐름이나 기계 작동에 대해서는 laufen을 사용하지만 회사 운영에 대해서는 führen이나 leiten '이끌다'를 사용할 것이다. 다른 언어가 어떻게 영어의 의미를 어휘화하는지를 발견함으로써 순간적일지라도 영어의 은유성에 대한 우리의 민감도가 증가할 수 있다.

영어와 프랑스어나 독일어 사이에 유사성이 있다는 것은 놀라운 일이 아니다. 영어와 독일어는 같은 어족으로부터 발달했으며, 노르만 정복 이후로 특히 중세 시대에 영어는 많은 프랑스어 어휘를 흡수했다. 전혀 관련이 없는 언어들은 유사성이 거의 없을 수도 있다. 예컨대, 일본어는 fox, mountain, hollow에 대해서는 은유적 의미가 유사하지만, jewel과 run에 대해서는 그렇지 않다.

관용어

우리는 제2장에서 관용어가 때로는 투명하고 때로는 모호한 의미를 가진 관행화된 은유 표현이라는 것을 보았다. 은유적 의미의 경우처럼, 어떤 관용어는 정확하게 동일한 은유를 통합하면서 다른 언어로 바로 번역된다. 예컨대, be in the same boat(똑같은 어려움에 처해 있다)는 프랑스어로 être tous dans la même galère('galley')로 바로 번역되고, 덴마크어로는 være alle i samme båd로, 독일어로는 sitzen alle in einem Boot로, 이탈리아어로는 essere tutti nella stessa barca로, 스페인어로는 ser embarcados en la misma nave로 바로 번역된다. 그다지 투명하지 않은 관용어 bury the hatchet(화해하다)는 프랑스어로 enterrer la hache de guerre로, 독일어로 das Kriegsbeil begraben으로 번역된다. hache de guerre와 Kriegsbeil 둘 다 자구적으로 '전쟁의 도끼'를 의미한다.

kill two birds with one stone(일석이조이다) 같은 다른 영어 관용어는 의미와 기본 개념에 관해서는 직접적인 상당어구를 가지지만, 세부내용은 다르다.

네덜란드어	twee vliegen in één klap slaan '한 번의 타격으로 파리 두 마리를 죽이다'
프랑스어	faire d'une pierre deux coups '돌 하나로 두 번 쏘다'
독일어	zwei fliegen mit einer Klappe schlagen '한 번의 타격으로 파리 두 마리를 죽이다'
이탈리아어	prendere due piccioni con una fava '하나의 콩으로 비둘기 두 마리를 잡다'
포르투갈어	matar dois coelhos de uma cajadada só '막대기 하나로 토끼 두 마리를 죽이다'
스페인어	matar dos pájaros de un tiro '한 방으로 새 두 마리를 죽이다'

영어 표현 butter someone up(누군가에게 아첨하다)은 몇몇 다른 언어에 개략적인 상당어구가 있다.

네덜란드어	iemand stroop om de mond smeren '누군가의 입 주변에 당밀을 바르다'
프랑스어	passer de la pommade à quelqu'un '누군가에게 연고를 문질러 바르다'
독일어	jemandem Honig um den Mund schmieren '누군가의 입에 꿀을 문질러 바르다'
포르투갈어	dar graxa a alguém '누군가에게 구두약을 주다, 누군가의 구두를 닦아주다'
스페인어	dar jabón a alguien '누군가에게 비누를 문질러 바르다'

마지막 표현은 또한 영어 soft-soap someone(누군가에게 아첨하다)과 은유적 이미지를 공유한다.

어떤 경우에, 관용어는 단 하나의 언어에 특이하다. kick the bucket이 그 예이다. 한 프랑스어 사전은 글자 그대로 '누군가의 파이프를 깨뜨리다'인 casser sa pipe를 언어 사용역과 의미에 관해서 번역으로 제안한다. 그러나 이 은유는 꽤 다르고 진정한 상당어구가 아니다.

다른 언어의 환유

영어의 관습적인 환유적 용법은 때로는 다른 언어에 정확한 상당어구가 있지만 때로는 그런 상당어구가 없다. 장소와 건물 이름은 그런 장소나 건물과 연상되는 사람을 가리키는 데 널리 사용된다. the White House, 프랑스어 la Maison Blanche, 독일어 das Weiße Haus는 글자 그대로 미국 대통령의 관사를 가리키거나 환유적으로 대통령과 측근을 가리킬 수 있다. 그릇을 가리키는 낱말은 내용물을 가리키는 데 폭넓게 사용된다. 영어 cup, glass, 프랑스어 tasse, verre, 독일어 Tasse, Glas는 해당 사물을 가리키거나 '컵으로 하나 가득', '한 컵의 분량'을 의미할 수 있다.

우리는 제4장에서 다음과 같은 환유를 논의했다.

환유	의미
the Crown	군주제
hands	노동자
head (of cattle)	가축(의 수)
wheels, motor	차량
a roof over one's head	살 장소

다음은 프랑스어와 독일어의 상당어구일 수 있다.

영어	프랑스어	독일어
the Crown	la Couronne	—
hands	—	—
head (of cattle)	têtes de bétail	—
wheels, motor	—	—
a roof over one's head	avoir du toit	ein Dach über dem Kopf haben

프랑스어와 독일어에 정확한 상당어구가 없지만, 관련된 관습은 있을 수 있다. 글자 그대로 '일손'을 의미하는 프랑스어 표현 main d'oeuvre는 총노동력이나 인력을 가리키는 데 사용된다. 그리고 독일어 낱말 Handarbeiter와 Handwerker '육체 노동자' 및 Handlanger '임시고용인'은 모두 환유적 지시를 가진 형태소 Hand를 통합하고 있다. 관용어 give someone a hand (누군가를 도와주다)는 프랑스어 tendre la main과 독일어 jempand zur Hand geben과 유사하다. 독일어 표현 pro Kopf는 글자 그대로 '손으로'를 의미하고, 사람과 또는 가축과 여타 동물을 가리키는 영어 표현과 동일한 방식으로 사용된다. 그러나 차량을 가리키는 wheels(자동차)와 motor (자동차)의 구어체 용법에는 직접적으로 비슷한 표현이 없다.

개념적 은유와 다른 언어

제3장에서는 개념적 은유와 Lakoff & Johnson의 연구를 다루었다. 개념적 은유의 한 가지 흥미로운 양상은 개념적 은유가 어느 정도까지 특별한 문화에 특유하고 다른 문화와 공유되느냐 하는 것이다. 개념적 은유가 보편적이라면, 그것은 인생, 감정, 인과성 등과 같은 현상에 대한 인간의

경험과 개념화에 매우 중요한 것을 암시한다. 물론 개념적 은유는 개념들을 연결시키지만, 범언어적 논의는 자연스럽게 언어에 초점을 둔다. 우리는 여기서 언어에 초점을 둘 것이다.

Lakoff & Johnson 자신은 주로 영어의 예를 언급하지만, 그들이 보편적이라고 믿는 은유에 대해 몇 가지 주장을 한다. 대체로, 이런 은유는 근원영역이 기본적인 인간 경험인 은유, 즉 **많음/권력/성공/생존은 위이다** 등과 같은 방향적 은유이고, 화나 애정 등과 관련 있는 은유이다. 이런 은유에 대한 많은 영어 표현은 구어체 표현이거나 관용어이다. 앞서 보았듯이, 다른 언어에 반드시 직접적인 상당어구가 있는 것은 아니다. 그러나 중요한 논제는 다른 언어들이 실제로 그런 생각을 통합하는지의 여부이다.

우리는 프랑스어와 독일어의 몇 가지 예를 검토하면서 이것을 조사할 수 있다. 영어의 '화' 은유는 see red(격노하다), explode with anger(버럭 화를 내다), a fiery temper(불같은 성질) 같은 표현을 포함한다. 이 중 첫 번째 두 표현은 프랑스어 voir rouge, exploser de rage와 독일어 rot sehen, explodieren에서 직접적인 상당어구가 있다. 독일어에는 또한 feurig와 hitzig에 fiery에 대한 상당어구도 있지만, 프랑스어는 대신에 violent를 사용할 것인데, 이는 영어 a violent temper(격노)와 동일한 개념화를 반영한다.

두 언어에는 모두 **많음은 위이다, 적음은 아래이다**와 관련 있는 방향적 은유가 있다. 이것은 프랑스어 monter와 독일어 steigen '오르다', '증가하다' 그리고 프랑스어 tomber '감소하다'와 독일어 fallen, sinken '낮아지다' 같은 동사에서 볼 수 있다. 프랑스어 tomber는 tomber malade, tomber de fatigue '병에 걸리다, (피로로) 쓰러지다' 같은 연어에서 발생한다. 영어 fall in battle(전사하다)의 경우처럼, 독일어 fallen은 '죽다'를 의미할 수 있으며, fallen과 umfallen은 zum Umfallen müde sein '쓰러질 준비가 되어 있다' 같이 잠 및 피곤함과 관련 있는 표현에서 등장한다. 프랑스어 remonter le moral à quelqu'un은 글자 그대로 '누군가의 사기를 다시 올리다'를 의미하고, être aux anges '천사와 함께 있다'는 walk on air(기분이 아주 좋다)나 be on top of the world(최고의 기분이다)와 같은 의미를 가진다. 독일어에서 steigen '오르다'는 meine Stimmung stieg '나의 정신이 올라갔다' 같은 표현에서 등장한다. Wie auf Wolken gehen('구름 위를 걷는 듯 가다')은 영어 walk on air(기분이 아주 좋다)와 on cloud nine(더없이 즐거운)과 비슷하다. niedergeschlagen('lower-beaten')은 '낙담한'을 의미한다.

그다지 밀접하게 관련이 없는 언어를 고려해 본다면, 일본어 역시 화를 열의 관점에서 개념화하고, 양, 권력, 성공, 행복, 슬픔과 관련된 방향적 은유가 있다. 실제로 제3장에서 언급했듯이, 지금까지 조사한 모든 언어는 꽤 유사한 방식으로 위/아래 개념에 의존한다. 이것은 적어도 어느 정도까지 이런 은유적 사상이 실제로 보편적일 수 있음을 암시한다.

다른 은유의 경우에 상황은 더욱 복잡할 수 있다. 영어에는 이해와 의견을 시각의 관점에서 개념화하는 방법과(I see(나는 안다), insight(통찰력), vision(선견), view(견해), viewpoint(관점)), 쥐기나 접촉의 관점에서 개념화하는 방법이 있다(grasp an idea(개념을 이해하다), get a handle on(해결하다), put one's finger on(밀고하다)). 유사한 예가 많은 언어에도 존재한다. viewpoint는 프랑스어 point de vue, 이탈리아어 punto di vista, 스페인어 punto de vista, 독일어 Gesichtspunkt에서 밀접한 상당어구가 있다. see의 자구적 의미와 은유적 의미인 '눈으로 지각하다'와 '이해하다'는 프랑스어 voir, 이탈리아어 vedere, 스페인어 ver, 독일어 sehen과 대응한다. 그러나 이런 동사는 영어 see '이해하다'가 사용되는 모든 문맥에서 번역하는 데 사용될 수 있는 것은 아니다. 프랑스어 comprendre, 이탈리아어 comprendere, 스페인어 comprender, 독일어 verstehen도 사용될 수 있다. 흥미롭게도, 이 마지막 동사들은 어원적으로 이해가 물리적 활동으로 개념화되는 은유를 구체화한다. 영어 comprehend(이해하다) 같은 첫 번째 세 동사는 라틴어 prehendere '붙잡다'로부터 유래한다. 독일어 verstehen은 understand에서 stand의 자구적 의미와 대응하는 stehen '서다'의 합성어이다. 물론 영어에서 understand는 가장 초창기부터 물리적 위치가 아닌 인지만을 가리켰다. 비인도유럽어에서, 일본어는 동일한 방식으로 이해를 시각의 관점에서 개념화하는 것처럼 보이지 않는다. 일본어에는 see와 동일한 유사한 다의성이 없다. 역시 시각적 증거에 기초한 지식과 추리 및 지적 추론에 기초한 지식을 문법적 체계를 통해 구분하는 아메리카 인디언 언어인 호피어를 비교해 보라. 이것은 호피어의 시각에 대한 개념화와 앎에 대한 개념화가 기본적으로 구분된다는 것을 암시한다.

은유, 사고, 문화

우리는 어떤 은유적 유사성이 상당히 광범위한 다른 언어들 사이에서 발생한다는 것을 보았는데, 이는 아마도 인간 경험에 기초를 두기 때문이다. 물론 은유와 은유의 정확한 어휘 실현의 세부항목이 관련된 언어들 사이에서도 언어마다 다를 수 있다는 것도 보았다. 우리는 앞서 개념화하기 위해 은유를 사용하는 것, 즉 은유적 사고방식이 기본적인 인간의 인지 과정이라는 Lakoff과 다른 학자들의 주장을 논의했다. 이제 이 모두가 언어, 사고, 문화라는 더욱 폭넓은 논제와 어떻게 관련되는지 살펴볼 필요가 있다.

핵심 논제는 언어와 사고의 상호의존성에 관한 것이다. 한 문화의 언어는 그 문화가 사고하는 방식에 의해 결정되는가? 그렇다면 언어는 화자의 경험을 반영하고 표현하기 위해 변하기 마련이다. 그러나 반대가 참이고, 한 언어의 문화가 언어에 의해 결정된다면 어떻게 되는가? 이런 경우에, 경험과 경험에 대한 이해는 제약되는데, 왜냐하면 경험은 해당 언어가 허용하는 방식으로만 표현될 수 있기 때문이다. 이 두 번째 견해의 극단적인 형태는 **사피어-워퍼 가설**(Sapir-Whorf hypothesis)로 알려져 있다.

20세기의 상반기에 살았던 미국의 Edward Sapir와 Benjamin Lee Whorf는 인류학적 관점으로 아메리카 인디언과 멕시코 언어에 대한 그들의 언어학 연구로 유명하다. Whorf의 연구는 특히 개념을 표현하는 방식에서 언어들 간에 발생하는 주요한 차이에 주의를 기울였다. 예컨대, 영어와는 달리, 호피어는 지식의 종류를 문법적으로 구분한다. 이러한 체계적인 구분은 진리를 표상하고 사물을 고찰하는 방식에 심오한 영향을 미치는데, 왜냐하면 언어는 화자가 그런 구분을 하고 그런 방식으로 사고하도록 조건을 부여하거나 그렇게 하도록 강요하기 때문이다. 사피어-워프 가설은 이러한 관찰로부터 발전했다. 이 가설에 따르면, 언어들 간의 차이는 사고의 차이를 강화한다. 서로 다른 언어의 화자들마다 세계와 현상을 매우 다르게 볼 것 같다. 그리고 이런 언어의 화자들 간에 공유된 토대가 충분하지 않을 것이기 때문에, 번역은 불가능하게 된다.

거의 어느 누구도 지금은 이 가설의 극단적인 형태를 지지하지 않는다. 한 가지 반론은 의미 차이를 설명하기 위해 긴 의역이 필요하긴 하지만 그렇다고 번역이 불가능한 것은 아니라는 것이다. 그러나 분명히 언어와 사고 사이에 복잡한 관계가 있으며, 언어가 전적으로 사고에 의해 유도되고, 사고와 표현이 언어에서 이용 가능한 언어 형태에 의해 결코 제약을 받지 않는다는 반대 가설의 극단적인 형태를 지지하기도 마찬가지로 어렵다.

이것은 특히 범언어적·범문화적 관점에서 개념적 은유를 논의하는 것과 관련이 있다. 우리는 사고가 언어를 결정한다는 주장을 특히 물리적 사물과 경험이 추상적 개념의 어휘화를 위한 근원을 제공하는 개념적 은유의 진화와 관련짓는다. 즉 논쟁은 전쟁으로 개념화되고, 화는 열로, 성공과 행복은 위로, 이해는 시각의 관점에서 개념화된다. 이런 은유는 인지적·표현적 필요에 대한 반응이다. 상당히 이상하게도, 우리는 동시에 개념적 은유를 언어가 사고를 결정한다는 반대 주장과도 관련지을 수 있다. 이는 '존재론적' 은유의 경우에 가장 명확하다. 어떤 추상적 개념에 대해 생각하는 평범한 방식은 은유의 관점에서이며, 우리는 유추 과정을 통해 우리 언어의 언어적 자원에 의존한다. 따라서 영어 화자로서, 이제 우리는 병을 전쟁의 관점에서 이해하고, 지식을 시각과 빛의 관점에서 이해하고, 마음이 물리적 차원을 가진 것처럼 마음을 이해한다. 은유가 우리 이해를 구성하고 동시에 그것을 제약하기 때문에, 다른 방식으로 생각하기란 어렵다.

영어에서 큰 기관 및 그것이 작용하는 방식에 대해 생각하는 한 가지 방법은 기계의 관점에서이다. 우리는 the machinery(기관), mechanism(구조), wheels of government(정부 기구), cogs in a machine(기계의 작은 톱니바퀴), (성격의 에스겔스에서 나오는) wheels within wheels(복잡한 기구)에 대해 이야기한다. 다른 유럽 언어에도 유사한 은유가 있다. 글자 그대로 '정부의 톱니바퀴'인 프랑스어 les rouages du gouvernement, 이탈리아어 ingranaggi dello stato '국가의 기구/시계 장치', 독일어 die Mühlen der Regierung '정부의 방앗간'이 그 예이다. 그러나 미국의 초기 사회 같은 상당히 발전된 사회적 위계를 가진 기술 이전 사회의 경우를 생각한다면, 기계 토대적 은유는 불가능했을 것이다. (이것은 만약 논쟁을 춤으로 개념화한다면 논쟁을 매우 다르게 이해하고 평가할 것이라는 **논쟁은 전쟁이다**에 대한 Lakoff & Johnson의 언급과 관련 있을 수 있다.) 따라서 이런 영어 은유는 조직에 대한 우리의 이해를 구성하는가 또는 그것에 대한 우리의 경험을 단순히 반영할 뿐인가?

또 다른 경우를 보자. 조직은 또한 영어에서 건물의 관점에서 개념화되기 때문에, 우리는 corridors of power(권력의 회랑), smoke-filled rooms

(막후 협상실), back rooms(비밀 연구소), the board room(중역실), the powerhouse(권력가) 등에 대해 은유적이고 환유적으로 이야기한다. 조직이나 기관의 또 다른 양상에 대해 이야기할 때, 그것을 저장실이나 부엌, 지하실, 침실 같은 다른 종류의 방의 관점에서 개념화한다면 어떻게 되는가? 우리가 그런 은유를 사용하는 것은 그런 방과 연상되는 평범한 기능과 활동에 대한 우리의 지식에 의해 중재될 것이다. 그러나 호피 언어와 문화의 경우에, Whorf는 비교적 상당히 발전된 건축물에도 불구하고, 건물이 다른 목적을 위해 사용되는 구획으로 나누어지지만, 다른 방에 대한 다른 용어는 없고(또는 그가 연구할 시기에는 없었고), 대략 '공간'을 가리키는 하나의 낱말만이 제한된 문법적 구조에서 찾을 수 있다고 보고했다. house(집), church(교회), school(학교) 등과 같은 다른 종류의 건물에 관해서도, 이 모두는 영어에는 은유적 용법이 있지만, 호피어는 다른 종류의 건물을 구분하지 않았다. 그래서 방이나 건물을 포함하거나 다른 종류의 방이나 건물의 특정한 특징에 의존하는 은유적 용법이 호피어에서는 가능하지 않았을 것이다. 환유를 범언어적으로 검토했을 때, 우리는 건물이 그곳에 있는 거주자나 연상되는 기관을 가리키는 데 사용된다고 언급했고, 다른 언어에서도 유사하다고 말했다. 그러나 장소와 사람 사이의 인지적 차이를 형식화하면서 거주자와 그들이 차지하는 공간을 개념적으로 구분하는 호피어에서는 환유가 가능한 것처럼 보이지 않았다.

영어 외의 언어에서 은유를 검토해 보는 것은, 특히 그런 언어들이 영어와 매우 다를 때, 일반적인 은유를 이해하는 데 도움이 된다. 관습적 은유의 본질은 우리가 그것의 비유성을 보통 의식하지 못한다는 것이다. 따라서 그것이 의미와 사고에 영향을 미치는 방식은 잠재의식적이다. 그러나 우리가 이눅티투트어에서 inuktarwa는 '그를 죽였다'나 '그를 노예로 삼았다'를 의미할 수 있다고 듣는다면, 이눅티투트 사회의 권력 및 생명 잃음과 독립 상실의 동일시에 대해 잘 추리할 수 있다. nakkertok가 '빨리 가다'나 '멀리 가다'를 의미할 수 있다고 듣는다면, 속도와 거리를 동일시하는 것에 대해 추리할 수 있다. 그것은 중요한 것처럼 보이지만, 아마 'Manchester United slaughtered Arsenal 6-1'(맨체스터 유나이티드는 아스날을 6 대 1로 완파했다)의 slaughter(완파하다)나 'I travelled for a long time(나는 오랜 시간 동안 여행했다)'에서 long(긴) 같은 관습적 영어 은유보다 더욱 중요하지는 않다. 서구 유럽 언어 외의 언어에서 은유에 대한 확장된 논의를 위해서는 Kövecses(2002: 163-197)를 보라.

은유 번역

이 장의 마지막 절에서는 은유가 번역에 미치는 영향을 고려할 것이다. 번역은 때때로 직접적이다. 동일한 은유가 근원 언어(원래의 언어)와 목표 언어(텍스트가 번역되는 언어) 둘 다에 존재할 수 있다. 다음 예는 BoE에 있는 영어 소설에서 따온 것이다.

> He learned against the tiled wall and considered the pointlessness of further pursuit. Enrico was too good, an old **fox**, cunning. He was giving nothing away.(그는 타일 벽에 기대어 계속될 추궁의 무의미함에 대해 생각했다. 엔리코는 늙은 **여우**처럼 교활했으며 너무 똑똑했다. 그는 어떠한 것도 양보하기를 원하지 않았다.)

> 'I wish I had heard it,' said the Admiral. He refilled Jack's glass and said, 'Your surgeon sounds a **jewel**.' 'He is my particular friend, sir: we have sailed together these ten years and more.'('내가 직접 들었으면 했네'라고 장군이 말했다. 그는 잭의 잔에 술을 채우고 말했다. '당신의 군의관은 매우 **보석**같이 들리네.' 잭이 대답했다. '선장님, 그는 저의 특별한 친구입니다. 우리는 지난 10년 이상 같이 항해했습니다.')

앞서 보았듯이, 프랑스어, 독일어, 일본어에는 모두 영어 fox의 관습적 은유와 다소 대응하는 관습적 은유가 있다. 이와 유사하게, 번역가는 프랑스어와 독일어 화자가 영어 화자가 jewel을 이해하는 것과 동일한 방식으로 bijou/joyau나 Edelstein/Juwel을 이해할 거라고 합당하게 확신할 수 있다. 그러나 때때로 함축이나 용법의 차이가 의미에 영향을 미치기도 한다. 예컨대, seed(s)는 seeds of doubt, dissension, conflict, success(의심, 불화, 마찰, 성공의 씨앗) 등과 같은 어법에서 은유로 사용된다. 많은 언어에서 seed(s)의 유사한 용법은 좋은 상황이나 나쁜 상황에 대해 사용될 수 있지만, 어떤 다른 언어에서는 좋은 상황에 대해서만 사용된다(이에 대해 문화적인 이유가 있을 수 있는데, 곡물과 식물은 완전히 긍정적인 것으로 간주된다). 때때로 언어들에는 대응하는 은유들이 있지만, 언어마다 빈도나 공식성에서는 차이가 생기기 때문에, 번역가는 어쩌면 다른 언어 형태를 선택할지도 모른다. 'I see what you mean(당신이 무슨 말을 하는지 이해합니다)'을 독일어로 번역하는 사람은 sehen '보다'를 가진 은유 표현이 아닌 동사 verstehen '이해하다'를 사용할 수 있다.

같은 기본 개념을 이용하는 매우 유사한 은유가 있을 수 있긴 하지만, 어떤 은유는 정확히 다른 언어로 번역되지 않는다. 따라서 다음을 프랑스어나 독일어로 번역하는 사람은 les rouages du gouvernement나 die Mühlem der Regierung를 선택하는 것이 적절할 것이다.

> It proposes no startling changes to **the machinery of government** that has been in place since 1975.(이것은 1975년 이래로 유지된 **정부의 기관**에 놀랄 만한 변화를 제안하지 않는다.)
>
> (BoE)

또 다른 가능성은 근원 언어와 목표 언어 둘 다 유사한 의미를 가진 은유 표현이 있긴 하지만 실제 은유는 대응하지 않는다는 것이다. 'I've invested a lot of time(나는 많은 시간을 투자했다)'에서처럼 영어의 invest(투자하다)가 그 예이다(자구적 용법 'I've invested a lot of money(나는 많은 돈을 투자했다)'를 비교해 보라). 이 은유적 용법에 대한 프랑스어 상당어구는 'j'ai consacré beaucoup de temps'에서처럼 consacrer '바치다, 전념하다'이기 때문에, 그 은유의 함축은 다르다(investir와 placer는 자구적 의미에 대한 상당어구이다). 대응의 정도도 있다. 프랑스어 faire d'une pierre deux coups와 독일어 zwei fliegen mit einer Klappe schlagen은 영어 kill two birds with one stone(일석이조이다)과 충분히 잘 대응하는 것처럼 보인다. 프랑스어 casser sa pipe와 영어 kick the bucket의 경우에, 번역가는 번역에서 중요한 것이 이미지가 아닌 관용어의 위악어법적 비공식성이어서, 관용어를 번역으로 선택하는 것은 단순히 mourir '죽다'를 사용하는 것보다 영어 원본의 의미를 나타내는 더 좋은 방법인 것처럼 보인다고 느낄 수 있다.

다른 경우에는 관행화된 은유적 상당어구가 전혀 없기 때문에, 유일한 번역이나 최고의 번역은 은유가 아닐 것이다. 우리는 흐르는 물을 가리키는 run의 번역에 대해 앞서 언급했다. 영어에서 강이 흐른다고도 이야기할 수 있다.

> We were on a bend in the road and I could see the river, grey with sediment, running swiftly between bare mountains that came down to the river on the opposite side.(우리는 도로의 구부러진 지점에 있었고, 나는 침전물로 흐릿한 강이 건너편 강으로 온 민둥산 사이로 빠르게 흐르는 것을 볼 수 있었다.)
>
> (BoE)

번역가가 가령 프랑스어로 couler '흐르다'가 아닌 courir나 독일어로 fließen '흐르다'가 아닌 rennen 같은 자구적 run(달리다)에 대한 상당어구를 사용한다면, 그것은 부적절하게 문학적인 것처럼 보일 것이고, 의인화된 이미지를 창조하면서 강의 의인화를 암시할 수 있지만, 그것이 영어에서는 평범한 용법이다.

우리는 더 나아가 유럽연합 토론의 다국어 판에서 가져온 예를 사용하여 번역가의 선택을 더 깊이 증명할 수 있다(이 데이터는 친절하게도 내 동료 Philip King이 제공한 것이다). 영어 화자는 관용어를 다음과 같이 사용했다.

> Mr. President, it is time for Europe to **get off the fence** and make clear its support for Taiwan.(각하, 유럽이 **중립적인 태도를 버리고** 대만을 지원할 것인지에 대한 태도를 분명하게 할 때가 되었습니다.)

그에 상응하는 프랑스어와 이탈리아어 번역은 다음과 같다.

> Monsieur le Président, il est temps pour l'Europe de **franchir le pas** de dire nettement son soutien à Taïwan.
>
> Signor Presidente, per l'Europa è giunta l'ora di **uscire dal riserbo** e di esprimere con chiarezza il suo sostegno a Taiwan.

이 관용어의 프랑스어 번역 franchir le pas는 글자 그대로 '디딤판을 넘다'를 의미하고, take the plunge(과감히 하다)와 유사하다. 이탈리아어 uscire dal riserbo '조심하는 것을 단념하다'는 drop one's reserve(자제심을 버리다)와 유사하다. 다른 표현으로 대체했고 톤은 그대로 유지했지만, 의미는 거의 동일하지 않다. 다음 예에서 원본은 프랑스어이다.

> J'aurais tendance à répondre que ce n'est pas en **se mettant la main devant les yeux** que, pour autant, on changera la réalité.

제6장 범언어적 은유 129

여기서 이 은유는 글자 그대로 '손으로 눈을 덮다'를 의미한다. 이탈리아어 번역가는 동일한 은유를 유지하지만, 영어 번역가는 다른 은유를 도입한다.

> Sarei propenso a rispondere che non è certo **mettendosi la mano davanti agli occhi** chi si può cambiare la realtà.
>
> My answer is that people cannot change reality by **burying their heads in the sand**.(나는 사람들이 **현실을 도피해서는** 현실을 바꿀 수 없다고 생각한다.)

앞의 대부분은 관습적 은유에 관여했다. 다른 언어의 창조적 은유 또한 흥미롭다. 그러나 그런 은유는 다른 언어의 은유적 특징과 능력은 물론이고 담화와 텍스트의 문화적 전통을 반영하는 개별 경우이다. 비문학 텍스트의 번역가는 원본의 수사적 스타일을 유지하는 것이 중요하다는 것과 자구적으로 번역해서 어휘적 장치를 분열시키는 것을 피해야 할 필요가 있다는 것 사이에서 균형을 맞추어야 한다. 문학 텍스트에는 다른 지침이 적용된다. 여기서 번역가는 거의 같거나 비은유 표현을 대체하는 것이 아니라 텍스트의 이미지를 유지하기 위해 원본 작가의 은유적 선택을 재생하는 것이 중요하다고 느낄지도 모른다. 예컨대, 우리는 셰익스피어 작품의 번역가가 다음의 은유를 유지하기를 기대할 것이다.

> To be or not to be: that is the question:
> Whether 'tis nobler in the mind to suffer
> The slings and arrows of outrageous fortune,
> Or to take arms against a sea of troubles,
> And by opposing, end them . . .
> (사느냐 죽느냐, 이것이 문제로다:
> 가혹한 운명의 화살이 꽂힌 고통을

죽은 듯 참는 것이 과연 장한 일인가,
아니면 근심의 바다에 맞서 무기를 들고
대항해서 물리치는 것이 옳은 일인가 …)

   이와 유사하게, 아무리 유표적이거나 '영어답지 않게' 들릴지라도, 우리는 시를 영어로 자구적으로 한 번역을 받아들인다. 예컨대, 바다를 가리키는 고대 영어의 시적 은유 hronrāde는 글자 그대로 '고래 길'로 번역되고, 간단히 sea를 사용하는 것보다 번역 whale road가 선호되는 듯하다. 이것은 『베어울프』(*Beowulf*)를 번역하면서 셰이머스 히니(Seamus Heaney)가 하려고 한 것이다.

In the end each clan on the outlying coasts
beyond the whale-road had to yield to him
And begin to pay tribute.
(마침내 고래 길 너머에 있는 외진 해안에서
각각의 당파들은 그에게 굴복하고
공물을 바쳐야 했다.)

(Heaney 1999: 3)

   뛰어난 이미지로 유명한 스페인 시인 로르까(Lorca)의 시 'Romance sonámbulo'('Somnambular Ballad', 'Sleepwalking Ballad')의 다음 시작 부분과 이에 대응하는 메린 윌리엄즈(Merryn Willimas)의 번역을 비교해 보라.

Verde que te quiero verde.	Green how much I want you green.
Verde viento. Verdes ramas.	Green wind. green branches.
El barco sobre la mar	The ship upon the sea
y el caballo en la montaña.	and the horse on the mountain.

Con la sombra en la cintura	With the shade at her waist
ella sueña en su baranda,	she dreams on her balcony,
verde carne, pelo verde,	green flesh, green hair,
con ojos de fria plata.	and eyes of cold silver.
Verde que te quiero verde.	Green how much I want you green.
Bajo la luna gitana,	Beneath the gypsy moon,
las cosas la están mirando	things are looking at her
y ella no oueda mirarlas.	and she cannot see them.

(Lorca 1992: 74-75)

이것은 완전히 글자 그대로가 아니라 원본의 이미지와 시적 특징을 대체로 유지하고 있다.

요약

모국어와 비교해 다른 언어를 학습할 때 어떻게 비유어에 대한 인식의 정도가 서로 다른지를 고찰하면서 이 장을 시작했다. 우리는 다른 언어에서 은유, 관용어, 환유의 상당어구의 경우들을 고찰했다. 어떤 것은 직접적인 상당어구가 있고, 어떤 것은 유사한 상당어구가 있고, 어떤 것은 같은 종류의 상당어구가 있고(은유적 이미지는 서로 다르다), 다른 것은 전혀 비유적 상당어구가 없다는 것을 보았다. 우리는 또한 명백한 상당어구도 의미와 용법이 약간 다르다는 것을 보았다. 우리는 주로 개념적 은유가 언어/문화에 보편적인지 또는 특유한지의 여부에 관해서 개념적 은유를 고찰했다. 이것을 언어, 문화, 사고라는 더욱 폭넓은 주제와 관련지어서, 은유(그리고 환유)가 어떻게 관점과 이해의 차이를 암시하고 그것을 제약할 수 있는지를 논의했다. 마지막으로, 은유의 실제 번역이라는 실용적인 논제와 경우들을 논의했다.

아마 번역의 선택이 어휘적이거나 의미적인 것은 물론이고 평가적이고 이데올로기적이기도 하다고 말하면서 이 장을 마무리하는 것이 적절할 것이다. 한 은유를 또 다른 은유로 바꿈으로써 원본의 해석 역시 중요하게 바뀔 수 있다. 이것은 번역가가 원본 은유의 담화 기능을 알고 있을 필요가 있음을 의미한다. 즉 원본에서 사용된 은유가 어떻게 평가를 하는지 알아야 하고, 그런 은유가 무언가를 더욱 명확히 설명하기 위해 사용되고 있는지 또는 진정한 의미를 숨기거나 '암호화'하기 위해 사용되고 있는지를 알고 있어야 한다는 것이다. 이것은 다음 장에서 다룰 주제이다.

더 읽을거리

Baker, M. (1992) *In Other Words*, London: Routledge. (제3장은 관용어 및 다른 비유 표현의 번역을 고찰한다.)

Kövecses, Zoltán (2002) *Metaphor: A Practical Introduction*, Oxford: Oxford University Press. (제12, 13장.)

Montgomery, M. (1995) *An Introduction to Language and Society*, 2nd edn, London: Routledge. (제11장은 Sapir와 Whorf의 생각을 소개하고, 그 다음에 언어의 평가적 양상을 탐구한다.)

Newmark, P. (1988). *A Textbook of Translation*, London: Prentice Hall. (제7장은 자구적 번역을 다루고, 제10장은 은유의 번역을 다루고, 제15장은 문학의 번역을 다룬다.)

Whorf, B. L. (1956) *Language, Thought, and Reality*, Cambridge, Massachusetts: MIT Press. (선택적으로 읽을 수 있는 호피어 및 다른 언어들이 세계를 어떻게 어휘화하고 개념화하는지에 관한 데이터를 위한 Whorf의 논문집.)

은유, 이데올로기, 사회적 문맥

이 장에서는 제8, 9장과 함께 이 책의 초점을 배경 논제로부터 문맥에서의 비유어로 옮기고, 실제 데이터를 상세히 언급할 것이다. 이 세 장이 어떤 의미에서 응용적이거나 실용적이기 때문에, 우리는 독자가 여기에 제시된 예를 '해독하거나' 해석하는 것이 유용할 수 있다고 느낀다. 논의를 진행하면서 실용적인 연구를 위한 몇 가지 제안을 할 것이다.

우리는 제2장에서 낱말 및 구의 의미와 관련하여 은유를 고찰했으며, 낱말이나 구의 의미가 단순히 표면적 또는 자구적 의미인 것은 아님을 보았다. 때때로 사실상 꽤 종종 낱말들은 특별한 관점을 내놓고자 하는 의도와 독자나 청자에게 이것이 바로 그 관점이라는 것을 설득하고자 하는 목적으로 텍스트에서 함께 결합될 수 있다. 다시 말해, 텍스트는 어떤 방식에서 평가적이다. 즉 텍스트는 '이데올로기'를 담고 있다. 이 장에서는 다양한 영역이나 문맥에서 은유와 평가적 언어의 개념을 탐구할 것이다. 출발점으로 영어의 downward 'movement'(하향 이동)와 대조되는

upward 'movement'(상향 이동)를 검토할 것이다. 일반적으로 말해, 우리가 알기로 up은 긍정적인 평가를 보여주는 데 반해 down은 부정적인 평가를 보여준다. 때때로 다음에서처럼 '위'가 부정적인 평가를 표현하기도 한다.

Military budgets had continued to **spiral**.(국방 예산은 계속해서 **증가했다**.)

그러나 spiral은 또한 부정적인 문맥에서 하향 이동을 암시하는 데 사용될 수도 있다.

Industry had entered a **spiral** of decline.(산업은 쇠퇴의 **악순환**에 진입했다.)

우리 자신의 데이터로부터, 영어의 위/아래 긍정적/부정적 대조를 다음으로 예증할 수 있다.

M&S **ups** sweetener to £2bn.(M&S는 우대조건을 20억 파운드까지 **올린다**.)
(『디 옵저버 (비즈니스)』 2004년 6월 11일자)

이것은 영국회사 막스 앤 스펜서(Marks & Spencer)의 인수를 위한 협상에 관한 기사의 헤드라인이다. 막스 앤 스펜서는 명백히 회사를 재정적으로 더욱 매력적으로 만들기 위해 주가를 올리고 있다(ups sweetener). 물론 또 다른 관점에서, sweetener가 일종의 뇌물로 간주될 수도 있다는 점에서, 이 특별한 '올림'은 부정적인 평가를 반영한다고 주장할 수 있다. 그러나 그것은 주주들에게는 확실히 긍정적이고 다음과 대조된다.

Roof **falls** in on buy-to-let scam.(투자용 사기로 **지붕이 내려앉는다**.)
(『가디언 (직장과 돈)』 2004년 3월 6일자)

이것은 재산 투자 설계에서 투자가들이 입은 것으로 추정되는 손실(roof falls in)을 다루는 기사와 관련 있다.

따라서 서구 문화에서, 일반적으로 좋은 것은 *위*이고 나쁜 것은 *아래*이다. Lakoff & Johnson은 명확히 서구 문화에서 은유적으로 존재하는 위/아래 양극 대립을 증명하는 많은 다른 방향적 은유를 제공한다(Lakoff & Johnson 1980/2003: 14-21). 그들은 이런 방향적 은유가 다른 문화에서는 정확히 동일하지 않을 수도 있다고 주장한다. 제9장에서 종교적 신념과 관련 있는 은유에서 이런 **위-아래** 대조가 어떻게 천국(**위**)과 지옥(**아래**)의 관점에서 생각되는지를 보게 될 것이다. 빅토리아 시대의 영국에서는 성인과 어린이 모두를 위한 많은 복음소설이 있었으며, 작가들은 '착한' 사람은 '위의' 천국으로 가고, '나쁜' 사람은 '아래의' 지옥으로 간다는 것을 상당히 강조했다. 실제로, 가난하고 배고픈 사람들은 그들의 '보상'이 하늘에서 올 것이라고 거듭 설득 당했다. 샬롯 M 터커(Charlotte M. Tucker)의 한 이야기인 *The Green Velvet Dress*(1858)에는 토미라는 작은 소년이 등장한다. 토미는 천천히 굶어 죽어 가고 있었고, 터커는 토미의 미래(죽음)를 시 형식으로 a happy home above(위의 행복한 고향)의 은유를 사용해 제시한다.

> Ne'er will I sigh for wealth,
> Such wealth as coffers can hold:
> Contentment, union and health,
> Are not to be bought for gold!
> The costly treasures I Prize
> Are treasures of family love —
> Of **a happier home above**
> (나는 결코 부를 그리워 한탄하지 않을 것이다,

그런 부는 금고에 보관될 수 있을 뿐이다:
만족, 화합, 건강은,
금으로는 살 수 없다!
내가 소중히 여기는 보석은
가족 사랑의 보석 −
위의 행복한 고향의 보석이다)

(Tucker 1858/1993: 101)

다시 말해, (돈으로 음식을 살 수 있다는 사실이 무시된 것처럼 보이지만) 돈으로는 행복을 살 수 없으며, 토미의 보상은 *위에서(up there)* 올 것이다.

은유와 정치적 서사

매우 다른 현대의 문맥에서, 은유가 평가적으로 이용되는 것을 볼 수 있다. 평가 또는 이데올로기는 많은 사람들에게 보통 정치적 신념과 관련 있으며, 정당이 자신들의 길이 올바른 길임을 우리에게 설득하고 싶어 한다는 것은 상당 부분 사실이다. 그러나 이데올로기가 반드시 순수하게 정치적인 것으로만 생각될 필요는 없다. 이데올로기는 사람들이 행하고 말하는 바를 정당화하는 신념으로 간주될 수 있다. 그 자체로, 사회적 차원은 매우 중요하고, 언어는 이런 사회적·정치적 가치관을 실현하는 데 핵심적인 역할을 한다. 실제로, 사회적 문맥이라는 개념은 언어가 어떻게 서로 다른 상황에서 작용하는지를 기술하는 데 매우 유익하다. 우리는 다음을 가지고 논의를 시작할 것이다.

In Downing Street, it was as if **a hand grenade had landed** in the front hall. Through the next few weeks newspaper front pages were

제7장 은유, 이데올로기, 사회적 문맥 137

pockmarked with the fallout, a shower of anti-Brown stories ...

Campbell and Hunter form the circle of intimates who are Blair's armour. Brown wears a similar protective suit. His most important adviser is Ed Balls ... Balls was left as the Chancellor's principal political lieutenant. He is a disarmingly cheery soul, given much more to laughing than to dark conspiracies, but he has created a fearsome reputation for himself.

(다우닝가는 마치 현관에 **수류탄이 터진** 것처럼 보였다. 이후 몇 주 동안 신문 제1면은 **방사성 낙진**, 즉 빗발치듯하는 **브라운을 비판하는 이야기들**로 구멍이 났다.

캠벨과 헌터는 **블레어의 갑옷** 역할을 하는 **막역한 벗**의 무리를 형성한다. 브라운도 **유사한 방호복을 입고 있다**. 브라운의 가장 핵심 고문은 에드 볼스이다. 볼스는 영국 대법관의 핵심 정치 **보좌관**으로 남겨졌다. 그는 매우 붙임성이 있는 유쾌한 사람이고 **어두운 음모**보다는 웃음에 어울리는 사람이지만, 그는 스스로 **무시무시한 평판**을 만들어냈다.)

(제임스 노티 *The Rivals*, 2001: 246)

제임스 노티(James Naughtie)라는 작가는 존경받는 영국의 저널리스트이고, BBC의 시사 프로그램 *Today*의 뉴스 진행자이다. 제임스 노티는 자신의 책에서 영국 수상 토니 블레어와 재무장관 고든 브라운 사이의 관계를 약술한다. *The Rivals*라는 책 제목이 리차드 브린슬리 셰리든(Richard Brinsley Sheridan)의 유명한 연극 *The Rivals*와 정확히 같다는 것은 우연일 것 같지 않기 때문에, 이 책 제목은 은유이다. 더욱이 노티가 쓴 책의 부제는 *The Intimate Story of a Political Marriage*이다.

이 발췌문의 문맥은 1998년에 출판된 고든 브라운의 전기에 대한 다우닝가(영국 수상의 관사. 환유의 좋은 예)의 반응이다. 이 전기는 영국 수상 토니 블레어를 비난하는 정치 해설자의 작품이다. 고든 브라운 자신은 전기에서 인용되지 않았지만, 표지에 'with the Chancellor's "full permission"(재무장관의 전면 허가를 받음)'이라고 적혀있었다(2001: 246). 그래서 우리는 이 결혼 내의 관계에 대한 표상을 가진다. 노티는 블레어나 브라운을 바로 인용하진 않지만, 이 둘의 정치적 역사를 고려해서 이 둘 간의 관계가 어떻게 보일지에 대해 언급하고 있다. 전해지는 바에 의하면, 이 둘은 불편한 관계를 가지고 있다. 실제로 우리는 이것을 **논쟁은 전쟁이다**라는 개념적 은유의 유형으로 간주할 수 있다. 이 은유는 확장된다. 즉 이 은유는 전쟁 은유인 것은 물론이고 주로 핵전쟁 은유이기도 하다.

핵전쟁 은유는 두 단락 전체에서 계속 순환되고 있으며, 이 발췌문은 이 두 단락으로부터 지금 두 정치가의 관계에 대한 한 가지 견해를 응집적으로 설명하는 것으로 간주된다. 이 설명을 다음과 같이 풀어놓을 수 있다.

문맥 책과 블레어의 지지자들의 브라운에 대한 추정되는 초창기 비판 (이 비판은 발췌문에 포함된 것이 아니라 발췌문을 선행한다)
매체 핵전쟁
주제 두 정치가 간의 그리고 그들 지지자들 간의 추정되는 적개심
토대 강력하게 무장한 두 적들 간의 극단적인 공격이라는 개념

이제 위를 고려해서, 어떻게 노티가 이 은유를 은유적 연쇄로 실현하는지 고찰해 보자. 이것은 구성 부분으로 나누어보자.

The book is **a hand grenade**(책은 **수류탄**이다): 책은 폭발 장치이다.

Newspaper pages were **pockmarked with the fallout, a shower of anti-Brown stories**(신문은 **방사성 낙진, 즉 빗발치듯하는 브라운을 비판하

제7장 은유, 이데올로기, 사회적 문맥 139

는 이야기들로 **구멍이 났다**.): 책 출판의 결과는 매스컴의 한 참여자에 대한 상당히 부정적인 평가였다.

Campbell and Hunter, **intimates**, are Blair's **armour**(**막역한 벗**인 캠벨과 헌터는 **블레어의 갑옷**이다): 한 참여자에게는 그를 방어해줄 강력한 친구/협력자가 있었다.

Brown **wears a similar protective suit** (Ed Balls), Brown's principal political **lieutenant** (브라운도 **유사한 방호복**(에드 볼스)**을 입고 있다**. 즉, 브라운의 핵심 **보좌관**): 다른 참여자 역시 강력한 옹호자가 있었다. 게다가 그는 그의 핵심 전문 고문이다.

요컨대, 이것은 짧은 이야기이고, 노티의 글쓰기 스타일(매스컴에서 그의 구두 표현과 다르지 않다)을 잘 예증해 준다. 이는 작은 아이러니보다 더 많은 것을 전달하다(제8장을 보라). 명백히, intimates(막역한 벗)는 명시적으로 '전쟁 용어'가 아니지만, 이 텍스트의 문맥에서 그것을 allies (동맹국)로 제시해도 부당한 것은 아니다. 전체적으로 자구적 의미와 은유적 의미 간의 관계는 특히 효과적인 은유에 기여한다. 특히 현관에 떨어진 a hand grenade(수류탄)에서부터 빗발치듯하는 방사성 낙진으로 초점이 바뀐다는 것에 주목해 보라.

부각된 다른 두 개의 구가 있으며, 이 두 구는 전쟁 은유와 관련이 있다. dark conspiracies(어두운 음모)와 a fearsome reputation(무시무시한 평판) 둘 다 전쟁 역사나 전쟁 이야기와 무관하지 않을 것이다. 핵전쟁이라는 매체를 고려하면, dark와 fearsome 같은 낱말이 있다는 것은 놀라운 것이 아니다. conspiracy는 보통 지휘부를 무너뜨리고 교체하기 위해 소수 사람들이 꾸미는 음모를 말한다. 우리의 음모가 어두운 음모라는 사실은 위험과 두려움을 강조한다. 그러나 에드 볼스가 음모자가 아니라고 할지라도, 명백히 그는 fearsome reputation을 가진다. 다시 말해, 그는 자

140   은유 소개

신이 매우 놀랍고 무서운 방식으로 생각되도록 초래했다. 또는 노티는 여기서 비꼬고 있는가?

은유와 뉴스 보도

우리는 제3장에서 은유의 체계화를 논의했다. **논쟁은 전쟁이다**에 대한 서구 사회의 견해처럼, 개념들 간의 은유적 연결이 어떻게 문화 특정적일 수 있는지 보았다. 다음 예는 이것을 특히 잘 예증해 준다. 이번에는 뉴스 보도의 문맥에서 정치를 다시 한 번 볼 것이다. 첫째, 『가디언』에서 나온 한 발췌문은 매스컴이 영국 각료인 에스텔 모리스의 사임에 역할을 했다는 영국 정부의 일부 수석 의원들이 취하는 견해를 제시한다.

> **Cabinet attacks media war on Morris**(내각은 모리스에 대한 언론 전쟁을 공격한다)
>
> Leading figures in Tony Blair's cabinet suddenly **rounded on** the media yesterday **accusing it of hounding a wounded Estelle Morris**, the former education secretary, from office.(토니 블레어 내각의 주요 인물들은 어제 전 교육부 장관인 **부상당한 에스텔 모리스를 몰아세워** 사임시킨 매스컴에게 갑자기 **대들었다**.)
>
> (『가디언』 10월 25일자, 패트릭 훼란)

누군가에게 round on(대들다)한다는 것은 신속하고 호전적으로 공격한다는 것을 의미한다. round on으로부터 해독해 낼 수 있는 속도와 공격이라는 주제는 동사 accused에 의해 강화된다. 다시 말해, 매스컴이 어떤 잘못된 것이나 *나쁜* 일을 했다는 주장이 있으며, 그것만으로 충분하지 않다면, 은유를 확장하여 비난을 강경하게 표현한다. 그들은 다음과 같이 *비난받았다.*

제7장 은유, 이데올로기, 사회적 문맥   141

hounding a wounded Estelle Morris(부상당한 에스텔 모리스를 몰아세움)

누군가를 hound(몰아대다)한다는 것은 다음에서처럼 강하게 표현되거나 공격적인 언어를 사용해 계속 비난한다는 것을 의미한다.

He was hounded by the press.(그는 언론에 의해 몰아세워졌다)

에스텔 모리스 발췌문에서 용법과 의미 간의 토대는 잔인한 무리에 의한 추격이라는 생각에 있다(a pack of hounds(개떼)?: 기자를 가리키는 진부한 낱말인 newshound(신문쟁이)를 비교해 보라). 그들은 **부상당한** *(wounded)* 사냥물을 죽일 의도이다. 여기서의 추리는 매스컴 때문에 에스텔 모리스가 감정을 심하게 다쳤고 그의 명성이 손상당했다는 것이다. wound 자체는 물론 **논쟁은 전쟁이다**라는 은유의 한 어휘이다.

그러나 위에서 '주요 인물들'의 견해는 다른 사람들의 견해와 같지 않을 수도 있다. 동시에, 『가디언』은 『데일리 텔레그래프』나 『선』 같은 다른 영국 신문들과 의견을 공유하지 않을 수도 있다. 이 신문은 에스텔 모리스의 논제에 대해 확실히 영국의 타블로이드판 신문인 『데일리 메일』의 견해를 공유하지 않는다.

So let us **nip one thing in the bud.** Contrary to **Westminster mythology**— **outrageously spread** by Rubin Cook—Miss Morris was not **hounded out.**(그리하여 **한 가지를 미연에 방지하도록 하자.** 루빈 쿡에 의해 **터무니없이 퍼진 영국 국회 의사당의 신화**와는 달리 모리스 여사는 **몰아세워지지 않았다**.)

(『데일리 메일』 2002년 10월 25일자 논평)

『가디언』처럼, 이『데일리 메일』발췌문의 주제는 에스텔 모리스의 사임이다. 사임에 대한 책임이 누구에 있는지 결정할 때, 다른 견해가 제시된다. 즉, 매스컴은 그의 사임에 책임을 질 필요가 *없다*.『데일리 메일』이 은유 Westminster mythology(영국 국회 의사당의 신화)를 사용할 때, 그것은 'Westminster lies(영국 국회 의사당의 거짓말)'라고 말하는 것과 동일하다. 신화는 어쨌든 거짓이나 전설이지만 널리 받아들여지는 개념이다. 따라서 신문에 따르면, '모리스 여사는 *쫓겨나지 않았다*'. 다른 태도적 언어가 이 은유를 뒷받침하는 방법 또한 흥미롭다. 여기서 outrageously는 전해진 바에 의하면 루빈 쿡이 널리 퍼뜨린 것이 사회적·도덕적으로 수용되지 않는다는 것을 의미하며, spread 자체는 은유로 간주될 수 있다. 또한 상호작용에 참여하는 사람들의 역할에 주목해 보라.『데일리 메일』의 논평 작가는 '조용한 파트너', 즉 독자를 담화에 포함시켰다. let us의 사용으로 작가와 독자가 함께 *미연에 방지할 것이라(nip one thing in the bud)*고 가정된다.

  우리는 제2장에서 관용어가 은유라고 소개했다. 영어 원어민 화자에게, nip something in the bud는 간단하다. nip은 글자 그대로 '누군가를 꼬집다'를 의미한다. bud는 rosebuds(장미 봉오리)나 the apple trees are in bud(사과나무가 싹을 내었다)에서처럼 싹을 의미한다('He's one of our better-known budding actors(그는 더 잘 알려진 신진 배우 중 한 명이다)'나 'She's only eighteen but she's already a budding entrepreneur(그녀는 고작 18세이지만 이미 소장 기업가이다)' 같은 문맥에서 사용하는 budding과 밀접하게 관련이 있다). 그러나『데일리 메일』보도의 의미는 관용어에 들어 있는 은유로부터 해석된다. 여기서 저널리스트는 에스텔 모리스가 관직에서 *쫓겨났다(hounded out)*(억지로 밀려나왔다)라는 *신화(myth)*(거짓말))를 이제는 가라앉혀야 한다고 촉구하고 있다. 다시 말해, '그것이 *꽃피기(flower)* 전에 이런 허위를 즉각 끝내야 한다'.

자구적 의미에 의해 관용어를 해독하는 것이 얼마나 어려운지를 기억하면서, 다시 정치가들의 담화로 시선을 돌릴 것이다. 『가디언』이 관련 사건을 보도했고, 이 사건은 북아일랜드의 정치 및 두 정치가와 관련이 있다. 이 급습은 북아일랜드 입법부가 있는 곳인 스토몬트 캐슬에 위치하고 있는 아일랜드 신페인당 사무실로의 경찰 급습이었다. 신페인당은 북아일랜드에서 영국 통치에 반대하는 핵심 야당이다. 두 명의 연합론자 국회의원은 그들의 관점을 제안하는 치안활동에 대한 성명을 냈다. 연합론자들은 '보수당원'이나 친영국파를 대표한다. 먼저, 그 당시에 레이건 벨리 선거구의 얼스터 연합론자 국회의원이었던 제프리 도날드슨은 급습이 다음과 같았다고 주장했다.

> **'the final nail in the coffin'** of Sinn Fein's participation in the government of Northern Ireland.(신페인당의 북아일랜드 정부 참여에 대한 **결정적인 치명타**)
>
> (『가디언』 2002년 10월 5일자, 로지 고완)

그의 동료인 동부 벨파스트 민주 연합론자 국회의원인 피터 로빈슨도 이에 뒤지지 않고 다음과 같이 말했다.

> the fact that such a raid [sic] has taken place must **'drive a coach and horses through'** protestations that Sinn Fein is committed to exclusively peaceful means.(그런 급습이 발생했다는 사실은 신페인당이 전적으로 평화적인 수단에 전념한다는 언명을 '**무시해 버리는 것**'임에 틀림없다.)

이런 발췌문에서 두 정치가는 관용어를 사용한다.

the final nail in the coffin(결정적인 치명타)
drive a coach and horses through(무시해 버리다)

우리는 제2장에서 말뭉치 증거가 어떻게 관용어에 대한 다양한 어법의 다발을 보여주는지를 관찰했으며, 제프리 도날드슨의 the final nail in the coffin은 우리가 거기서 인용한 다발들 중 하나에 속한다. 두 관용어 중에서 첫 번째는 아마 해석이 그다지 불투명하지 않다. 다시 말해, the raids(급습)는 '신페인당의 북아일랜드 정부 참여'의 '죽음'(또 다른 은유)이나 종식을 의미한다.

두 번째 관용어의 의미는 크기 및 무게와 관계가 있다. 피터 로빈슨은 신페인당이 전적으로 평화적인 수단으로 통치하겠다는 '언명'이 취약하다는 것을 효과적으로 말하고 있다. 신페인당 사무실에 급습이 있었다는 사실은 이런 '언명'을 파괴하고자 하는 '힘'(coach and horses)을 제공한다. 사실상, 피터 로빈슨은 신페인당이 평화로운 정부에 대해 공언한 약속에 관해 거짓말을 하고 있음을 암시하고 있다. 그는 there's no smoke without fire(아닌 땐 굴뚝에 연기나랴)라는 또 다른 관용어를 사용하는 것이 좋았다.

두 관용어가 환기시키는 이미지는 특별한 정치 이데올로기를 강화할 수 있도록 언어를 사용한 결과이다. 이런 관용어를 정치 담화의 사회적 문맥에서 가져왔다는 것은 중요하다. 두 정치가는 근본적이지만 열렬한 웅변 스타일로 유명하다. 매우 잘 알려져 있고 비유적으로 매우 강한 두 관용어의 인상적인 사용이 그들의 정치 추종자들에게 어필이 될 것이라고 가정할 수 있다.

흥미롭게도, 피터 로빈슨이 coach and horses 이미지를 전달하고, 제프리 도날드슨이 nail in the coffin 이미지를 전달하는 논쟁에 대한 똑같은 설명에서, 동일한 사건에 대해 또 다른 평가가 이루어진다. 이런 관점에 대한 표현에는 **논쟁은 전쟁이다**라는 개념적 은유의 몇 가지 언어가 있다. 화자는 주요한 신페인당 정치가인 바브라 디 브루인으로서, 그는 그 당시 북아일랜드의 국무장관인 존 라이드 박사가 급습의 정당함을 증명해 주기를 원한다.

> But Barbara de Bruin, the Sinn Fein Stormont Health minister, **challenged** Dr Reid to explain why the raids were carried out.
> 'This is **a politically inspired ricochet** into the middle of **a highly volatile situation. It is an attack on** Sinn Fein and the process of change, **it is damaging** to everybody involved in the peace process.'
> (하지만 신페인당 자치 보건부 장관인 바브라 디 브루인은 라이드 박사에게 급습이 일어난 원인을 규명하라고 강력히 **요구했다**.
> '이것은 **상당히 폭발 직전의 상황** 중에 생긴 **정치적 색체를 띤 탄알**이다. **이것은** 신페인당과 변화 과정**에 대한 공격이고**, 평화 과정에 개입된 모두에게 **손해를 입히고 있다**.)

먼저 브루인이 말하는 바를 소개하기 위해 이 신문이 동사 challenged를 선택한 것에 주목해 보자. challenge는 어떤 진리나 필연성을 의문시하는 것을 의미한다. 그러나 또한 누군가가 *싸우도록(fight)* 도전하거나 초래하거나 유도하는 것을 의미할 수도 있다. ricochet는 글자 그대로 발사된 뒤에 또 다른 표면에서 한쪽 각도로 튀는 탄알을 가리킨다. politically inspired ricochet는 전하는 바에 의하면 급습이 의도적인 정부 결정의 결과임을 의미한다. 따라서 급습은 '의도한' 표적을 맞추지 못한 탄알로서, *북아일랜드 정치의 감정적이고 위험한 문맥인 상당히 폭발 직전의 상황*에 매우 해로운 영향을 미친다. 바브라 디 브루인 또한 경찰 (영국 정부) 행동이 내각의 민주주의 구조를 심각하게 손상시켰다는 것을 지적하기 위해 이 은유를 사용한다. 요컨대, 브루인의 관점에서 볼 때 이런 행동은 다음과 같다.

> a ricochet (into a highly volatile situation)((상당히 폭발 직전의 상황으로의) 탄알)
> damaging(손상시키는)
> an attack(공격)

이데올로기적으로 볼 때, 디 브루인은 모든 멋진 금요일 협정(Good Friday Agreement)(1998년 금요일 북아일랜드 정당들이 합의한 협정)이 위협받고 있는 것으로 간주한다. 다시 말해, 그것은 신페인당에 대한 공격인 것은 물론이고 평화 과정 자체에 대한 공격이기도 하다. 다른 한편, 제프리 도날드슨과 피터 로빈슨에게, 이 급습은 신페인당의 비민주적 입장을 증명하는데, 왜냐하면 전하는 바에 의하면 경찰은 그들 사무실을 뒤질 필요가 있다는 것을 알았기 때문이다. 이것은 다른 두 '관점'이고, 다른 두 '이데올로기'이다.

전쟁 은유는 정치적 문맥이 아닌 신문 기사의 응집적인 구조에 기여할 수도 있다. 마크 타운젠드가 쓴 기사에서 따온 다음 발췌문을 고려해 보라.

> **Alien Invasion**: the plants **wrecking** rural Britain
> **Aliens are taking over** the British countryside.
> Our rivers are being **choked to death**, our meadows **overrun** and our native species **smothered to the brink of extinction**. And the **invasion** is almost complete.
> The first study of its kind into the remarkable spread of non-British plants reveals that more than 80 per cent of Britain has been **infiltrated**.

제7장 은유, 이데올로기, 사회적 문맥   147

　　Virulent 'superweeds' ... are **conquering Britain** with a speed that has astonished scientists. Practically all of lowland Britain has been **colonised** ...
　　(**외계인의 공격**: 식물이 영국 교외를 **초토화시키고 있다**
　　외계인이 영국의 지방을 **점거하고 있다.**
　　우리의 강은 **질식해 죽어가고** 있으며, 우리의 풀밭은 **황폐화되고**, 우리의 토착 생물들은 **질식해서 멸종 위기에** 놓이고 있다. 이 **침략**은 거의 끝났다. 영국에 자생하지 않은 식물들의 놀랄 만한 자생 능력에 대한 이번 첫 번째 연구를 통해서 영국 영토의 80% 이상이 **침투되었음이** 밝혀졌다.
　　유독한 이 '슈퍼 잡초'들은 과학자들을 놀라게 할 정도의 속도로 **영국을 정복하고** 있다. 사실상 영국의 모든 저지가 **식민지화**되었다.)
　　　　　　　　　　　　　　　　　　(『가디언』 2003년 2월 2일자)

　마크 타운젠드는 영국의 자연 식물이 *외계인의* 침입으로부터 위협을 받고 있다고 본다. 그는 공상과학 소설의 문맥 내에서도 찾을 수 있는 전쟁 언어를 사용하는 전쟁의 관점에서 영국의 식물, 즉 표적을 본다. 이것은 aliens(외계인)라는 어휘항목과 infiltrated(침투되다), virulent(유독한), conquering(정복하는), colonised(식민지화되다) 같은 관련된 어휘항목으로 내포된다. 존 윈덤(John Wyndham)의 고전적인 공상과학 소설『걷는 식물 트리피드』(*Day of the Triffids*)에 대한 반향이 있다. 이 소설에서 지구는 거대한 식물 모양의 창조물로부터 침략을 받는다.
　이제 뉴스 보도에서 사용된 은유의 예를 고려해 보라. 이 예는『인디펜던트』(2004년 6월 14일자)에서 나온 것이다.

　　The Scapegoat(희생양)

이것은 대량학살 무기와 이라크 문제를 둘러싼 중앙정보국장 조지 터닛의 사임과 관련 있다. 제1면 기사의 첫 단락에서 터닛은 다음과 같이 명명되었다.

> the Bush administration's **de facto scapegoat**(부시 행정부의 **실질적 희생양**)

이 어휘항목은 터닛에 대해 공공연하게 말한 전 중앙정보국장을 인용하면서 이 기사에서 다시 사용된다.

> He's being pushed out: it's likely he's **the scapegoat**(그는 밀려나고 있다. 그는 **희생양**인 듯하다)

『인디펜던트』의 같은 판 5쪽에는 다음이 있다.

> Is CIA director **the scapegoat** for Iraq?(중앙정보국장은 이라크에 대한 **희생양**인가?)

더욱이 그날 톱기사(30쪽)에서 이 주제에 대해 다음 내용을 읽을 수 있다.

> This **cheap sacrifice** offers little solace to those who question the Iraq war.(이 **값싼 제물**은 이라크 전쟁을 문제시하는 이들에게 조금도 위안을 주지 않는다.)

그리고 좀 뒤에서 다음을 읽을 수 있다.

> If the departure of Mr. Tenet is a **cheap sacrifice** from Mr. Bush's perspective.(터닛 씨의 사임은 부시의 관점에서 **값싼 제물**이다.)

『인디펜던트』에 실린 기사는 희생양과 제물이라는 성경의 개념을 사용했다. 현대 용법에서, scapegoat('희생'이나 '희생자')은 공동체가 보기에 심하게 잘못된 일에 대해 집단적인 책임을 지는 사람이다. 양을 제물로 사막으로 보낸 고대 유대교에서 이 용어의 기원을 찾아볼 수 있다. 양은 공동체의 죄를 짊어진 것으로 생각되었다. 나치 독일의 유대인들이 히틀러에 의해 희생양이 되어 이른바 유대인 대학살이라는 비극적인 결과를 낳았을 때, 여기에 통렬함이 있다. 우리는 뒤에서 scapegoat와 sacrifice의 은유를 계속 다룰 것이다.

은유와 스포츠

다음 헤드라인을 고려해 보라.

> Must be better, warns **badly wounded Tiger**(심하게 부상당한 타이거가 좋아져야만 한다고 경고한다)
>
> (『가디언 (스포츠 부록)』 2002년 10월 5일자, 로버트 킷슨)

동물 은유는 스포츠 보도나 다른 스포츠의 팀 이름에서 흔히 볼 수 있다. 미국에서 *시카고 불스(Chicago Bulls)*는 미국의 유명한 농구 팀이다. 그러나 위의 발췌문은 특히 문화 의존적이다. 럭비풋볼을 추종하는 『가디언』의 독자들은 동물 은유가 내포하는 평가를 해석할 수 있을 것이다. 왜냐하면 독자들과 로버트 킷슨 기자는 공통된 스포츠 환경을 공유하기 때문이다. 독자는 매체 badly wounded Tiger와 심하게 다친 큰 야생 동물의 개념을 인식할 것이다. 연결이나 토대는 레스터 시티 럭비풋볼 구단(Leicester City Rugby Football Club)의 별명이 '타이거즈(The Tigers)'라는 사실에 있다. (또한 헤드라인에 있는 must를 고려해 볼 수도 있다. 이 은유에 들어 있는 평가는 이 서법동사에 의해 힘이 더해진다. 영어에서 확실성, 가능성, 의무, 허가, 의지와 관련 있는 의미는 전통적으로 서법성으로 실현된다.)

 이 은유를 다시 한 번 더 검토해 보자. 헤드라인의 badly wounded tiger는 이 구단과 영국 대표팀의 주장인 마틴 존슨이다. 앞서 본 정치적 은유에서 에스텔 모리스가 몸을 다치지 않았듯이, 그 역시 몸을 다친 것은 아니다. 오히려 그의 동료들도 이 *상처(wound)*를 공유한다. 즉 그것은 집단적 상처이다. 이 구단은 영국 럭비 프리미어 리그에서 몇 년 동안 정상에 있었지만, 새로운 시즌이 시작된 이후로 성적이 좋지 않았다. 이 보도에서 로버트 킷슨과 마틴 존슨은 은유를 사용해 구단을 badly wounded tiger로 평가한다. 다시 말해, 스포츠 톱클래스라는 그들의 명성이 훼손된 것이다.

 정치와 스포츠라는 이 두 문맥에서 은유 wounded의 중요성은 은유가 반드시 문맥 의존적인 것은 아니라는 사실에 있다. wound는 더욱 넓은 신문·잡지 담화 내에서 '공유되는' 어휘항목이다. 『가디언』의 독자는 다음과 같은 다른 요소들 사이의 관계를 즉각적이고 무의식적으로 이해할 것이다.

    wound(상처) (매체)
    being badly hurt(심하게 다침) (주제)
    notions of fierceness/savagery(사나움/잔인함의 개념) (토대)

    문맥 1: ... accusing it of hounding a **wounded** Estelle Morris
    또는
    문맥 2: Must do better, warns **badly wounded Tiger.**

정치와 럭비 둘 다에 관심이 있는 독자들에게, 해석을 하고 그들이 한 해석을 문맥에 적용시킬 수 있는 능력에는 문제가 없을 것이다. 독자들이 공유한 지식은 그들에게 그것이 정치인지 또는 스포츠인지 또는 둘 다인지를 해석할 수 있는 능력을 제공한다. 은유에 대한 인식과 해석은 저널리스트와 독자가 공유하는 지식의 주요 부분으로서, 이는 Kövecses (2002: 207)가 말하는 '관습적 지식(conventional knowledge)'이다.

다른 스포츠로 옮겨서 다음의 헤드라인을 고려해 보라.

Anfield winter of discontent as fans turn on the boss(팬들이 감독에게 대들 때 앤필드의 불만의 겨울)

(『데일리 메일』 2003년 2월 7일자, 존 에드워즈)

스포츠는 해설자가 상당한 정도까지 은유를 사용하고 혼합할 수 있는 사회적 문맥이다. 첫 번째 명사구는 셰익스피어의 『리처드 3세』(*Richard III*)가 그 출처일지도 모르지만, 특정 연령의 많은 영국 사람들에게는 영국이 결정적인 산업 불안정을 겪었고, 매스컴을 통해 '불만의 겨울'로 알려지게 된 1978-1979년의 겨울을 생각나게 할 수도 있다. (셰익스피어 문맥은 실제로 'Now is the winter of *our* discontent(지금은 우리 불만의 겨울이다)'이다.)

앤필드는 모든 영국 축구 팬들이 알고 있듯이 리버풀의 축구 구단의 홈 구장이다. Anfield winter of discontent라는 표현은 헤드라인에서 주제 위치에 있었다. 주제란 절이나 문장에서 독자가 제일 먼저 보기 때문에 특별한 관점을 제기하려는 작가에게는 전략적으로 중요한 것일 수 있다. 이 은유에는 또 다른 잠재력이 있는데, 왜냐하면 리버풀 팬들의 불만을 목표로 하는 것 외에, 기사가 나온 시점이 글자 그대로 겨울이었기 때문이다. 리버풀은 성적이 좋지 않았기 때문에, 이는 헤드라인의 두 번째 은유에 동물이나 군중의 사나움이라는 모든 함축을 제공한다. 개가 주인에게 '대든다는 것'이나 군중이 정치 지도자에게 '대든다는 것'에 대해 생각해 보라. 이 헤드라인 다음에 영국의 축구 시즌의 중요한 단계에서 리버

152 은유 소개

풀 축구 구단의 저조한 성적과 이에 따른 팬들의 불만을 기술하는 내용이 나온다. 기자는 그 당시 리버풀 감독('대장')인 제라르 울리에가 어떻게 많은 후원자('팬')에게서 심한 비난을 받았는지 기술한다.

다음은 같은 신문에서 나온 또 다른 더 긴 기사의 헤드라인이다.

OWEN SHOULDN'T BE THE SCAPEGOAT(오언은 **희생양**이어서는 안 된다)

(『인디펜던트』가 중앙정보국장 조지 터닛의 사임에 대해 사용한 것과 같은 은유를 비교해 보라. 여기서 앞서 본 wound의 경우처럼, 어휘항목이 다른 문맥에서 신문·잡지 담화의 부분으로 사용된다는 또 다른 증거가 있다.)

여기서 은유가 사용되는 문맥에서, 기자는 그 당시 리버풀에서 최고 선수였던 마이클 오언을 동정한다. 리버풀의 성적이 비교적 좋지 못했기 때문에 오언은 일부 팬들과 기자들의 비난을 받았다. 『데일리 메일』은 이와 다른 입장을 꽤 명시적으로 표현한다. 기사가 끝나는 부분에서 존 가일스라는 기자는 축구선수 오언에 대한 자기의 견해를 요약한다. 가일스의 요지는 마이클 오언은 선수로서 자신의 잠재력을 실현하도록 허용되지 못했지만, 이것이 전적으로 자기 잘못은 아니라는 것이다.

The starting point is to turn Owen into **a genuine asset** rather than **a handy scapegoat**. He is a player to be **nourished** and **served**—not **fed scraps** in the desperate hope that he will turn **them** ['the scraps'] into **a banquet**.(오언을 **간편한 희생양**보다는 **진정한 자산**으로 탈바꿈하는 것이 출발점이다. 오언은 **육성되고 도움 받아야 하는** 선수이다. 그가 **그것들**['음식 찌꺼기']을 **연회**로 만들 것이라는 간절한 소망으로 그에게 **음식 찌꺼기를 먹여서는** 안 된다.)

제7장 은유, 이데올로기, 사회적 문맥   **153**

첫 번째 문장의 진하게 표시된 어휘항목에서 마이클 오언에 대한 가일스의 입장이 명확히 암시된다. 헤드라인에 있는 scapegoat가 반복되고 있고 (전체 팀에게 책임을 지운다), asset를 사용한다. asset은 귀중한 사람이나 물건이며, 복수일 때는 빛이 차감될 수 있는 재산과 소유물을 강하게 내포한다. 물론 마이클 오언은 스포츠에 관해서 볼 때 귀중한 사람이지만, 돈에 관해서도 리버풀의 *자산*이었다. 리버풀이 그를 데리고 왔고, 결국 그를 레알 마드리드로 팔아버렸다. 따라서 한 가지 층위에서, 귀중한 투자와 소유물로서의 선수에 대한 개념이 있다.

여기서 음식과 먹기의 개념을 사용해 오언의 팀 동료들이 기여를 제대로 하지 못했다는 기자의 신념을 증대시킨다. 가일스는 그의 관점에서 다른 팀 동료들이 축구장에서 오언을 효과적으로 도와주도록 하는 것이 제라르 울리에의 책임이라는 것을 명확히 한다. 그들은 단순히 그에게 *음식 찌꺼기를 먹여서는* 안 된다. 꽤 긴 기사에서 가일스는 또한 자신의 주장을 펴는 동안 피아노 연주자로서의 울리에의 개념을 이용한다.

> He reminds me of **a desperate pianist in pursuit of a lost chord**.(그는 **잃어버린 화음을 찾으려는 간절한 피아니스트**를 연상하게 한다.)

그리고 두 칼럼이 더 있다.

> Recovery of the **lost chord** seems as remote as ever.(**잃어버린 화음**을 회복하는 것은 전처럼 묘연한 듯 보인다.)

스포츠에서 가장 흔한 은유적 용법 중 하나는 전쟁의 개념과 관련 있는데, **전쟁**은 목표영역인 **스포츠**에 대한 근원영역이다. Kövecses(2002: 75)는 '축구, 럭비, 미식축구, 레슬링, 복싱 같은 많은 원형적인 스포츠는 전쟁과 싸움에서 발전했다'고 주장한다. **스포츠는 전쟁이다**라는 은유가 다음의 두 헤드라인에서 예증되는 것을 볼 수 있다.

> **Big guns go into battle over Keane**(킨과의 전쟁에 큰 대표가 투입된다)
> (『데일리 메일』 2002년 10월 5일자, 리처드 탠너 & 해리 해리스)
>
> **Wayne's Waterloo**(웨인의 워털루)
> (『디 옵저버』 2003년 2월 2일자, 윌 버클리)

첫 번째 헤드라인은 맨체스터유나이티드와 아일랜드 외국 선수 로이 킨이 연루된 논란과 관련 있다. 두 번째 헤드라인은 (그 당시) 에버튼 선수인 웨인 루니에 관한 것이다.

이와 유사하게, 다음은 크리켓에서 나온 예이다.

> **Caddick digs in after the wipe-out of Nasser & Co**(캐딕은 나세르 앤 코의 참패 후에 참호를 판다)
>
> **The tourists struggled** to 221 against a **sub-strength** Western Australia side ...
>
> Hussein's team ... were only **saved from** further embarrassment by **a rearguard action led by Andy Caddick.**(원정팀 선수들은 수준 이하의 웨스턴오스트레일리아 팀과의 경기에서 221점까지 **노력해서 따냈다**. 후세인의 팀은 **앤디 캐딕이 이끈 지연작전**에 의해 또 한 번의 당황스러움을 **면하게 되었다**.)
> (『데일리 메일』 2002년 10월 25일자, 그레이엄 오트웨이)

당신은 이제 위의 전쟁 은유를 해독해 보고 싶을지도 모른다.

은유와 광고

Kövecses는 다음과 같이 주장한다.

> 광고의 판매력은 부분적으로 광고에서 사용하는 그림이나 낱말이 사람들에게 환기시키고자 하는 개념적 은유가 얼마나 적절한지에 달려 있다. 적절하게 선택한 은유는 상품의 판매를 촉진하는 데 크게 성공할 수 있다.
>
> (Kövecses 2002: 59)

예컨대, 도우에그버트 커피 광고에 두 묶음의 커피와 부분적으로 가려진 카페띠에라와 커피잔의 그림이 있다. 다음에 질문 하나와 그에 대한 답이 함께 나온다.

> Love coffee?(커피 좋아하세요?)
> Prepare to be smitten(홀딱 반할 준비를 하세요)
> (『디 옵저버 (음식)』 2003년 6월)

여기에는 이 책에서 이미 어느 정도 검토한 의인화의 요소가 있다. 의인화는 광고 언어에서 새로운 것이 아니다. 포드 카프리 자동차의 1980년대 광고에서 나온 다음 발췌문을 고려해 보라.

> It has a low, wide stance(이것은 **발디딤이 낮고 넓다**)
> It has a muscular engine(이것은 **엔진이 힘이 있다**)
> It is a charismatic coupe(이것은 **카리스마가 있는 2인승 4륜 자동차이다**)
> Which has always promised performance(그것은 **항상 성능을 약속했다**)

이 자동차는 성적으로 제시된다. 실제로 남성의 성적 매력으로 제시된다.

인간과 남성의 속성을 대명사 it에 할당함으로써 이렇게 할 수 있다. 커피 광고는 그다지 명시적으로 성적이진 않지만, 성적인 요소가 없는 것은 아니다.

Make it a *real* good time.(최고의 시간이 되게 하라.)[원문에 이탤릭체]

여성잡지 『레드』에 세탁기 세제 광고가 있으며, 역시 의인화를 판매전략 중 하나로 사용한다. 이 광고는 큰 이불이 넘치고 있는 세탁기 그림 아래에 있는 의문문으로 시작한다.

What do you **feed a machine** with **an appetite this big?**(식욕이 왕성한 이 **기계에 무엇을 먹이나요?**)

(『레드』 2003년 3월)

보디 카피는 다음과 같다.

You've put a bigger load in the washing machine. There was even room for your duvet. That's the Indesit WAX 120 for you. But how do you get it all clean? Easy. Instead of one, just pop a couple of **Ariel Liquitabs** in the drum. Simple to use and highly concentrated, **Ariel Liquitabs tackle stains with so much energy they clean even the largest load.** No wonder Indesit **recommend** them.(당신은 세탁기에 더 많은 양의 빨랫감을 넣았다. 새털 이불까지 들어갈 자리가 있었다. 이것이 바로 당신을 위한 Indesit WAX 120이다. 그러나 이 많은 빨래를 어떻게 모두 깨끗이 세탁하는가? 그건 쉽다. 세탁기 안에 한 개가 아니라 Ariel Liquitabs 두 개를 넣으라. 사용하는데 간편하고 고농축 Ariel Liquitabs **는 상당한 힘으로 얼룩에 달려들기 때문에 가장 많은 빨랫감도 깨끗하게 빨린다.** 인데시트사가 이것을 **추천하는** 것은 너무 자연스럽다.)

이 광고는 작은 세제 그림 아래에 있는 한 선전문구로 끝난다.

That's another load off your mind.(그건 당신이 잊을 또 다른 짐이다.)

물론 이 선전문구는 a load of washing(빨랫감)에서처럼 '무거운 것'이라는 자구적 짐과 걱정이나 근심을 암시하는 은유적 짐이라는 load의 언어유희를 이용한다. 세탁기는 식욕을 가진 것으로 기술된다. 즉 세탁기는 의인화(또는 '동물화'!)된다. 두 조각의 세제도 그렇다. 소비자는 세제를 세탁기 안에 넣어야 하지만, 실제 일은 Ariel Liquitabs가 한다.

They can tackle(그들은 달려들 수 있다)
They have energy(그들은 힘이 있다)
They can clean(그들은 깨끗하게 할 수 있다)

다시 말해, 그들은(*Ariel Liquitabs*) 의지를 가진 것으로 간주된다. 게다가, 언어유희를 사용하게 되면 세제를 마음에서 또 다른 짐을 떨쳐버릴 수 있는 '친구'로 의인화하는 것을 부각하는 데 도움이 된다. Kövecses는 다음과 같이 지적한다.

> 세제는 종종 좋은 친구로 제시된다. 이것은 **상품은 사람이다**라는 은유에 기반한다. 이 은유는 일종의 의인화이다. **세제는 친구이다**라는 은유는 사람들에게 그들의 좋은 친구와 관련해서 갖는 것과 동일한 태도와 감정을 불러일으킨다.
>
> (Kövecses 2002: 59)

'그들이' Ariel Liquitabs를 추천하기 때문에, 물론 인데시트사는 좋은 친구다. 젊은 직장여성 독자는 자신이 빨래를 할 필요가 없는데, 왜냐하면 그 일의 번거로운 부분은 *자기 친구가 떠맡기* 때문이다. 그러나 유사한 남성용 잡지에서는 **세제는 친구이다**라는 은유를 찾을 수 없다고 말해야 한다. 실제로 세제 광고를 찾을 수가 없었다. 이것은 다시 이데올로기인가?

『레드』에서 나온 또 다른 예 역시 의인화를 이용한다. *The Dream Team*이라고 부르는 광고는 두 개의 여성용 크리니크 제품을 선전한다.

> These **insomniacs work all night to defuse** the aging effects of time, stress, environment. New **Repairwear Intensive Night Cream** helps **block and mend** the look of lines and wrinkles. If skin's in need of more intensive treatment, and new **Repairwear Extra Help Serum to elevate the potential for repairing** skin's appearance. Clinique. Allergy Tested. 100% Fragrance Free.(이 **불면증 환자**는 시간, 스트레스, 환경으로 인한 노화 효과를 **제거하기 위해 밤새 일한다**. New **Repairwear Intensive Night Cream**은 주름을 가려주고 고치는 데 도움을 준다. 피부의 집중 치료를 원한다면 새로이 개발한 **Repairwear Extra Help Serum**이 피부의 모양을 되찾을 수 있는 잠재력을 향상시킬 수 있다. 임상 실험 통과. 피부 과민성 실험 통과. 100% 무향.)

Clinique Repairwear Intensive Night Cream과 Clinique Repairwear Extra Help Serum이라는 제품에 어떻게 인간의 의지가 주어지는지에 주목해 보라. 다시 의인화이다. 그 제품은 다음이다.

 insomniacs who can work all night(밤새 일하는 불면증 환자)

특히 다음과 같다.

Insomniac 1 helps block and mend(불면증 환자 1은 차단하고 개선하는 데 도움을 준다)

반면에, 추가 치료를 필요로 하는 사람들은 다음에 의존할 수 있다.

Insomniac 2 to elevate the potential for repairing skin's appearance(피부의 외관을 고칠 수 있는 잠재력을 높이는 불면증 환자 2)

또한 과학적 어휘항목 serum(혈청)을 은유로 사용하는 것에 주목해 보라. 많은 광고는 준-과학 언어나 전문 언어가 전문지식을 암시하기 때문에 판매량을 촉진시키는 데 도움이 된다는 믿음을 가지고 이런 언어를 이용한다.

은유와 돈

돈 벌기, 돈 쓰기, 돈을 더 많이 버는 방법, 불충분한 자금 등과 같이, 돈은 우리 모두에게 관련이 있다. 예컨대, 아래 은유를 고려해 보라. 이 은유는 영국의 대형판형의 일요지인 『디 옵저버』의 다른 난에서 이긴 하지만 세 번 개정된 것이다. 처음에 이는 헤드라인으로 개정되었다.

> Hands down
> You can always win if you play your cards right
> (명확히
> 올바른 결정을 한다면, 당신은 항상 이길 수 있다)
> (『디 옵저버 (현금)』 2003년 2월 2일자)

이것은 『디 옵저버』의 부록인 *Cash*의 앞표지에 헤드라인으로 등장했다. 이것은 두 쌍의 손과 함께 있는 카드게임을 그린 장편 컬러 삽화인 비언어적 은유로 강력히 뒷받침되었다. 한 쌍의 손은 전경화되어 『디 옵저버』

독자는 '도박꾼의 자리에 앉아 있다고' 말할 수 있다. 쥐고 있는 카드는 신용카드이고, 테이블 중앙에는 도박 칩이 있다.

2쪽에는 신용카드 사용(그리고 남용)에 대한 기사가 있는데, 이는 4쪽까지 계속된다. 이 기사의 헤드라인은 다음이다.

Card sharps beat the system(카드놀이 사기꾼은 시스템을 두드린다)

3쪽의 또 다른 헤드라인은 도박 은유를 다음까지 확장한다.

Tips for card sharps(카드놀이 사기꾼을 위한 조언)

그리고 이 도박 은유는 더욱 확장되어, 타블로이드판 신문 판형 *Cash*에서부터 같은 날의 『디 옵저버』의 대형판형 *Business and Media* 부록에까지 확장된다. 이 부록에는 1쪽의 우측 모서리 상단에 *Cash*의 표지 삽화와 다음과 같은 표제의 축소 사본이 있다.

Great deal: Make your cards come up trumps(근사한 패 도르기: 으뜸패가 나오게 하다)

관련 기사는 많은 신용카드 회사들이 제한된 기간 동안 낮은 이자율과 실제로 0퍼센트에 제공하는 잔고 송금 거래를 기민하게 이용하여 신용카드 빚을 잘 처리해 나가는 한 사람의 능력에 초점을 둔다.

지금 은행이 사용하는 전략은 그들 고객을 실제 상품을 구입하는 고객으로 간주하는 것이다. 이것은 서면 방식으로는 물론이고 은행 직원과의 면대면 대화 같은 구두 상황에서 그런 전략을 찾을 수 있는 만큼 발생한다. 예컨대, 다음을 비교해 보라. 첫째는 **돈은 상품이다**라는 개념을 예증하

제7장 은유, 이데올로기, 사회적 문맥   161

는 Lloyds/TSB Platinum Account Pack에서 나온 것이다.

> Best rates of interest offered by Lloyds/TSB on this type of product(본 종류의 상품에 맞게 Lloyds/TSB가 제공하는 최고의 이자율)

두 번째는 다음이다.

> 'We value your custom highly … we know that you have availed yourselves of a number of **our products**'('우리는 고객을 높게 평가합니다. 우리는 당신이 **우리 제품**을 많이 이용했다는 것을 알고 있습니다')
> (은행 매니저와의 개인 대화, 2002년 11월)

여기서 흥미로운 것은 첫 번째 발췌문에서 언급하는 product가 당좌 대월 약정에 관한 것인 데 반해, 두 번째는 은행 대부 신청에 대한 논의를 언급하고 있다는 것이다. 어느 경우에서도 텍스트는 제조업체가 생산하는 물리적인 것을 언급하고 있지 않다.

재정 담화에서 또 다른 은유 표현은 locked in의 개념에 기초한다. 이것은 저당에 관한 것일 수 있다. 첫 번째 예는 첼턴햄 앤 글루체스터 건설 조합 광고에서 나온 것이다.

> No **lock-in** period(**고정화** 기간 없음)

두 번째 예는 또는 이자율을 줄이기 위한 잉글랜드 은행의 결정에 관한 BBC 보도이다.

> these interest rates have been **locked in**(이 이자율은 **고정화되었다**)
> (BBC Radio 4, PM at 5pm, 6 February 2003)

세 번째 예는 애비내셔널 건설조합이 역시 광고에서 사용한 lock in의 변이형이다.

> Great rates on Mortgages ... no extended **tie ins**(담보에 대한 최고의 이자율. 2차적인 **함께 끼워 파는 상품 없음**)

돈 은유에서 이용하는 또 다른 근원영역은 **불**이나 **열**의 개념을 수반한다. 물론 열은 강도를 의미한다. Kövecses(2002: 112-117)는 **불** 및 **열**의 개념과 **화** 및 **사랑** 같은 감정과의 관련성을 논의한다. 또한 앞장의 논의를 보라. 재정 세계에서, 정부나 대기업의 결정은 실질적으로 모든 사람들에게 영향을 미치는 상황을 창조할 수 있다. 이런 상황의 원인은 불이나 열의 원인이다(2002: 115). 따라서 다음은 앞서 인용한 같은 BBC 시사 프로그램에서 나온 것이다.

> Do you think this could **re-ignite** the housing market? ... There's been a blaze there anyway.(이것을 통해 주택 시장이 **다시 불붙을 것**으로 보십니까? 그러지 않아도 반짝하긴 했습니다.)

그래서 피면접자는 '이자율을 줄이는 것이 다시 불(*재점화*)을 초래하게 될 상황을 초래할 것인가?'라는 질문을 받는다. 그러나 우리는 집 가격의 상황이 이미 불(불길)을 초래했다는 것을 인터뷰에서 약간 뒤에서 듣는다.
  똑같은 주제에 대해 『데일리 메일』의 앨릭스 브루머 역시 다른 은유들 중에서 **열**의 개념을 사용한다.

> If the choice is a temporary reduction in savings's rates versus a Japanese or a German-style **meltdown**, then a **sacrifice** on rates must

be more palatable.(일시적인 금리 절감 대 일본이나 독일 스타일의 **대폭락** 사이에서 선택해야 한다면, 금리의 **희생**이 더욱 **입에 맞다**.)

(『데일리 메일』 2003년 2월 7일자)

meltdown(대폭락)은 물론이고, 무언가를 포기한다는 개념(sacrifice: 뉴스 보도에서 이 어휘항목을 기억해 보라), 즉 예금자에게 불리하게 영향을 미치는 금리 절감이라는 개념과 재정 안정을 유지한다는 관점으로부터 어떤 것이 식욕을 돋우고(*입에* 맞는) 따라서 더욱 마음에 드는 것의 개념 간의 대조에 주목해 보라.

브루머는 집 가격을 언급할 때 영국의 많은 지역에서 집 가격이 올라가고 있다고 논평한다. 이것은 다음에는 적용되지 않는다.

> overheated London and the South-East.(과열된 런던과 남동부)

또한 브루머의 기사에서, **좋음은 위이다**와 **나쁨은 아래이다** 간의 대조를 볼 수 있다. 다음이 그 예이다.

> It is not often during the past 15 months of interest rates that industrialists have had the opportunity to **throw their hats in the air**.(종종 지난 15개월 동안 이자율로 인해 생산업자들이 **크게 기뻐할** 기회를 갖지 못했다.)

그리고 영국 전경련의 디그비 존스를 인용하는 다음도 그 예이다.

> This should put some wind under the wings of industry(산업의 날개 아래에 바람을 불어야 한다)

164 은유 소개

마지막으로, 다음은 이라크와의 전쟁 바로 직전에 있었던 예이다.

It is too much to expect that a quarter point cut will be enough **to lift the market out of the doldrums**.(0.25 포인트 삭감이 **경기를 호전시키는** 데 충분할 것이라는 기대는 지나치다.)

이제 주제, 매체, 토대에 의하여 다음 네 가지 돈 은유를 해석해 보라.

a German style meltdown(독일 스타일의 대폭락)
overheated London and the South East(과열된 런던과 남동부)
to throw their hats in the air(크게 기뻐하다)
to lift the market out of the doldrums(경기를 호전시키다)

문법적 은유

우리는 지금까지 이 책에서 어휘적 은유에 초점을 두었다. 그러나 **문법적 은유**(grammatical metaphor)로 알려진 텍스트 현상이 있다. 문법적 은유 또는 명사화(Halliday 1994: 342-367)에서 보통 we study economics(우리는 경제학을 연구한다) 같은 문장으로 기술되는 행동은 the study of economics(경제학 연구) 같은 명사구로 제시된다. 가장 간단하게는, 동사로 자연스럽게 표현되는 활동이나 과정은 사물이 된다. 동사가 명사로 바뀐 것이다. 즉 동사는 명사화되었다. 영어는 특히 문어 형태와 더욱 격식적인 구어 형태에서 명사화를 꽤 많이 사용하는 것이 가능한 언어이다. 영어에는 상황과 사건을 다른 사람들에게 전달할 수 있는 여러 가지 방법이 있다. we study economics에서처럼 전형적이거나 '적합한' 방법이 있을 것이다. 은유적 방법도 있다. 이데올로기의 관점에서 볼 때, 명사화는 작가나 화자가 행위자를 언급하지 않도록 해준다. 앞에서 본 기본 예에서, we study economics를 the study of economics로 재형식화하게 되면 we를 언급하지 않을 수 있게 된다.

호주 언어학자 Jim Martin(1985: 43)은 불쾌한 것으로 평가될 수 있는 상황을 피하거나 적어도 감추기 위해 어떻게 텍스트에서 문법적 은유를 이용할 수 있는지를 증명했다. Martin은 같은 주제를 가진 두 텍스트를 인용한다. 한 텍스트는 캥거루를 도태하는 것은 잔인한 것이기 때문에 중지해야 한다고 주장한다. 다른 텍스트는 '도태 찬성' 텍스트이다. 후자 텍스트는 아기 바다표범의 경우에 도태가 현명하고 과학적인 일이라는 관점을 제기한다. 두 텍스트는 그들의 입장을 주장할 때 구분되는 스타일을 사용한다. '캥거루' 텍스트는 훨씬 더 감정적이고, 도태에 수반되는 능동적인 과정과 그 절차를 하는 행위자인 사람들에게 주의를 기울인다. 이 텍스트는 주장을 할 때 더욱 적합한 형태를 사용한다. 다른 한편, 바다표범 텍스트는 불유쾌한 이런 활동에서 주의를 딴 데로 돌린다. 바다표범 도살 압력 단체가 사용하는 한 가지 장치는 명사화이다. Martin이 주장하듯이, 이런 문법적 은유의 사용으로 상당히 적극적이고 잔인한 이 과정의 본질이 은폐된다. 따라서 the hunters clubbed the baby seals to deal(사냥꾼들이 아기 바다표범을 곤봉으로 때려 죽였다) 대신에 다음이 있다.

the seal hunt(바다표범 사냥)

또는 더욱 이데올로기적으로 보이는 다음이 있다.

the white coat harvest(흰 코트 수확)

그래서 위의 세 발췌문에서, 행위자('해롭다고 생각되는 동물을 죽이는 사람'/살인자)는 언급되지 않으며, 그들이 하는 행위(아기 바다표범을 곤봉으로 때려죽이는 행위)는 언어를 신중하게 선택함으로써 '은폐된다'.

완전히 다른 법의학 문체론 분야에서, Malcolm Coulthard의 연구는 경찰에게 한 진술에 들어 있는 논란이 되는 문장이 어떻게 명사화의 자질을 보여줄 수 있는지를 증명한다. 그는 '*과정* 표상의 예를 인용하는데, 이런 과정은 전형적으로 구어 영어에서 동사에 의해 *산물*로 보도되며, 이런 산물은 명사화에 의해 부호화된다'(원본에서 이탤릭체)(1995: 241). 다시 말해, 이것은 문어 담화를 더욱 대표하는 자질이다. Coulthard는 예증에서 피고가 했지만 그가 주장하기로 부분적으로만 근거가 있는 기록인 진술의 첫 번째 문장을 제공한다.

> I wish to make a further statement explaining my complete involvement in the hijacking of the Ford Escort van from John Smith on Tuesday 28 March 1981 on behalf of the A.B.C. which was later used in the murder of three person [*sic*] in Avon that night.(1981년 3월 28일 목요일에 A. B .C.를 대신해서 당일 밤 에이번 주에서 3명을 살인하는 데 사용된 존 스미스 씨의 포드 에스코드 밴을 강탈하는 데 내가 전적으로 가담한 사실을 설명하는 또 다른 진술을 하고 싶다.)
>
> (Coulthard 1995: 240-241)

피고는 자기 진술의 많은 부분이 경찰관에 의해 조작되었다고 주장했다. Coulthard는 위의 문장으로부터 네 가지 문법적 은유를 골라낸다.

make a statement(진술을 하다)
complete involvement(전적인 가담)
the hijacking(강탈)
the murder(살인)

Coulthard가 지적하듯이, '이것은 경찰의 주장대로 피고인이 말했던 것을 글자 그대로 기록한 것이 아니라고 주장하는 것이 가능했다.' 실제로, 경찰은 반문 신문을 받은 뒤에 '그 진술이 어쨌든 글자 그대로가 아닐 수도 있다는 것을 인정했다'. 그러나 그는 계속해서 피고가 모든 말을 했지만 '아마 그런 순서로 한 것은 아니라고' 주장한다. 또 다른 논의를 위해서는 Coulthard(1995: 241-242)를 보라.

요컨대, 어휘적 은유는 의미를 전달하는 특별한 방식에서 언어의 창조성을 제공할 수 있다. 더욱이, 어휘적 은유는 어떤 관점을 강경하게 제기하는 데 도움을 줄 수 있다. 어휘적 은유가 특정한 종류의 진리를 제시할 수 있다면, 문법적 은유는 진리나 '사실'을 모호하게 하거나 활동을 더욱 우호적인 관점으로 제시하도록 조직될 수 있다.

요약

우리는 이 장에서 은유와 사회 사이의 관계를 검토했고, 작가와 화자가 신념이나 관점을 뒷받침하기 위해 어떻게 은유를 사용하는지 검토했다.

우리는 정치적 전기에서 두 명의 고위 영국 정치가들 간의 관계를 기술하는 논픽션 서사의 부분으로서 은유를 어떻게 문체적으로 사용하는지 보았다. 매스컴에서, 우리는 주요한 영국 정치가의 사임과 그 사건에 관계된 참여자에 대한 보도에 초점을 두었다. 또한 스포츠 보도에서 사용한 은유를 논의하고, 은유가 반드시 문맥 특정적인 것은 아니고, 어휘항목이 신문·잡지 담화의 부분으로 범주화될 수 있다는 것을 예증했다. 즉, wound, scapegoat, sacrifice 같은 어휘항목은 뉴스와 스포츠 보도 둘 다에서 사용되었다.

우리는 광고에서 물건을 팔기 위해 설득력 있게 사용하는 은유를 고려했다. 또한 광고의 그림이나 '이미지'가 은유나 은유의 비언어적 또는 시각적 실현으로 간주될 수 있다는 것을 기억해야 한다. 비언어적 은유는 제9장에서 우리의 관심사이다.

우리는 돈과 관련해서 은행과 다른 기관이 어떻게 돈을 고객이 구입하는 상품으로 간주하는지 보았다. 우리는 **열과 불**의 개념 및 이런 개념이 돈 은유에서 실현되는 방법을 검토했으며, 또한 위/아래 긍정/부정 양극성의 예에 주목했다.

마지막으로, 두 언어학자가 문법적 은유를 어떻게 조사했고, 이런 현상이 불쾌함을 은폐하는 데 어떻게 사용될 수 있는지를 보여주었다.

이것이 일반적으로는 언어와 특별히는 은유가 관점을 평가하거나 제시하는 유일한 문맥은 아니다. 예컨대, 종교적 담화에서 은유는 주요한 역할을 할 수 있다. 예컨대, **교회는 가족이다**라는 개념과 'mother church(모교회)'와 'daughter church(자교회)' 같은 표현에 대해 생각해 보라. 또한 **종교는 성장하는 사물이다**라는 개념이 있다. 기독교 종교에는 'root', 'branch', 'stem' 같은 어휘항목을 사용하는 찬송가가 있으며, 그런 이미지는 또한 성경, 특히 구약성서에서도 발견할 수 있다. 제9장에서 보게 되듯이, 종교는 비언어적 은유를 효과적으로 이용하기도 한다.

더 읽을거리

Bolinger, D. (1980) *Language – the Loaded Weapon*, London: Longman. (어휘의 이데올로기 양상에 대한 일반적인 논의.)

Cameron, L. (2003) *Metaphor in Educational Discourse*, London and New York: Continuum. (교실과 교육 문맥에서 은유를 조사한다.)

Charteris-Black, J. (2004) *Politicians and Rhetoric: the Persuasive Power of Metaphor*, Basingstoke: Palgrave. (정치에서의 은유 사용을 조사한다.)

Cook, G. (1992) *The Discourse of Advertising*, London: Routledge.

Fairclough, N. (1989) *Language and Power*, London: Longman. (언어의 이데올로기에 대한 논의.)

Goatly, A. (1997) *The Language of Metaphors*, London: Routledge.

Kövecses, Z. (2002) *Metaphor: a Practical Introduction*, Oxford: Oxford University Press. (제1, 2장)

Lakoff, G. and Johnson, M. (1980; new edn 2003) *Metaphors we Live by*, Chicago: Chicago University Press. (은유가 어떻게 이데올로기적으로 사용되는지에 대한 논의. 예컨대 제21-23장.)

Martin, J. R. (1985) *Factual Writing: Exploring and Challenging Social Reality*, Victoria, Australia: Deakin University Press; republished (1989) Oxford: Oxford University Press. (문법적 은유에 대한 논의.)

Montgomery, M. (1995) *An Introduction to Language and Society*, 2nd edn, London: Routledge. (언어와 상황의 문맥에 대한 유용한 논의를 위한 제5, 6장.)

Vestergaard, T. and Schrøder, K. (1985) *The Language of Advertising*, Oxford: Blackwell.

문학 은유

우리들 대부분은 아마 소설, 드라마, 시 등과 같은 문학 텍스트에 대한 연구에서 은유를 처음으로 의식적으로 알게 되었을 것이다. 은유는 어떤 방식에서 '이상하게 만들어지거나' **전경화되어서(foreground)** 다른 일상 용법과 다르다. 물론 Kövecses(2002: 44)가 지적하듯이, 창조적인 작가는 매우 종종 그들 작품을 우리 모두가 매일매일 사용하는 것과 동일한 개념적 은유에 기초를 두기는 한다. 이런 사실에도 불구하고, 창조적 은유는 본질적으로 문학적 성분이다. 우리는 제1장에서 **은유**라는 용어가 몇 가지 다른 언어 현상에도 적용된다고 지적했고, 비자구적 언어의 몇 가지 다른 유형을 검토했다. 이 중에서 은유가 가장 유명한 형태이다. 이제 문학 텍스트의 작가들이 이용할 수 있는 창조적인 장치로 간주되는 가장 중요한 비자구적 언어를 고찰할 것이다. 이때 은유가 상당히 중의적이라는 것을 기억하는 것이 유용하다. 이장 뒷부분에서는 중의성을 검토할 것이다.

행간 읽기

이 책 전체에서 보았듯이, 은유에 대한 우리의 이해는 우리의 언어능력은 물론이고 문화적 민감도와 지면에서 낱말의 표면 구조 그 이상에 대한 지식에도 의존한다. 험프티 덤프티(Humpty Dumpty)가 낱말을 사용할 때, '그것은 그 이상도 아니고 그 이하도 아닌 내가 그것을 선택해서 의미하는 것만을 의미한다'(캐롤(Carroll)의 『거울 나라의 앨리스』(*Through the Looking Glass*) 1871/1970: 269를 보라)라고 주장하는 것도 매우 타당하긴 하지만, 의미 있는 의사소통이 발생하려면, *의미*는 언어 사용자들 사이에서 일반적으로 합의가 되어야 한다. 이것은 문학 텍스트를 해독할 때 가장 잘 적용된다. 다음과 같은 제인 오스틴(Jane Austen)에서 나온 짧은 발췌문을 고려해 보라.

> It is a truth universally acknowledged, that a single man in possession of a good fortune, must be in want of a wife.(독신남이 대단한 부를 거머쥐게 되면, 반드시 부인을 얻고 싶어 한다는 것은 보편적으로 인정되는 진리이다.)

이것은 영국 문학에서 가장 유명한 아이러니의 예 중 하나이며, 『오만과 편견』(*Pride and Prejudice*)(1813)의 시작 문장이다. **아이러니**(irony)는 많은 작가들이 사용하는 장치이고, 작가가 사용하는 낱말의 의미가 다르게 해석되고 보통 자구적 의미와 다른 방식으로 해석되도록 의도하는 상황을 독자에게 제공한다. 다시 말해, 표면 의미는 텍스트의 기초가 되는 의미와 반대된다.

이 예에서 아이러니는 이 문장이 이 소설 및 결혼이라는 소설의 주제에 대한 예비지식을 제공한다는 사실에 있다. 이 진술문의 진리는 전혀 보편적이지 않지만, 미혼의 젊은 딸을 가진 어머니들은 이 진술문을 사실로 받아들인다. 즉 부유한 젊은 남자의 외모는 어머니들이 딸의 남편감을 얻고자 그에 따라 행동하도록 하는 원인이 된다.

우리는 문학 영역에서 특별히 작가들이 어떻게 상징주의와 비유적 표현 그리고 언어유희와 아이러니 같은 장치를 사용하는지 볼 수 있다. 예컨대, 제7장에서 이미 언급한 『리처드 3세』(Richard Ⅲ)에서 나온 다음 발췌문을 고려해 보라.

> Now is the winter of our discontent
> Made glorious summer by this sun of York.
> (이제 우리 불만의 겨울은
> 요크의 아들에 의해 명예로운 여름으로 바뀌었다.)

오든(Auden)의 제목 없는 시에서 나온 또 다른 예에서, 죽음이나 손실의 강렬함은 다음과 같이 포착된다.

> He was my North, my South, my East and West,
> My working week and my Sunday rest,
> My noon, my midnight, my talk, my song . . .
> (그는 나의 북쪽이며, 나의 남쪽, 나의 동쪽과 서쪽이었고
> 나의 노동의 나날이었고 내 휴식의 일요일이었고,
> 나의 정오, 나의 한밤중, 나의 말, 나의 노래였습니다.)
>
> (Auden 1966: 92)

셰익스피어와 오든이 쓴 것은 글자 그대로 참이 아니긴 하지만, 두 발췌문 모두 은유적·감정적 의미의 관점에서는 타당하고 실재적이다. 이 두 예는 은유가 적어도 어떤 층위에서는 글자 그대로 참이 아니라는 사실을

예증한다. 이미 여러 번 이런 주장을 했지만, 이 장과 관련해서 반복할 만한 가치가 있다.

비유와 도식

우리는 이미 은유를 일반적으로 정의했고, 이제는 이 용어가 문학 텍스트에서 사용되는 방식과 관련하여 더욱 정확하게 고찰할 것이다. 반복하자면, 은유는 언어 사용자들이 낱말 의미에 관한 표준 규범으로 파악하는 것에서 일탈한 것을 말한다. 이런 자격을 가진 은유는 **비유어**(figurative language)의 부분으로서, 비유어는 또한 표준 어순에서 일탈된 것이기도 한다. 문학 이론에서, 수사학자들은 비유어에 대해 이야기할 때 종종 **비유**(trope)와 **도식**(scheme) 또는 **문채**(figure)(수사적 표현이나 수사적 비유)를 구분하려고 했다. 비유는 의미의 변화나 전환이고, 도식에서는 어순이 특별한 효과를 제공한다. 셰익스피어, 오든, 오스틴은 비유의 예를 제공했다. 아이러니는 비유이고, 직유, 환유, 상징주의, 의인화, 알레고리 역시 비유이다. 은유는 주요한 비유이다.

도식은 이 장의 초점은 아니지만, 간략하게나마 도식을 언급하는 것은 중요하다. 왜냐하면 많은 학자들에게 비유와 도식의 구분이 이제는 그다지 명확하지 않기 때문이다. 저라르드 맨리 홉킨즈(Gerard Manley Hopkins)의 가장 유명한 시의 첫 연은 도식의 예를 제공한다. 즉, 그것은 이 특별한 실례에서 첫 자음의 반복인 **두운**(alliteration)이다(이 많은 소리들은 또한 낱말 속에서 발생하기도 한다).

God's Grandeur

The world is charged with the grandeur of God.
It will flamed out, like shining from shook foil;

It gathers to a greatness, like the ooze of oil
Crushed. Why do men then now not reck his rod?
(신의 장엄함
세계는 하나님의 영광으로 가득 차 있네.
이것은 금박에서 나오는 빛과 같이 타오를 것이네;
이것은 스며 나오는 기름처럼 짓눌려져서 위대함을 모은다.
그럼 지금 왜 사람들은 그의 지팡이를 개의치 않는가?)

도식의 다른 예는 동일한 모음 소리의 반복인 **모음운**(assonance)이다.

Thou still unravished bride of quietness!
Thou foster-child of Silence and slow Time …
(너 더럽혀지지 않는 고요의 신부!
침묵과 완만한 시간의 수양아기 …)

이것은 키츠(Keats)의 'Ode on a Grecian Urn(그리스 항아리에 부치는 노래)'에서 나온 것이다. 이 발췌문은 또한 **돈호법**(apostrophe)의 예를 제공한다. 이것은 상상적이거나 없거나 심지어 죽은 누군가 또는 실제로 들을 수 없거나 추상인 무언가를 부르는 것에 관한 것이다. 예컨대, 예이츠(Yeats)의 'Reconciliation(화해)'의 첫 행을 고려해 보라.

Some may have blamed you that you took away
The verses that could move them on the day
When, the ears being deafened, the sight of the eyes blind
With lightning, you went from me, and I could find
Nothing to make a song about but kings,
Helmets, and swords, and half-forgotten things
That were like memories of you —

(당신을 책망한 사람들이 있었을지도 몰라요
그대가 내 곁을 떠나던 그날
내가 번개를 맞은 사람처럼 귀먹고 눈멀어
사람들의 마음을 감동시킬 시를 못 쓰게 된 것 때문에
단지 왕들과 투구와 칼들, 그리고 그대에 대한 추억 같이
어렴풋이 기억나는 것들 말고는
나는 노래할 소재를 도저히 찾을 길이 없었지요.

(Yeats 1950: 102)

듣는 사람은 여기에 없는 모드 곤(Maud Gonne)이다. 그녀는 예이츠 인생의 연인이었지만, 그의 사랑을 받아주지 않았다. 예이츠는 강의를 하기 전에 모드 곤이 존 맥브라이드와 결혼한다는 소식을 들었다. 예이츠는 그가 강의에서 어떤 말을 했는지 생각나지 않는다고 주장했다. 중요한 요지는 비유어가 문학 텍스트의 언어를 전경화할 수 있는 여러 가지 유형의 방법이 있다는 것이다.

문학에서의 환유

환유 역시 주요한 비유이다. 제1, 4장에서 보았듯이, 환유는 한 사물에 대한 자구적 용어를 또 다른 사물에 적용하는 것과 관련 있다. the Crown이 군주제를 대표하는 것처럼, 여기서 하나는 또 다른 것의 부분이거나, 그 둘 사이에 밀접한 관계가 있다. 유명한 언어학자 Roman Jakobson(1960)은 은유는 유사성에 기초한 서로 다른 두 실체 사이의 관계인 데 반해, 환유는 인접적 관계라고 말하면서 은유와 환유를 구분했다. 다시 말해, 환유는 자구적 의미의 하나 또는 그 이상의 자질을 이용하지만, Crown/monarchy 예에서처럼 자구적 의미의 부분은 남아 있다. 비평가 겸 소설가인 David Lodge 또한 그의 책 *The Modes of Modern Writing*(1977)에서 이런 구분

을 받아들인다. 제임스 셜리(James Shirley)의 'The Glories of Our Blood and State(우리의 피와 국가의 영광)'에서 나온 이 유명한 예에서 사용한 환유를 고려해 보라.

> Sceptre and Crown
> Must tumble down,
> And in the dust be equal made
> With the poor crooked scythe and spade.
> (제왕의 홀(笏)과 왕관은
> 떨어져야하고
> 그리고 죽어서는
> 가난한 꼬부라진 큰 낫 및 삽과 같아져야 한다.)

여기서 어떤 것이 환유이고, 그 환유는 무엇을 대표하는가?

문학 서사의 좋은 예는 디킨스(Dickens)에게서 나온다. 그는 『리틀 도리트』(*Little Dorrit*)에서 등장인물 중 한 명인 머들 부인을 the bosom(가슴)이라고 언급할 때 신체부위를 사용해서 그녀를 대표했다.

> **The bosom** moving in Society with the jewels displayed upon it, attracted general admiration.(그 위에 보석을 장식하고서 사회에서 움직이는 그 **가슴**은 일반인의 감탄을 자아냈다.)
> (Dickens 1857: 제21장)
>
> Mrs Merdle's first husband had been a colonel, under whose auspices **the bosom** had entered into competition with the snows of North America, and had come off at little disadvantage in point of whiteness, and at none in point of coldness.(머들 부인의 첫 남편은 대령이었으며, 그의 후원을 받고서, 그 **가슴**은 북아메리카의 눈과 경쟁에 들어갔고, 흰색에

관해서는 불리하고, 차가움에 관해서는 아무것도 없이 경쟁을 그만두었다.)

(Dickens 1857: 제21장)

위의 발췌문에서 아이러니에 대한 어떤 암시가 있는가?

어떤 사람들은 이런 머들 부인 예를 제유로 분류할 것이다. 그러나 제4장에서 지적했듯이, 환유와 제유를 구분하는 것은 문제가 있을 수 있기 때문에, 우리는 계속 두 현상 모두를 환유로 부를 것이다.

은유로서의 의인화

은유와 환유라는 주요한 비유와 함께, **의인화(personification)**도 포함할 수 있다. 제1장에서 지적했듯이, 의인화는 은유적 전이와 의인관에 관해서 볼 수 있다. 따라서 의인화는 인간의 특성을 무생물에 할당하는 것이다. 사람이 돌로 변하고, 나무가 걷고, 강이 이야기를 하는 신화와 동화의 장치를 비교해 보라. 예컨대, 다음은 오스카 와일드(Oscar Wilde)의 유명한 동화 『행복한 왕자』(*The Happy Prince*)(1888)에서 나온 것이다.

> Wherever he went the Sparrows chirruped, and **said to each other**, 'what a distinguished stranger!'(그가 가는 곳마다 참새들이 지저귀며 **서로에게** '어쩌면 저렇게 출중한 낯선 사람일까!'라고 **이야기했다**.)

참새는 제비에 대해 *이야기하고* 있다. 제비 역시 말을 할 수 있는 이야기의 주인공이다. 참새는 겨울 때문에 이주한 친구 제비를 가리키면서 'I am waited for in Egypt(너는 나를 이집트에서 기다린다)'라고 말한다. 물론 다른 주인공은 왕자이다. 그는 조각상이고 무생물이지만 제비처럼 말을 할 수 있다.

'Dear little Swallow,' **said the Prince**, 'you **tell me** of marvellous things, but more marvellous than anything is the suffering of men and of women. There is no Mystery so great as Misery. Fly over my city, little Swallow, and **tell me** what you see there.'
('작은 참새야.' 왕자가 말했다. '너는 **나한테** 멋진 이야기를 **들려주지**. 하지만 세상 사람들이 고통 받는 것만큼 대단한 이야기는 없어. 비참한 것만큼 신비로운 것도 없지. 작은 참새야, 내가 사는 도시 위를 날아서 무엇을 보았는지 **내게 알려주렴**.')

이제 톨킨(Tolkien)의 『두 개의 탑』(The Two Towers)에서 나온 다음 발췌문을 고려해서 진하게 표시한 요소의 은유적 취지를 설명해 보라.

Treebeard strode up the slope, hardly slackening his pace. Suddenly before them the hobbits saw a wide opening. **Two great trees stood there, one on either side, like living gate posts**; but there was no gate save their crossing and interwoven boughs. As the old Ent approached **the trees lifted up their branches and all their leaves quivered and rustled**.
(트리비드는 거의 속도를 줄이지 않으며 비탈길을 성큼성큼 올라갔다. 갑자기 호빗들은 그들 앞에 펼쳐진 넓은 통로를 보게 되었다. **양쪽에 하나씩 큰 나무 두 그루가 마치 살아있는 문기둥처럼 서 있었다**. 그러나 교차되고 뒤섞인 나무 가지들을 보호할 문은 없었다. 늙은 앤트가 가까이 다가가는 순간 **나무들은 그들의 가지를 들어 올려 길을 만들어 주었고 가지에 달린 잎들은 떨며 바스락거렸다**.)

(Tolkien 1954/1993: 85)

의인화는 항상 특히 서정시에서 문학적 장치로 널리 사용되었다. 아래에서 워즈워스(Wordsworth)의 의인화된 수선화는 진부한 표현이 될 정도로 가장 유명한 예가 된다.

Ten thousand saw I at a glance
Tossing their heads in sprightly dance
(꽃잎을 날리며 경쾌히 춤추는
천만 개도 넘는 수선화를 나는 한 눈에 보았다오)

작가가 추상적 실체나 무생물 실체를 부르는 경우에 독자가 그 실체에 인간의 생명이 부여된다고 가정할 수 있다는 점에서, 돈호법(앞을 보라) 역시 암암리에 의인화와 관련될 수 있다. 키츠는 앞서 언급한 'Ode on a Grecian Urn(그리스 항아리에 부치는 노래)'에서 이렇게 한다. 윌프레드 오언(Wilfred Owen)도 시 'Elegy in April and September(4월과 9월의 애가)'에서 이렇게 한다. 그 또한 수선화를 부른다.

Be still, daffodil!
And **wave me** not so bravely.
Your gay gold daunts me and deceives,
Who follow gleams more golden and more slim.
(**조용 하여라, 수선화여!**
그렇게 용감하게 나를 **흔들지** 말라.
너의 화려한 황금색은 나의 기세를 꺾고 나를 현혹시킨다,
너는 더욱 황금색이고 더욱 가냘픈 어렴풋한 빛을 따른다.)
(Owen 1963: 142)

은유, 중의성, 문학

머큐시오(Mercutio)가 치명상을 입은 후에 다음과 같이 말할 때처럼, 우리는 앞서 중의성이 은유와 관련 있다고 지적했다.

Ask for me tomorrow, and you shall find me a **grave** man(내일 저를 찾아오세요. **진지한** 한 남자를 발견하게 될 겁니다.)

(*Romeo and Juliet*, Act 3 scene 1)

머큐시오의 발화는 문학 텍스트에서 은유를 구성하는 많은 창조적 장치 중 하나를 예증한다. 많은 용어들은 상당히 전문적이지만, 더욱 일반적으로 알려진 용어들도 머큐시오의 발화에 들어갈 것인데, 우리는 그의 발화를 **언어유희(pun)**의 예로 인식할 것이다. 셰익스피어는 코믹한 효과와 심각한 효과를 위해 언어유희를 많이 이용했다. 언어유희에서 작가는 소리는 동일하거나 매우 유사하지만 의미는 다른 낱말을 효과적으로 이용한다. 다음 발췌문이 예증하듯이, 루이스 캐롤(Lewis Carroll)은 이런 유형의 중의성을 상당히 강조했다. 중의성이 어떻게 등장인물의 말에 존재하는지에 주목해 보라. 이런 경우에 한 낱말은 아주 다른 것을 대표할 수 있다.

'Mine is a long and sad **tale**!' said Mouse ...
  'It is a long **tail**, certainly,' said Alice, looking down with wonder at the Mouse's tail; 'but why do you call it sad?'
('내 이야기는 길고도 슬픈 이야기야!'라고 쥐가 말했다.
  '확실히 꼬리가 길긴 하네.' 앨리스는 쥐의 꼬리를 이상하다는 듯 내려다 보면서 말했다. '하지만 꼬리가 왜 슬프다는 건데?')

(Carroll 1865/1970: 50)

'That's the reason they're called **lessons**', the Gryphon remarked: 'because they **lessen** from day to day.'('수업 일수가 매일 줄어드니까 수가 없어진다고 해서 수업이라고 부르는 거잖아.' 그리펀이 대꾸했다.)

(Carroll 1865/1970: 130)

이 두 발췌문은 『이상한 나라의 앨리스』(*Alice's Adventures in Wonderland*)에서 나온 것이고, 다음의 세 번째 발췌문은 『거울 나라의 앨리스』(*Through the Looking Glass*)에서 나온 것이다.

'How is bread made?'
　'I know *that*!' Alice cried eagerly. 'You take some flour —'
　'Where do you pick the flower?' the White Queen asked. 'In a garden or in the hedges?'
'Well, it isn't *picked* at all.' Alice explained: 'it's *ground* —'
'How many acres of ground?'
('빵은 어떻게 만들지?'
　'그건 제가 알아요!' 앨리스가 열띤 목소리로 외쳤다. '먼저 밀가루를 조금 —'
　'어디서 꽃을 따지?' 하얀 여왕이 물었다. '정원에서? 아니면 울타리에서?'
'어머나, 그건 따는 게 아니에요. 그건 밀을 갈아서 —' 앨리스가 설명했다.
'얼마나 넓은 땅에서?')

(Carroll 1871/1970: 322)

이 발췌문에서 flour/flower 간의 중의성과 ground의 두 의미 때문에 대화는 방향을 잃게 된다.

캐롤은 언어유희를 특별히 좋아한다. 이런 편애는 그가 언어의 본질에 열중한다는 것을 반영하는 것은 물론이고 다른 목적도 수행한다. 캐롤은 그의 '앨리스' 서사를 사용해서 빅토리아 시대의 방앗간을 풍자한다(우리의 은유의 시용에 주목해 보라!). 네쨋내, 나음은 『이상한 나라의 앨리스』의 제2장의 에피소드에서 따온 것이다. 여기서 앨리스와 생쥐는 눈물 웅덩이에 빠졌다. 여기서 캐롤은 빅토리아 시대의 교육 관행에 대한 비난을 강화하기 위해 '물기 없는'과 '무미건조한' 같은 dry의 의미를 이용한다.

제8장 문학 은유   **183**

> The first question of course was, how to get **dry** again: they had a consultation about this …
>
>   At last the Mouse, who seemed to be a person of some authority among them, called out 'Sit down, all of you, and listen to me! I'll soon make you **dry** enough!' …
>
>   'Ahem!' said the Mouse with an important air. 'Are you all ready? This is the **driest** thing I know. Silence all round, if you please! "William the Conqueror, whose cause was favoured by the pope, was soon submitted to by the English, who wanted leaders, and had been of late much accustomed to usurpation and conquest. Edwin and Morcar, the earls of Mercia and Northumbria —"'
> (가장 시급한 문제는 어떻게 몸을 **말리느냐** 하는 거였다. 모두를 문제를 해결하기 위해 진지하게 의견을 나누었다.
>   마침내 그중에서 권위가 있어 보이는 쥐가 큰 소리로 외쳤다. '다들 안아서 내 말을 들어봐요! 내가 곧 여러분의 몸을 **말려주겠어요!**'
>   '에헴' 드디어 쥐가 거들먹거리며 말문을 열었다. '다들 준비됐나요? 이건 내가 아는 가장 **무미건조한** 이야기입니다. 모두 조용히 하세요! "정복자 윌리엄은 로마 교황의 후원 아래 최근 숱한 왕위 찬탈과 정복을 겪으며 지도자를 원하고 있던 영국을 쉽게 손아귀에 넣었습니다. 머시아와 노섬브리아의 백작 에드윈과 모르카는 …"'
>
> (Carroll 1871/1970: 45-46)

그리고 이렇게 계속 진행된다. 생쥐는 리델 어린이들이 실제로 사용한 역사책에서 나온 단락을 인용함으로써 집회를 *바싹 말리고자* 하고 있다 (Gardner 1970: 46, 각주 1번을 보라). 앨리스 리델은 옥스퍼드대 학장의 딸이고, 『이상한 나라의 앨리스』와 『거울 나라의 앨리스』 둘 다에서 앨리스의 모델이었다. 그러나 무미건조한 교육 연설은 어느 의미에서나 '실재' 세계에서 바라는 효과를 거두지 않는다. 앨리스는 it doesn't seem to dry me at all(그것은 전혀 나를 건조하게 만드는 것 같지 않다)이라고 불평하고(1865/1970: 47), 생쥐 연설의 완전한 단조로움은 빅토리아 시대의 교육에 대한 캐롤의 견해를 반영한다.

루이스 캐롤은 또한 『거울 나라의 앨리스』에서 **혼성어(portmanteau words)**로 다중 의미를 이용했다.

> 'Twas brillig and the slithy toves
> Did gyre and gimble in the wabe:
> All mimsy were the borogoves,
> And the mome raths outgrabe.
> (저녁 무렵, 나긋하고 미끈한 토브들은
> 언덕에서 뱅뱅 돌면서 구멍을 뚫고 있었네:
> 보로고보들은 너무나 비참했고,
> 집 떠난 쑥색 돼지들은 꽥꽥거렸지.)
>
> (Carroll 1871/1970: 191)

험프티 덤프티는 앨리스를 위해 이 시를 해석하려고 한다.

> '"*Brillig*" means four o'clock in the afternoon — the time when you begin *broiling* things for dinner.'
> 'That'll do very well,' Said Alice: 'and "*slithy*"?'
> 'Well, "*slithy*" means "lithe and slimy" ... You see it's like portmanteau — there are two meanings packed up into one word.'
> ('"brillig"은 서녁 식사를 위해 음식을 끓이기 시작하는 시간인 오후 4시를 의미한다.'
> '그것은 매우 충분할 것 같다'라고 앨리스가 말했다. '그러면 "slithy"?'
> '글쎄, "slithy"는 "유연하고 활달한"을 의미한다 … 너는 이것은 혼성어 같다는 것을 보게 된다 — 두 의미가 한 낱말에 꽉 차여 있지.')
>
> (Carroll 1871/1970: 270-271)

물론 제임스 조이스(James Joyce)는 『이상한 나라의 앨리스』 같이 꿈 경험인 『피네간의 경야』(*Finnegans Wake*)에서 캐롤의 기술을 완벽하게 발전시켰다. 예컨대, 조이스는 'yung and easily freudened'한 소녀들을 언급한다(1939/1964: 115). 여기서 young과 Jung이 혼성되고 frightened와 Freud가 혼성되었다.

상징주의와 알레고리

우리는 이미 이 책에서 은유가 상징의 형태라고 말했으며, 확실히 이 장에서 이야기한 모든 은유의 용법은 상징으로 간주될 수 있다. **상징주의(symbolism)** 자체는 문학에서 중요한 역할을 한다. 우리는 제1장에서 어떻게 상징이 우리 문화에서 대중적일 수 있고 다른 매체에서 존재할 수 있는지에 대해 언급했다. 작가들이 문학에서 사용하는 상징은 때때로 사적이거나 개인적이며, 이것은 작가가 실제로 의미하는 바를 독자가 해석할 때 문제를 제기할 수 있다. 코울리지(Coleridge)의 'Rime of the Ancient Mariner(노수부의 노래)'는 주요한 상징주의 작품을 대표하고, 20세기 초 예이츠(Yeats)의 작품은 많은 시인의 개인적인 철학을 구체화하는 탑과 달의 위상을 포함해 많은 상징을 이용했다.

아동 작가는 종종 그들 이야기에 상징을 사용했다. 가장 유명한 것은 부엌에 대한 상징으로서, 부엌은 안전과 우애를 대표한다. 이것은 케네스 그레이엄(Kenneth Grahame)의 『버드나무에 부는 바람』(*The Wind in the Willows*)에서 뱃저의 부엌에 대한 다음의 묘사에서 볼 수 있다.

> The ruddy brick floor smiled up at the smoky ceiling; the oaken settles, shiny with long wear, exchanged cheerful glances with each other; plates on the dresser grinned at pots on the shelf. and the merry

firelight flickered and played over everything without distinction. (붉은 벽돌 마루는 연기 자욱한 천장을 향해 미소를 지었다. 오랫동안 닳아서 윤이 나는 떡갈나무로 만든 가구들은 서로에게 즐거운 표정을 지었다. 조리대에 있던 접시들은 찬장에 있던 냄비들을 향해 씩 웃었고, 행복한 난롯불은 깜박거리며 이것저것 가리지 않고 주위의 모든 것과 노닥거렸다.)

(Grahame 1908/1951: 44)

흥미롭게도, Carpenter(1985: 163)가 지적하듯이, 조지 맥도널드(George MacDonald)의 『공주님과 난쟁이』(*The Princess and Curdie*)에서 따온 다음 발췌문에서 그가 도덕적 부패를 상징하는 부엌을 보여줄 때처럼 부엌 상징은 반대로 사용될 수도 있다.

Everywhere was filth and disorder. Mangy turnspit dogs were lying about, and grey rats were gnawing at refuse in the sinks . . . [Curdie] longed for one glimpse of his mother's poor little kitchen, so clean and bright and airy.(모든 곳은 더러웠고 무질서했다. 옴이 걸린 턴스피트 종의 개들은 이리저리 누워있었고, 회색 쥐들은 부엌 수채의 찌꺼기를 갉아먹고 있었다. [커디는] 너무나 깨끗하고 반짝이며 우아한 어머니의 작고 허름한 부엌을 한 번 더 보기를 간절히 원했다.)

(MacDonald 1883/1990: 317)

물론, 프란시스 호드슨 버넷(Frances Hodgson Burnett)의 『비밀의 화원』(*The Secret Garden*), 필리파 피어스(Philippa Pearce)의 『한밤중 톰의 정원에서』(*Tom's Midnight Garden*), 중세 문학을 포함해 많은 다른 문학 작품을 생각한다면, 정원 역시 상징일 수 있다.

알레고리는 은유적 표상을 나타내며, 알레고리 의미의 도덕적 취지에 대해서는 제1장에서 언급했다. 예컨대, 존 버니언(John Bunyan)의 『천로역정』(The Pilgrim's Progress)은 도덕적·종교적 알레고리이다. 조나단 스위프트(Sonathan Swift) 같은 다른 작가들은 조지 오웰(George Orwell)처럼 풍자하기 위해 알레고리를 사용한다. 조지 오웰의 작품에서 은폐된 의미는 도덕적이거나 종교적이라기보다는 정치적이고 사회적이다. 루이스(C. S. Lewis)는 아동용 기독교 이야기를 다른 형식으로 말할 때 알레고리를 사용한다. 예컨대, 『사자와 마녀와 옷장』(The Lion, the Witch and the Wardrobe)은 그리스도의 열정과 부활에 관한 이야기에 많이 의존한다.

> 'Oh, it's too bad' sobbed Lucy, 'they might have left the body alone.'
> 'Who's done it?' cried Susan. 'What does it mean? Is it magic?'
> 'Yes' said a great voice behind their backs. 'It is more magic.' They looked round. There, shining in the sunrise, larger than they had seen him before, shaking his mane (for it had apparently grown again) stood Aslan himself.
> 'Oh, Aslan!' cried both the children, staring up at him, almost as much frightened as they were glad.
> 'Aren't you dead then, dear Aslan?' said Lucy.
> 'Not now,' said Aslan.
> ('아, 가여워라.' 루시가 울먹이며 말했다. '그들이 몸을 혼자 놔두었을 거야.'
> '누가 그것을 했지?' 수잔이 울며 말했다. '이게 뭐지? 마법인가?'
> '그렇다네.' 그들 뒤에서 위엄 있는 목소리가 들렸다. '그건 마법 그 이상이지.' 그들은 둘러보았다. 그들 뒤에는 아스란 스스로가 아침놀에서 빛나고 전보다 더욱 커진 몸으로 (분명 다시 자란) 갈기를 휘날리며 서 있었다.
> '아스란!' 두 아이는 기쁨만큼이나 두려워하며 그를 쳐다보며 외쳤다.
> 루시가 물었다. '아스란, 너 죽은 것이 아니었니?'
> '이제는 아니야.' 아스란이 대답했다.)
>
> (Lewis 1950/1988: 147)

따라서 전체 이야기는 은유를 중심으로 구조화되는 것처럼 간주될 수 있다. 실제로, Kövecses(2002: 65)가 지적하듯이, 문학의 완전한 하위 장르는 **인생은 여행이다**라는 은유에 의해서 볼 수 있다. 그는 버니언의 『천로역정』을 그런 한 가지 하위 장르에서 나온 좋은 예로 인용한다. 또한 고전 서사시 『오디세이』(*Odyssey*)와 『아이네아드』(*Aneid*)를 비교해 보라. 이런 작품은 아서왕 문학이나 초서(Chaucer)의 『켄터베리 이야기』(*The Canterbury Tales*) 같은 귀환하는 전사의 모험, 원정과 순례여행의 중세 이야기를 전한다. 아동 문학, 19세기와 20세기 초의 고전 모험 이야기에서, 서사는 보통 아프리카나 인디아로 떠나는 당당한 여행길에 오른 청년인 영국 남성 영웅의 행로를 따른다. 여기서 **인생은 여행이다**라는 은유는 영웅의 전체 삶에 관여하지 않는다. 오히려, 그것은 그가 다양한 위험과 유혹에 노출됨으로써 자신을 입증해야 하는 인생의 부분에 관여한다. 그는 궁극적으로 이런 위험과 유혹을 극복하고, 나이가 들고 현명한 남자로 다시 고향으로 돌아온다. 그의 물리적 여행은 완전한 성인으로 '여행할(travel)' 때 발전하는 성숙함의 여행과 일치한다.

작가, 독자, 은유

많은 작가들은 비유어나 은유를 통해 명제를 구성하고, 독자들은 전달되는 의미에 대해 결정을 해야 한다. 그렇게 하면서 작가는 또한 독자와의 관계를 확립하고 있다. 문학에서 은유에 대한 중요한 요지는 은유가 독자도 하여금 생각하도록 만들 수 있다는 것이다. 작가는 정확히 무엇을 말하고 싶은 건가? 모든 작가는 이야기를 구성할 때 독자의 이미지를 마음속에 둔다는 것을 기억해 보라. 그래서 우리는 이런 이미지를 암시된 독자(implied reader)라고 부를 수 있다. 동시에, 독자는 텍스트를 해체할 때 작가의 유형에 대한 이미지를 가진다. 암시된 작가와 암시된 독자라는 개념은 작가와 독자의 관계를 이해하는 데 도움을 주기 때문에 유용한 개념이다. 이런 관계를 이해할 수 있는 한 가지 방법은, 텍스트 창조 시 사용하는 비유어의 장치들을 인식할 수 있는 우리의 능력을 개발하는 것이다. 이런 장치들을 인식하게 되면, 이런 장치들이 텍스트의 의미 구성에 어떻게 기여하는지 알 수 있게 된다.

니나 보덴(Nina Bawden)의 『캐리의 전쟁』(*Carrie's War*)이라는 아동 도서에서 나온 다음 발췌문을 고려해 보자.

> But Miss Evans looked nice; a little like **a red squirrel** Carrie had once seen, **peering round a tree in a park.**(그러나 에반스 양은 착해보였다. Carrie가 언젠가 한 번 본 **공원에서 나무 주위를 빙글빙글 도는 붉은 다람쥐**와 약간 닮았다.)
>
> (Bawden 1973: 21)

> But Mr Evans didn't fly into the rage she'd expected. He simply looked startled—**as if a worm had just lifted its head and answered him back**, Carrie thought.(그러나 에반스 씨는 그녀가 예상했던 것처럼 분노하지 않았다. 그는 단순히 놀라보였다-캐리 생각에 **마치 벌레 한 마리가 고개를 들어 그에게 말대꾸한 것 같았다**.)
>
> (Bawden 1973: 28)

> Her voice was pitched soft and low. **Her spell-binding voice.** Carrie thought ... She was holding a candle and **her eyes shone in its light** and **her gleaming hair fell like silk on her shoulders.** A beautiful witch, Carrie thought.(그녀의 목소리는 부드럽고 낮았다. **그녀의 주문을 거는 목소리.** 캐리는 생각했다. 그녀는 초를 들고 있었고, **그녀의 눈은 그 빛을 받아 빛났으며, 그녀의 윤기 나는 머리카락은 비단처럼 어깨에 내려앉았다.**

아름다운 마녀라고 캐리는 생각했다.)

(Bawden 1973: 65)

She looked at Mrs Gotobed's **claw-like, ringed fingers** hold her delicate cup and thought of Auntie Lou's little red hands that were always in water, washing dishes or scrubbing floors or peeling potatoes.(그녀는 고투베드 부인의 **동물 발톱 같은 고리 모양의 손가락**이 그녀의 우아한 잔을 들고 있는 것을 보면서, 설거지하거나 바닥을 솔로 문지르거나 감자껍질을 벗기면서 항상 물에 담그고 있었던 Auntie Lou의 작고 붉은 손을 생각했다.)

(Bawden 1973: 71)

He was **like a bear**, Carrie thought: A friendly, silly, strong bear.(그는 마치 **곰과 흡사하다**고 캐리는 생각했다. 매우 친절하고 웃기며 힘센 곰.)

(Bawden 1973: 90)

이 책은 세계 2차 대전 동안 웨일스 마을로 피난 간 캐리와 그의 동생 닉에 대한 이야기이다. 그들은 가게 주인, 고집불통이고 마음이 상한 에반스 씨와 그의 겁먹은 여동생과 함께 숙박했다. 에반스 씨는 그의 누이인 고투베드 부인과 사이가 좋지 않다. 그의 누이는 근처의 농가인 Druid's Bottom에서 가정부 헤지바 그린과 함께 산다. 이 이야기는 캐리와 다른 등장인물들 사이의 관계, 에반스 가족의 황폐함과 Druid's Bottom에 있는 헤지바네 부엌의 따뜻함과 안정성 간의 대조를 중심으로 전개된다.

이 발췌문들은 **직유**(simile)라는 또 다른 유형의 비유를 예증한다. 이 비유어의 용법은 작가가 아동 독자들과 관계를 확립할 때 작가의 목소를 강화해 준다. 물론 직유는 매우 다르지만 명시적인 두 실체 간의 비교에 의존하고, 이미 말했듯이, like, as, compare, resemble 같은 어휘항목으로 표시된다.

제8장 문학 은유   191

　이 발췌문들은 보덴이 이야기를 전개해 나가면서 어떻게 비유어를 사용하는지를 예증한다. 이런 발췌문은 캐리가 첫 면식이나 그들 관계상 매우 일찍이 많은 어른 등장인물들과의 만남에 대한 반응을 기록하는 이야기의 에피소드로부터 나온 것이다. 그들 각자는 평가를 받고, 작가는 독자가 캐리의 관점에서 보도록 유도한다. 어떤 의미에서 니나 보덴은 캐리의 '눈'을 우리에게 제공한다. 캐리는 근심이 많으며, 이 상태를 전하는 주요한 한 가지 전략은 앞서 인용한 네 가지 예에서 직유와 동물 비유적 표현을 사용하는 것이다. 각각의 예에서, 다른 등장인물들의 특별한 특징은 긍정적이거나 부정적인 의미로 독자에게 제시된다. 위의 다른 직유들의 매체를 고려해 보라.

　　　a red squirrel(붉은 다람쥐)
　　　a worm(벌레)
　　　claw-like ringed fingers(동물 발톱 같은 고리 모양의 손가락)
　　　a friendly, silly, strong bear(매우 친절하고 웃기며 힘센 곰)

이것은 정확히 지각력이 있고 감수성이 강한 한 아이가 종종 다소 기능장애가 있고 그 아이의 가족과 친숙한 세계를 대신한 어른들에 대한 자신의 인상을 기록하기 위해 사용하는 언어이다. 보덴은 그런 전략을 통해 아동 독자에게 의미를 전달한다.
　이와 대조적으로, 세 번째 예에서 기록된 헤지바에 대한 캐리의 첫인상을 고려해 보라. 첫째, 우리는 헤지바의 목소리가 부드럽고 낮다고(*soft and low*) 들었다. 그것은 주문을 거는 목소리(*spell-binding voice*)이다. 그녀의 눈은 그 빛을 받아 빛났다(*her eyes shone in its light*). 직유로서 그녀의 윤기 나는 머리카락은 비단처럼 어깨 위에 내려앉았다(*her gleaming hair fell like silk on her shoulders*). 마지막으로 (그녀는) 아름다운 마녀

*(a beautiful witch)*이다. 여기에 동물 비유적 표현은 없다. 오히려 처음에 her spell-binding voice(그녀의 주문을 거는 목소리)로 도입된 마녀 은유가 있다. 이것은 다정한 (그리고 아름다운) 마녀이다. her eyes shone in its light(그녀의 눈은 그 빛을 받아 빛났다)에서 또 다른 긍정적인 평가가 있다. 마치 헤지바의 목소리와 눈과 머리카락은 거의 그 자체의 행위자인 듯하다. 그것들은 '무언가를 행한다'. 에반스 양의 *작고 붉은 손(little red hands)*과의 대조에 주목해 보라. 이것 또한 행위자로 다루어지는데, 왜냐하면 그녀의 손은 설거지하거나 바닥을 솔로 문지르거나 감자껍질을 벗기면서 항상 물에 담그고 있었기(*were always in water, washing dishes or scrubbing floors or peeling potatoes*) 때문이다. 이와 유사하게, 고투베드 부인의 동물 발톱 같은 고리 모양의 손가락은 *우아한 컵을 쥐고 있는 것(holding her delicate cup)*으로 표상된다. 인간 주체가 손을 통제한다는 것은 중요한 것이 아니다. 헤지바의 목소리, 눈, 머리카락처럼, 에반스 양과 고투베드 부인의 손가락에는 의지가 있다. 이런 구문은 무생물이나 추상적 사물이 사람처럼 행동하는 것, 즉 의인화와 유사하다.

조잡한 문학작품, 역사로망소설, 탐정소설

고전 문학이나 '심각한' 소설과 시만이 은유를 이용하는 것이 아니라, 대중소설 역시 은유를 이용한다. 어떤 장르에서, 보통 많은 대중소설이 창조적 은유가 아닌 상투적 문구를 초래한다는 점에서 그러하다. 우리는 제3장에서 Lakoff & Johnson이 어떻게 사랑과 감정 및 정신적 현상에 대한 은유를 식별하는지 보았다. Héloïse McGuinness(1998)는 연애 대중소설에서 나온 데이터의 말뭉치를 구성하고, 다음에서처럼 신체부위나 감정이 어떻게 이야기의 행동에 대한 초점으로 차용되는지를 예증했다.

His eyes searched her angry green gaze.(그의 눈은 그녀의 화난 질투의 시선을 찾았다.)
Her green eyes flared(그녀의 질투의 눈은 번쩍번쩍 빛났다.)

이제 신체부위에 어떻게 의지가 할당되는지에 주목해 보라. 아래에 McGuinness의 데이터에서 나온 다른 몇 가지 예가 있다.

Her eyes stabbed him with daggers of pain.(그녀의 눈은 고통의 단도로 그를 찔렀다.)
She shot him with a chilling, black-eyed blast.(그녀는 냉담하고 눈 언저리에 멍이 든 돌풍으로 그를 쏘았다.)
Her gaze slid over his shoulder and up.(그녀의 시선은 그의 어깨와 그 너머로 미끄러져 갔다.)
She tore her gaze from him.(그녀는 그로부터 시선을 찢었다.)
A suspicion wormed into Sarah's mind.(의심이 사라의 마음속으로 몰래 들어갔다.)

suspicion(의심)과 gaze(시선)는 둘 다 의인화되며, Carter & Nash(1990: 107)는 여주인공이 스스로 행동하는 것이 아니라 영향을 받기 때문에, McGuinness의 데이터에서 나온 문장이 '의지의 신화(myth of agency)'를 예증한다고 주장한다. 그들은 또한 '은유적 중요성(metaphoric vitality)'을 지적하는데, 위의 stabbed(찔렀다)와 wormed(몰래 나아갔다)에서처럼 대중소설 작가들은 동사를 이런 은유적 중요성으로 채우고, 그렇게 해서 이런 유형의 산문에 그렇게 많이 널리 퍼져 있는 상투적 문구를 강화한다. 두 번째 예에서, **명사화(nominalization)**나 (제7장에서 논의한) **문법적 은유(grammatical metaphor)**의 사용에 주목해 보라. 여기에서 'her black eyes shot him with a chilling blast' 같은 구조가 아니라 동사＋명사구에 들어 있는 인간의 의지와 은유가 있다.

 탐정소설과 추리소설 역시 줄거리를 구조화할 때 은유적 장치를 사용한다. 이언 랭킨(Ian Rankin)은 영국의 최고 추리소설 작가 중 한 명으로서, 천연스러운 유머와 현실 감각의 특징을 가진 이야기에서 리버스 형사를 주인공으로 등장시킨다. *Beggars Banquet*에서 나온 다음 발췌문은 랭킨의 스타일을 대표한다.

> Not that he would take one (a holiday): **the loneliness could be a cage as well as a release**. But he would never, he hoped, be **as caged as these people around him**. He looked for a Grebe Tours badge on any passing lapel or chest, but saw none. The Edinburgh Castle gatekeepers had been **eagle-eyed** alright, or one of them had ...(그가 하루를 쉬겠다는 것은 아니었다. **외로움은 해방뿐만 아니라 새장일 수도 있다**. 그는 절대로 **주위사람들처럼 갇히길** 원치 않았다. 그는 지나가는 사람들의 양복 옷깃이나 상의 주머니에 Grebe Tours 배지가 달려있는지 찾아보았으나, 어느 누구도 착용하고 있지 않았다. 에든버러 성 문지기들은 분명 **눈이 예리하였다**. 아니면 그들 중 한 명이 …)
>
> (Ramkin 2003: 195)

 그래서 **외로움은 새장이다, 외로움은 해방이다, 어떤 사람은 다른 사람보다 더욱 구속받고 있다**라는 개념적 은유가 있고, 매우 상세한 것을 알아차릴 수 있는 능력을 가리키는 은유적 어휘항목 eagle-eyed(눈이 예리한)가 있다. 말췌분에는 환유적 용법도 있다. 무엇이 환유적 용법이며, 어떻게, 왜 그것은 환유인가?
 루스 렌델(Ruth Rendell)은 영국에서 가장 유명한 추리소설 작가 중 한 명으로서, 평범하거나 판에 박힌 탐정 이야기를 초월하는 작가로 간주된다. 바바라 바인(Barbara Vine)이라는 이름으로 글을 쓰는 그녀는 특징

묘사의 깊이와 특별한 심리적 전이로 유명한 많은 작품을 창작했다. 이런 작품들은 앞서 논의한 연애소설과는 매우 다르다. 렌델/바인은 현혹적일 정도로 간단한 방식으로 은유를 사용하고, 따라서 소설에 등장하는 결함이 있는 등장인물을 보충하기 위해 강력한 분위기의 배경을 그럭저럭 창조한다. 이제 바인의 『굴뚝 청소하는 아이』(*The Chimney Sweeper's Boy*)에서 나온 다음을 고찰하고, 그녀가 사용하는 은유적 장치를 해독해 보라.

> The Hapmstead house was sold and they moved in December, the day after Sarah's forth birthday. It was raining and the grey steely sea looked as if punctured all over by a million shining needles … Next day the fog came. The house, the gardens, the dunes were swathed in it, muffled by it, and the sea was invisible. He reached violently, saying he would never have bought the house if he'd known.(Hapmstead 주택은 팔렸고 그들은 12월에 있었던 새라의 네 번째 생일 다음날에 이사 갔다. 그날은 비가 왔고, 강철 같은 회색 바다는 백만 개의 반짝이는 바늘로 꽂히는 듯 했다. 다음 날에는 안개가 자욱했다. 집, 정원, 해변의 모래 언덕 모두 할 것 없이 안개 속에 싸이고 덮였다. 그리고 바다는 보이지 않았다. 그는 이럴 것이라고 알았더라면 이 집을 사지 않았을 것이라고 혼잣말을 하면서 맹렬하게 집으로 뛰어갔다.)
>
> (Vine 1998: 209)

더욱 새로운 추리 장르 작가는 폴 브리어즈(Paul Bryers)이다. 브리어즈는 실제로 그저 '탐정소설 작가'로 분류될 수 없다. 그의 이야기 스타일에는 흑인 코미디에 대한 강한 함축이 있으며, 이 스타일의 더욱 흥미로운 양상 중 하나는 간텍스트적이다. 『여성 헌책 모임』(*The Used Women's Book Club*)에서 나온 다음 발췌문이 예증하듯이, 비유어는 여기에 주요한 역할을 한다.

Jo's marriage, like the title of the Used Women's Book Club, was a mistake. In her more confident, light-hearted moments she would describe it as a whim ... a foolish but ultimately harmless fancy ... At other times she **compared it to a disease,** one of those childhood **afflictions** that recur more **virulently** in later life, **like shingles.**

'I **caught it** from a book,' she would say, mysteriously, and change the subject.

When Jo was a child her mother had warned her about the **germs she would catch** from reading other people's books. Jo's mother imagined **the unwashed and contaminated fingers** turning the pages, the **germs** mingling with the **sweat and grime** in some **toxic ferment** ... a **dormant virus** waiting for the next unwary reader.

... Jo conceded that were some things you could **catch** from books and one of them was **Love** ... There was nothing wrong with this, of course, in its place, but it could sometimes cause **complications.** It could sometimes **recur** in later life—like any **childhood disease**—in the more **virulent** from of Infatuation accompanied by its **terrible** sisters. Blind Folly and Delusion.

Jo had first **caught the disease** at the age of ten from a novel by Georgette Heyer called *The Convenient Marriage.*

(조의 결혼은 여성 헌책 모임의 제목처럼 실수였다. 자신감에 차있고 쾌활한 순간들에는 그녀는 그것을 변덕으로 기술하곤 했다. 즉 어리석었지만 결국 해가 되지 않은 일시적 생각으로 기술하곤 했다. 다른 때에 그녀는 **그것을 어떤 병에 비교했다.** 그것은 **대상포진처럼** 만년에 더욱 **악성으로** 재발하는 유년기 때 앓는 병 중 하나이다.

'나는 책에서 **옮았어요.**' 그녀는 이상한 듯이 대답하고 주제를 바꾸곤 했다.

조가 어렸을 때 어머니는 다른 사람의 책을 읽고 **옮게 되는 병균**에 대해 경고했다. 어머니는 **씻지 않은 더러운 손가락으로** 책장을 넘기고, **병균**이

독성 발효에서 **땀과 때**와 뒤섞이고, **잠복한 바이러스**가 방심한 다음 독자를 기다리는 것을 상상하셨다.

조는 책에서 **옮을 수 있는** 것들이 있고 그것들 중 하나는 바로 **사랑**이라는 것을 시인했다. 물론 그것이 그 자리에 있는 것에 대해 잘못된 것은 없었지만, 때론 **합병증**을 유발할 수 있었다. 그것은 때때로 **유년기 때 앓는 병**처럼 **끔직한 자매들**을 동반하는 심취의 더욱 악성 형태로 만년에 **재발할** 수 있었다.

조는 10살 때 조젯 하이어(Georgette Heyer)가 쓴 『편한 결혼』(*The Convenient Marriage*)'이라는 소설을 읽고 처음으로 **병에 걸렸다**.)

(Bryers 2004: 30-31)

이 발췌문에서 자구적 언어와 은유적 언어를 한 번 구분해 보라. 은유적 언어와 자구적 언어처럼 보이는 것을 그렇게 구분하는 것이 항상 가능한가?

요약

우리는 제1장에서 은유의 기능에 대해 이야기했고, 이 장에서는 은유가 문학 텍스트에서 하는 역할과 기능을 검토했다. 여기서 문학에서 비유어를 구성하는 전체 창조적 장치를 개관하는 것은 가능하지 않았다. 그러나 우리는 작가들이 그들 작품에서 이런 종류의 언어를 사용했고 사용하는 원칙적인 방법 몇 가지를 검토하고자 했다. 우리는 의미를 작가에게서 독자에게 전할 때 은유 및 기타 비유의 중요성과 이것이 수반하는 스타일의 특질을 강조했다.

마무리하기 위해, 윌프레드 오언(Wilfred Owen)과 셰이머스 히니(Seamus Heaney)에서 나온 다음 발췌문을 읽어보라. 첫 번째는 오언에게서 나온 그의 1918년도 시인 'The Last Laugh(마지막 웃음)'의 첫 연이다.

> 'Oh! Jesus Christ! I'm hit,' he said; and died.
> Whether he vainly cursed, or prayed indeed,
> The Bullets chirped – In vain!, vain!, vain!
> Machine-guns chuckled, – Tut-tut! Tut-tut!
> And the Big Gun guffawed.
> ('오오! 예수 그리스도여! 나는 맞았습니다'라고 그는 말하고 죽었다.
> 그가 헛되이 저주했든 또는 실제로 기도했든 간에,
> 총알이 지저귀었다 – 헛되고!, 헛되고!, 헛되이!)
> 기관총이 낄낄 웃었다, – 쯧쯧! 쯧쯧!
> 그리고 큰 대포가 크게 웃었다.)

(Owen 1963: 59)

두 번째는 셰이머스 히니의 1966년도 시인 'Digging(파기)'에서 나온 것이다.

> Between my finger and my thumb
> The squat pen rests; snug as a gun.
> (나의 손가락과 엄지손가락 사이에
> 뭉툭한 펜이 놓여있다; 권총처럼 비밀스럽게.)

(Heaney 1998: 3)

오언과 히니는 이 예에서 어떤 비유를 사용하는가?

 문학에서 은유의 중요성이 작자가 임의대로 언어의 가능성들을 이용하도록 해주는 범위와 그런 이용이 독자의 마음속에 만들어 내는 질문이라는 것을 기억해 보라.

더 읽을거리

Carter, R. (1998) *Vocabulary: Applied Linguistic Perspectives*, 2nd edn, London: Routledge. (제5장, 특히 5.7절.)

Gavins, J. and Steen, G. (eds) (2003) *Cognitive Poetics in Practice*, London: Routledge. (문학 텍스트에서 비유어의 서로 다른 양상을 다루는 논문 모음집.)

Gibbs, R. W. (1994) *The Poetics of Mind: Figurative Thought, Language, and Understanding*, Cambridge: Cambridge University Press. (인지적 접근법.)

Kövecses, Z. (2002) *Metaphor: A Practical Introduction*, Oxford: Oxford University Press. (제4장.)

Lakoff, G. and Turner, M. (1989) *More than Cool Reason: A Field Guide to Poetic Metaphor*. Chicago: University of Chicago Press. (문학 텍스트에서 개념적 은유에 대한 논의.)

Lodge, D. (1977) *The Modes of Modern Writing: Metaphor, Metonymy, and the Typology of Modern Literature*, London: Adward Arnold.

Stockwell, P. (2002) *Cognitive Poetics: An Introduction*. London: Routledge. (제8장은 개념적 은유를 검토한다.)

비언어적 은유

우리는 비유어를 읽거나 듣고, 누가 글을 쓰거나 말을 하든 그 사람은 특별히 '화려한' 문체를 사용했을 수 있기 때문에 잠시 생각할 수도 있다. 그들은 특별히 창조적인 은유를 실현하는 낱말을 사용했을 수도 있다. 그러나 은유는 항상 언어로만 표현되어야 하는가? Kövecses는 '은유가 주로 개념적이라면, 비언어적 방식으로도 실현되어야 한다'고 주장한다 (2002: 52). 최근에 연기, 광고, 건축, 미술, 만화, 색채 상징주의, 영화, 연극 같은 분야에서 비언어적 은유에 많은 주의를 기울이고 있다. 때때로 둘 또는 그 이상의 이런 범주들 간에 중복이 있다. Kövecses는 이 현상에 장을 하나 할애하는데, 그 장에는 위의 목록 및 순전히 언어적인 것만은 아닌 해석 수단에 의존하는 다른 문맥이 들어 있다. 구조적으로 볼 때, 비언어적 은유는 언어적 요소를 가지거나 언어와 함께 발생한다. 그러나 비언어적 은유는 전적으로 비언어적 수단을 통해 표현될 수도 있다. 우리는 이 장에서 서로 다른 매체에서의 비언어적 은유를 탐구하면서 두 가지 유형의 예를 논의할 것이다.

영화

영화의 세계는 언어적인 것에 매우 많이 의존하지만, 영화는 매우 명확히 시각적인 것에 의해서도 실현된다. 실제로, 전체 한 편의 영화나 다른 영화 장르 자체는 은유로 간주될 수 있다. 지난 50년 동안, '로드무비'는 독특하게 인식할 수 있는 하나의 장르가 되었다. 이런 영화들은 종종 긴 고속도로가 미국 서부를 따라 뻗어 있고 멀리로 사라지는 것 같은 특징을 공유한다. 아마도 이런 영화가 무한히 계속된다는 인상이 있다. 그래서 우리는 다시 **인생은 여행이다**라는 은유를 식별할 수 있는데, 길은 인생 자체를 상징한다. 리들리 스코트(Ridley Scott)의 1991년 영화 『델마와 루이스』(*Thelma and Louise*)는 그런 한 가지 로드무비로서, 처음에 '가정의 단조로움으로부터 일주일 동안 탈출하는' 두 명의 여성 주인공이 루이스가 강간 미수범을 쏜 뒤에 범죄에 말려든다. 그들은 쫓기게 되고, 미국 남서부에서 추격이 벌어진다. 한 가지 의미에서 미국 남서부는 사막으로 도망가는 두 여성을 위한 자유를 상징한다. 즉 생포에 직면하는 것이 아니라 그랜드 캐년의 경계를 넘어 운전해 갈 때 궁극적 자유에 대한 마지막 상징이다. 여기에 미국 서부에 대한 많은 상징이 있는데, 이는 서부영화라는 장르의 이미지를 포함한다. 예컨대, 남자들이 입은 옷, 청바지, 모자, 부츠, 카우보이들이 소떼를 큰 길을 가로질러 모는 장면이 이런 이미지들이다. 이야기에 대한 물리적 배경은 은유에 대한 관객의 지각을 증가시키는 색채의 강도로 촬영했다. 미국 서부는 전통적으로 남성적인, 그리고 사실상 늠름한 남성적인 환경으로 간주되었다. 결과적으로, 어떤 사람은 델마와 루이스라는 두 주인공이 여자라는 사실을 남성 영역에서 여성의 힘에 대한 상징으로 간주했다. 확실히, 대다수의 남성 등장인물들은 모든 출연 배우들 중에서 가장 매력적이지 않다. 전통적인 서부영화는 할리우드에서 오랫동안 확립된 장르였다(전통적인 서부영화란 페킨파(Peckinpah), 리온(Leone), 이스트우드(Eastwood) 같은 감독의 영화보다 먼저 제작된 서부영화를 의미한다). 전통적인 서부영화에서는 선과 악을 구분하기 위해 은유와 환유를 사용한다. 예컨대, 흰색 모자와 검은색 모자 같은 상징은 누가 '선하고' 누가 '악한지'를 여실히 보여준다. 대다수의 이런 영화들이 흑백으로 촬영되었다는 사실은 또 다른 특징을 더해준다. 이 장르의 다른 상징은 말과 총이다. 전자는 미국 서부에서 이동의 자유를 상징하고, 후자는 정의와 자기방어에 대한 미국 시민의 권리를 상징한다. 더욱이, 말이나 총을 '흰색 모자'가 사용한다면 정의가 우세할 것인데, 이는 '검은색 모자'가 사용한다면 악이 우세한 것과 반대이다.

영화『반지의 제왕』(Lord of the Ring)은 큰 스크린에서 비언어적 은유의 또 다른 표명을 제공한다. 몇 가지 반복되는 요소, 즉 상징이 있다. 여행이나 원정을 시작하는 것으로 관찰하고 그런 원정에서 우리가 함께 가는 영웅과 그의 충실한 동료들이 있다. 그들은 악의 무력을 극복하기 전에 심상치 않은 위험을 견뎌내야 한다. 여기에서 색채는 중요하다. 어둠은 많은 면에서 악을 여실히 보여주고, 흰색이나 다른 밝은 색은 선을 여실히 보여준다. 예컨대, 오크족은 어둡고 거무스레하고 눈꼬리가 치켜 올라간 것으로 묘사된다. 포로도와 그의 친구들은 결백과 안정을 상징하는 샤이어로부터 모르도어와 악을 대표하는 어둠의 제왕 사우론의 땅으로 여행해야 한다. 물론 가장 중요한 상징 중 하나는 반지이다. 반지는 악과 타락한 권력에 대한 은유이다. 실제로 반지는 그것을 끼는 사람이면 누구에게나 너무 큰 영향을 끼쳐서, 반지에는 의지가 있는 듯하고, 이야기에서 또 다른 '등장인물'이다. 전체적으로『반지의 제왕』이야기와 영화의 전체 장면은 선 대 악에 대한 은유로 간주될 수 있다.

음악

영화의 세계에서 음악은 중요한 역할을 하고, 또한 음악은 비언어적 은유를 실현할 수 있다. 예컨대, 『델마와 루이스』에서, 크레디트가 올라갈 때 흘러나오는 음악은 서부 미국과 연상되는 컨트리-웨스턴 유형이다. 배경음악은 은유적·상징적 의미를 더욱 뒷받침한다는 점에서 장면과 일치한다.

많은 작곡가들은 색채에 의해 음악을 생각하거나 생각했다. 리스트(Liszt)는 종종 그의 음악을 기술할 때 색채 어휘를 사용했으며, 언어, 음악, 색채 간의 연결은 효과적으로 삼각관계 은유이다(우리는 뒤에서 색채와 음악을 더 깊이 검토할 것이다). 다른 작곡가들은 음악이 개인의 성격을 상징하는 것으로 간주한다. 원래 마릴린 먼로(Marilyn Monroe)를 기리기 위해 쓴 것이고 나중에 다이애나(Diana) 왕비를 기념하여 다시 쓴 엘튼 존(Elton John)의 'Candle in the Wind'가 그 중 하나이다. 언어로 된 제목 및 가사와 비언어적 음악 반주 모두 인생의 허약함을 실현하는 은유적 요소로서 서로를 보충한다고 말할 수 있다. '바람'의 이미지와 함께 있는 크리스토퍼 게스트(Christopher Guest)의 영화 『마이티 윈드』(*A Mighty Wind*)는 1960년대에 유래한 포크 음악 장면을 풍자한다. 영화의 주제곡은 'The Mighty Wind'지만, 몇몇 1960년대 음악에서 등장하는 '바람'은 미국 전역에서 '불고 있었던' 사회적이고 정치적이고 성적인 '변화의 바람'이었다. 밥 딜런(Bob Dylan)의 노래 'Blowing in the Wind'는 아마 이런 변화의 상징주의를 가장 잘 요약한다.

물론 소리 그 자체는 비언어적 은유의 역할을 한다. 전자음악 분야에서, 소리는 작곡가들이 이미지를 창조하고 개념을 실현하기 위해 사용하는 원료이다. 존티 해리슨(Jonty Harrison)은 이 장르의 주요 작곡가로 활동하고 있다. 버밍엄 대학 음악과 교수인 해리슨은 그의 작품 *Hot Air*를 위한 주요한 음원 중 하나를 기술했다. 이 음원은 어린이들의 파티에서 사용하는 풍선으로서, 그가 말하길 이것은 연속적인 사고를 발생시키며, 이런 사고는 "장난감" 풍선을 "열" 풍선과 연결시킨 이후에 더 나아가 공기(호흡, 발화, 자연 현상)와 열(에너지, 행동, 위험)의 다른 개념들을 끌어들인다(Harrison 2002). 이런 개념들은 '악기 일반화로부터' 합성으로의 '초점 전이'에 의해 실현되는데, 여기서 '음악 형태는 더 이상 추상적이지 않고 … 인식 가능한 소리로부터 추상된다. 이것은 우리 일상 경험의 소리이다'(Harrison 1996: 16). 해리슨이 말하길, 합성된 소리 작곡의 결과인 *Hot Air*는 '전체적으로 더욱 걱정스러운 또 다른 이미지를 밝혀내는 것이었다. 그것은 지구 환경의 은유로서 부푼 풍선의 이미지이다' (Harrison 2002).

그림 표상

그림 은유는 지난 몇 년 동안 많은 주목을 받은 비언어적 형태 중 하나이다. 최근 터너 전시회(*Turner in Britain*)에서, 초기 풍경과 후기 바다의 경치는 흥미로운 예를 제공한다. 이 둘에서 관찰자의 원근화법은 항상 수평선을 향해 있다. 물론 만년에 이것은 죽음을 향해 있는 것을 상징한다. 따라서 **인생은 여행이다**라는 은유는 특별한 시각적이거나 비언어적인 방식으로 실현된다.

우리는 제8장에서 언어적 은유와 문학을 논의했다. Peter Crisp(2003: 100)은 비언어적 은유가 어떻게 문학 작품에서 실현될 수 있는지를 지적했다. 그는 디킨스(Dickens)의 소설과 윌리엄 블레이크(William Blake)의 시에 사용된 삽화를 두 예로 인용한다. 아동 문학에서, 로알드 달 (Roald Dahl)의 작품을 위한 퀜틴 블레이크(Quentin Blake)의 삽화도 유사한 비언어적 기능을 수행한다. 블레이크의 만화는 달의 특징묘사에 대한 비언어적인 은유적 보충물로 간주될 수 있는데, 이는 그로테스크의 공상의 필연적인 성분이다. 『마틸다』(*Matilda*)에서 트런치불(Trunchbull) 양을 그린 블레이크의 그림은 이에 대한 훌륭한 예인데, 마틸다의 아버지와 어머니의 삽화 역시 그러하다.

사진이 실재를 포착하지만, 사진 또한 해석을 위한 이미지를 제공할 수 있다. 유명한 미국 사진작가이고 1971년에 죽은 다이안 아버스(Diane Arbus)는 사람들이 반드시 같은 것을 보거나 같은 '실재'를 경험하는 것은 아니라는 입장을 가지고 있었다. 아버스의 유명한 작품 중 일부는 뉴욕의 센트럴 파크에서 익명의 사람 사진에서 찾을 수 있다. 그 사람들의 얼굴은 사람만이 표현 할 수 있는 화, 두려움, 감탄 등과 같은 감정을 보여준다. 실제로, Lakoff & Johnson(1980/2003: 37)이 지적하듯이, 환유로서의 얼굴은 사진과 그림 둘 다에서 우리 문화의 큰 부분이다. 리즈 조비(『가디언』 2004년 1월 10일자)에 따르면, 아버스와 그의 동시대인 로버트 프랭크(Robert Frank)는 '그들 주변 세계의 상태를 위한 은유를 찾으면서, 상징을 보고 있었다.' 조비는 로버트 프랭크의 특히 유명한 사진 하나를 언급한다. 이것은 흰색 선이 큰길 아래로 무한히 뻗어가는 이미지이다. 이것은 한편으로 '희망, 야망, 기대'를, 다른 한편으로 '환멸, 정체, 실패'를 암시할 수 있다. 이 이미지는 또한 우리가 앞서 검토한 로드무비나 터너의 그림에도 중요하다. 다시 한 번 **인생은 여행이다**.

우리는 제7장에서 광고가 어떻게 선전문구와 보디카피는 물론이고 그림 이미지에도 매우 많이 의존하는지 보았다. 실제로, 어떤 광고에는 언어적 내용이 전혀 없으며 이미지에만 거의 전적으로 의존한다. 그러나 대다수의 광고에는 이 두 요소가 모두 있다. 『옵저버 메거진』(2003년 11월 23일자)에는 노키아 핸드폰 광고가 있었다. 여기에는 꽤 많은 텍스트가 있지만, 시각적 요소가 지배적이다. 그것은 전면의 광택지에 인쇄된 상당히 자신감 있어 보이는 젊은 사업가의 사진이다. 그는 가장 잘 드러나는 위치에 있고 표현이 확고하고, 과감하게 앞으로 활보하고 있는 것처럼 보인다. 그 사람 옆에는 노키가 6600의 사진이 있다. 언어적 요소('팔기 위한 권유')가 10개의 명사구 속에 들어 있는데, 이런 명사구들은 부표제 *Vision*을 둘러싸고 있는 남자의 가슴 호주머니 위의 원에 겹쳐 놓여 있다. 이는 모든 기능을 가진 전화기를 호주머니 속에 쉽게 가지고 다닐 수 있다는 것을 암시한다. 이 모든 것이 이 작은 공간 속에 들어가다니! 이것은 재주가 많고 향상 지향적인 젊은 사업가를 위한 다기능 도구이다. 그는 *비전*을 가진 남자이다. 또 다른 부표제 *Reality*는 전화 이미지 위와 남자 사진 가까이에 위치하고 있다. 언어적 요소가 명확히 중요하지만, 광고는 효과를 달성하기 위해 시각적인 것을 요구한다. 이 광고에는 Forceville(1998: 126-127)이 말하는 MP2 또는 '그림으로 제시된 두 용어를 가진 은유(metaphors with two pictorially present terms)'의 흥미로운 예가 들어 있다. 이 중 하나는 일차적이고 다른 하나는 이차적이다. 노키아 6600은 우리 은유의 일차적 주제이다. 그것은 현실이다.

흥미롭게도, 전날에 『디 옵저버』의 자매 신문인 『가디언』에 똑같은 광고가 실렸다. 그러나 그림으로 전경화된 등장인물은 젊은 여성이다(『가디언 (주말)』 2003년 11월 22일자). 다시 그녀는 상당한 자신감을 갖고 앞으로 활보하는 것처럼 보인다. 다시 우리는 *Vision*을 둘러싸고 있는 똑같은 명사구나 중요 포인트를 볼 수 있지만, 이 경우에는 여성의 핸드백 위에 겹쳐 놓여 있다. 그녀의 남성 동료처럼, 그녀는 *비전*을 가지고 있을 수 있지만 *현실*을 위해 노키아 6600에 의존해야 한다. 이것은 그녀의 성공을 보장할 현실이다. 이 광고의 다른 버전의 선전문구는 **비전은 현실이 된다/이다**라는 은유를 요약한다. 이것은 서구 문화에서 시각과 지식/진리의 등가를 뒷받침하는 은유이다.

노키아 은유에는 또 다른 상당히 중요한 차원이 있다. 광고의 비언어적 요소는 완전한 효과를 달성하도록 도와주는 색채에 의존한다. 남자는 엷은 파란색의 재단이 매우 잘 된 양복을 입고 있고 파란색 넥타이를 매었다. 배경 또한 밝은 파란색의 흐릿한 음영이다. 상당히 의미심장한 같은 정도의 '파랑'은 『가디언』 광고에서 매우 명확하다. 파란색은 또한 언어적 요소의 세 가지 중요한 단계에서도 지배적인 색채이다. 여기서 노키아 제품은 파란색 서체를 사용해서 세 번 명명된다. 파란색의 선택은 여기서 흥미로운데, 왜냐하면 색채는 언어적 은유와 비언어적 은유 사이의 교차로 간주될 수 있기 때문이다. 색채가 감정과 연상되는 긴 역사가 있으며, 파란색은 고요함 및 평화와 연상된다. 아마, 이 핸드폰을 구입하게 되면 젊은 간부의 근무 생활양식이 보충될 것이다. 다시 말해, 바쁘고 단호하지만, 젊은 간부들은 또한 그들 파트너인 노키아 6600과 함께 의사결정을 할 때 고요하고 정직할 것이다. 그래서 그들이 이 제품으로 그렇게 할 수 있다면, 당신도 이 제품으로 그렇게 할 수 있을 것이다. 시각적 요소는 언어적 요소만큼이나 효과적으로 독자와 의사소통한다. 이것은 Kress & van Leeuwen이 말하는 '시각적 의사소통의 중요성에 대한 압도적인 증거'(1996: 16)에 대한 좋은 예이다.

또 다른 흥미로운 것은 같은 제품인 노키아 6600의 인터넷 광고가 배경을 부각하는 데 파란색이 지배적이라는 것이다. 우리는 이 장의 뒷부분에서 색채를 다룰 것이다.

게시물과 표지

가장 일반적이고 일상적인 비언어적 은유의 표명 중 하나는 우리 주변에서 볼 수 있는 게시물과 표지에서 실현된다. 우리는 어떤 상징이 어떤 의미를 가진다는 지식을 통해서 잘 모르는 장소를 찾아 가는 데 도움을 받는다. 컵이 그려진 표지는 간이식당을 나타낸다. 표지 위의 화살표는 어떤 방향으로 가야하는지를 암시한다. 표지는 우리 일상생활의 매우 평범한 부분처럼 보이지만 흥미롭고 중요하다(비상구 표지를 생각해 보라).
 이와 관련된 것으로 다른 운전자들이 교통 표지에서 도로 이용자에게 하는 신호가 있다. 물론 매우 명확한 것도 있다. 예컨대, 방향 지시 신호는 정확히 그것이 말하는 바이다. 즉 좌회전이나 우회전 하라는 것을 암시하는 번쩍이는 황색신호나 운전자가 속도를 늦출 것을 암시하는 빨간색 정지신호 같은 기계 장치의 사용이 그것이다. 수신호 역시 방향 지시 신호로 사용될 수 있고, 사이클 선수와 기수가 오른쪽이나 왼쪽으로 돈다는 것을 전달하는 데 주로 사용된다.
 영국 정부의 교통 규칙집에는 도로표지의 다양한 범주가 기재되어 있으며, 여기서 색채 역시 중요하다. 명령을 하는 표지는 빨간색 원 안에 제시된다. 교통 규칙집에는 '빨간색 원이 있는 표지는 대체로 금지용이다'라고 적혀 있다. 속도 제한이 있는 구역에서는, 시속 마일이 빨간색 원 속의 흰색 배경 위에 숫자로 나타낸 표지가 있다. '양보' 표지는 빨간색 삼각형으로서, GIVE WAY라는 지시는 흰색 배경 위의 삼각형 속에 들어 있다. STOP AND GIVE WAY 표지는 빨간색 8각형으로서, 명령은 빨간색 배경에 흰색으로 써져 있다. '추월금지' 표지에는 언어적 성분이 없고 전적으로 상징으로 실현된다. 즉 왼쪽에 검은색 자동차가 있고 오른쪽에 빨간색 자동차가 있는 테두리가 빨간색인 원이 그것이다. 도로 공사장에서 손으로 작동하는 STOP 표지는 STOP AND GIVE WAY와 매우 유사한 데 반해, GO 표지는 초록색 원 위에 조판된 흰색 글자이다.
 다른 색채 또한 금지용으로 사용된다. 교차점에서 도로를 가로지르는 흰색 선은 자동차 운전자들이 정지신호에서 정지해야 한다는 메시지를 강화하는 데 사용된다. 도로의 폭을 빠져나가는 다른 유형의 흰색 선은 동선의 경계를 암시하고, 추월해도 되는지의 여부를 암시한다. 도로의 가장자리를 따라 있는 노란색이나 빨간색 선은 주차할지의 여부와 언제 주차하는 것이 가능한지를 암시하는 표지로 전달되는 의미를 강화하는 데 도움을 준다.

 빨간색은 금지용이지만, 파란색 원이 있고 빨간색 테두리가 없는 영국의 도로표지는 거의 항상 도로 이용자에게 긍정적인 정보를 전달한다. 그래서 파란색 원 위의 흰색 자전거는 '자전거 전용'을 의미한다. 흰색 버스 위에 흰색 자전거가 있는 파란색 원과 원에서 매달려 있는 ONLY라는 낱말은 '버스와 자전거 전용'을 의미한다.

 자동차와 여타 운송수단의 이미지가 있는 도로표지는 환유로 간주될 수 있다. 많은 다른 도로표지 또한 환유를 나타낸다. 예컨대, 갈색 관광안내 표지 위의 회전목마는 놀이공원을 나타낸다. 이와 유사하게, 축구공은 축구경기장을 나타내고, 코끼리는 동물원을 나타내고, 오리는 자연 보호지역을 나타내고, 일정한 양식의 꽃은 정원을 나타낸다. 지도에서 사용하는 상징을 비교해 보라. 큰 잔은 술집을 나타내고, 수화기는 공중전화를 나타내고, 막대기 위의 삼각형 깃발은 골프장을 나타낸다.

 우리 문화에는 비언어적 의미를 전달하는 다른 공공 표지들이 있다. 영국에서 술집 간판은 매우 시각적인 예이고 종종 과거 삶을 실현한 것이다. 따라서 'The Coach and Horses'라고 불리는 술집은 간판에 마차와 말이 있을 것이고, 예전에 역마차 여관이었을 수 있다. 술집이나 여관은 종종 현지 육상목표이고, 문맹인 현지 농민들은 술집 간판이나 교회 같은 건물 등의 시각적 차원을 사용해 낯선 사람들에게 길을 가르쳐줄 수 있었다. 시골 영국에서 술집은 종종 교회 가까이에 있다. 이것은 많은 술집들이 'The Bell'이라고 불리는 한 가지 이유다. (교회 종은 시골 마을을 위한 시간 경과에 대한 상징적 실현이었다.) 사냥을 가리키는 'Fox and Hounds'나 영국의 수호신과 그가 용을 죽이는 전설에 기초하는 'George and Dragon' 같은 다른 시골 술집 간판이 있다. 신화적 과거의 한 가지 잔재는 'The Green Man'이라는 술집 간판이다. Green Man은 실제로 예수 이전 시대에서 나온 상징이다. 그는 숲 속에 사는 유령으로서, 그의 얼굴은 아마 때때로 삼림지대 깊은 곳에 있는 나무와 관목의 잎을 세밀히 관찰할 때 볼 수 있었다. 그리고 그는 이교도였지만 때때로 중세 교회의 바깥에 조각되어 있었다. 도시 술집 간판 역시 'The Edinburgh Castle' 같은 유명한 건물이나 배 같은 다른 역사적 상징, 그래서 런던의 그리니치에 있는 'The Cutty Sark'을 실현할 수 있다. 제국주의는 'The Britannia Inn'을 나타내는 브리타니아의 초상이나 같은 이름의 술집에 대한 빅토리아 여왕의 그림이 있는 술집 간판으로 충족된다.

색채와 색채 상징주의

지금쯤이면 색채가 비언어적 의미를 전달하는 데 중요한 차원일 수 있다는 것이 아마 명확할 것이다. 우리는 앞서 색채가 언어적 은유와 비언어적 은유 간의 교차의 예로 간주될 수 있다고 말했다. 따라서 많은 색채에 내재하는 상징주의는 상당히 많은 사람들에게 매우 의미심장한 요인이다.

국기는 아마 가장 일반적인 비언어적 색채 은유의 실현 중 하나이다. 영국의 국기는 성 조지 십자이다. 즉 흰색 배경에 빨간색 십자이다. 이 국기는 또한 영국 정치에서 정당 우파의 지지자들과 연상되기도 했지만, 영국의 스포츠팬들에 대한 도상이기도 하다. 실제로 영국의 교육 저널인 *Times Educational Supplement*(2004년 5월 7일자)에 극우의 정당, 즉 영국국민당(British National Party)(BNP)의 의원이었던 한 선생님에 관한 기사가 실렸다. 그 기사에 수많은 성 조지 십자의 국기가 걸려 있는 영국국민당 집회의 사진이 함께 실렸다. 행군하는 사람들의 짧게 깎은 머리들 또한 그들 정치 신념의 후원자에 대한 환유로 해석될 수 있다. 군복에 색깔을 사용하는 것을 비교해 보라. 예컨대, (제2장에서 인용한 폴 멀둔(Paul Muldoon)의 시의 행인 We answer to no grey South / Nor blue

North에서처럼) 미국 내전에서 연합군들의 파란색과 동맹군의 회색을 비교해 보라.

　수와 모양은 색채를 보충할 수 있다. 미국의 국기인 성조기에는 아메리카 합중국의 모든 주를 대표하는 50개의 별이 있다. 13개의 줄은 13개의 원래 주, 즉 이전의 영국 식민지를 상징한다. 프랑스 3색기의 빨간색, 흰색, 파란색은 1789년의 혁명들과 관련 있다. 그러나 프랑스의 웹사이트에 기고하는 Pierre Gay(1998)는 그 색깔의 의미가 지금은 '창조된' 다른 기원과 연상된다고 지적했다. 빨간색은 성 데니스(St Denis), 즉 파리의 수호신을 의미한다. 흰색은 성모 마리아(Virgin Mary)와 또한 영국군을 프랑스에서 쫓아낸 잔 다르크(Joan of Arc)를 의미한다. 파란색은 자신의 파란색 외투를 반으로 잘라 그 절반을 추위에 떨고 있는 거지에게 건네 준 성 마틴(St Martin)을 의미한다.

　물론 색채는 더욱 미묘한 다른 함축을 가진다. 예컨대, 색채와 감정 간의 관계를 고려해 보라. 클레어 모럴(Clare Morrall)의 *Astonishing Splashes of Colour*는 2003년 맨 부커 상(Man Booker Prize)의 선발 후보 명단에 올랐다. 모럴은 자기 소설에서 감정을 색채로 간주하는 개념을 다룬다. 또한 색깔로 꿈을 꾸는 내레이터는 '학교 정문 바깥의 사람들은 그들의 낙관주의 때문에 노란색이다'(2003: 9)라고 말한다.

> I dream in colour, astonishing, shimmering, clashing colours. So many shades. Not just red, but crimson, vermilion, scarlet, rose. There are not enough names for the colours in my dreams. I wake up longing for visual silence, looking for a small dark place where there is no light.(나는 색깔로 꿈을 꾼다. 놀랍고 가물가물하고 조화되지 않는 색깔로 꿈을 꾼다. 너무나 많은 색깔들이 있다. 빨간색은 물론이고 심홍색, 주홍색, 담홍색도 있다. 내 꿈에 나오는 색깔에는 이름이 충분하지 않다. 나는 빛이 없는

작은 어두운 장소를 찾으면서 시각적 침묵을 바라면서 잠에서 깨어난다.)
(Morrall 2003: 35)

독자는 'reds'가 여기서 무엇을 상징하는지 듣지 않지만, 문맥은 평화로운 것이 아닌 혼란스러운 감정을 암시한다. 빨간색 자체는 다음 표현에서처럼 부정적인 함축을 가질 수 있다.

To be **in the red**(적자를 내다)
To **see red**(격노하다)
To be **red with rage**(화가 나서 빨개지다)

다음에서처럼, 역시 열, 불, 빨강과 관련 있는 개념적 은유인 **감정은 열이다** 또는 **감정은 불이다**를 비교해 보라.

Susan was extremely angry, she was absolutely **burning** with resentment after John's behaviour at the party.(수잔은 매우 화가 났다. 파티에서 존의 행동 이후에 분개로 완전히 불타고 있었다.)

Bill and Tom really are **red-hot** Socialists.(빌과 톰은 실제로 열광적인 사회주의자이다.)

우리는 이미 파란색과 광고 및 영국의 도로표지에서 이 색의 긍정적 의미에 대해 언급했다. 'And in the blue corner ...'라는 제목의 한 기사에서, 신 코글란(『가디언』, 2004년 1월 17일자)은 영국 은행과 색채 간의 관계에 대해 언급한다. 다시 우리는 빨간색/파란색 대조를 보게 된다. 어쨌든 표현 in the red는 빚을 의미한다. 한 영국 은행인 애비 내셔널(Abbey National)(지금은 애비라고 부른다)은 전통적인 빨간색과 흰색이 아니라, 이름에 대해 핑크색 글자를 사용하고 파란색으로 지사를 다시 꾸몄다. 약 12개의 은행과 건물 단체는 지사를 파란색으로 사용한다. 영국 은행 로이즈/TSB는 파란색과 초록색을 사용한다. 코글란은 (앞서 언급했듯이) 파란색이 고요함과 연상되고 파란색과 초록색은 함께 사람을 편안하게 하는 데 도움을 준다고 지적하는 한 심리학자를 인용한다. 그가 말하길 빨간색은 '공격 및 위험과 연상된다.' 같은 기사에서 인용되는 또 다른 심리학자는 이 견해를 뒷받침하고, '시각적 기억의 힘은 구어나 문어 메시지에서 나온 어떤 것보다 훨씬 더 강하다'고 지적한다.

물론 **화는 열/불이다** 은유에서 표현되듯이, 빨간색은 화 및 분노와 연상된다. 빨간색은 또한 극단적인 성욕을 의미할 수 있으며, 이것은 **성욕은 불이다**라는 은유를 통해 비언어적으로 실현된다. Kövecses(2002: 57-58)는 디즈니에서 제작한 『노틀담의 꼽추』(*The Hunchback of Notre Dame*)를 예로 인용한다. 한 장면에서, 재판관은 에스메랄다를 향한 통제할 수 없는 성욕을 느끼고, 전체 궁전은 불길로 뒤덮인다. 또 다른 예는 로렌스(D. H Lawrence)의 『사랑하는 여인들』(*Women in Love*)의 켄 러셀(Ken Russell)의 1969년 영화 버전에서 찾을 수 있다. 이것은 올리버 리드와 알란 베이츠가 포효하는 불 앞에서 발가벗고 맞붙어 싸우는 유명하지만 그 당시에 많은 사람들에게는 악명 높았던 장면이었다.

우리는 이미 상징 및 영화와 관련하여 색채에 대해 언급했다. 많은 영화는 세트와 의상 디자인에서는 물론이고 영화 촬영술에서도 색채를 중요하게 사용하는 것으로 유명하다. 심지어 흑백 영화 시절에서도, 빛과 그림자의 패턴은 시각적 효과는 물론이고 의미를 창조했다. 이에 대한 좋은 예는 필름 누아르 이다. 색채를 강하게 사용하는 것과 관련 있는 영화 촬영 기사들 중에는 크리스토퍼 도일(Christopher Doyle)이 있는데, 그는 장예모(Zhang Yimou)와 왕가위(Wong Kar-wai) 같은 아시아 감독들과 함께 일했다. 예컨대, 2002년 영화 *Hero*에서, 영화의 국면들마다 다른 색깔로 주제가 제시된다. 두 여성 전사들 간의 칼싸움이 황금색 낙엽과 빛을 배경으로 해서 진행되는데, 이것은 싸움이 절정에 달할 때 빨간색으로 바뀐다. 결말부에서 크게 굽이치는 초록색 깃발이 매달린 홀에서 암살 시도가 발생하는데, 이 깃발은 잇따라 일어나는 싸움과 함께 안무가 되는 듯하다.

이장 앞에서 우리는 음악 작품을 색깔로 간주하는 작곡가들에 대해 언급했다. 아이작 뉴턴 경(Sir Isaac Newton)은 아마 소리와 색깔을 관련지은 첫 번째 사람이었다. 그는 음표와 색깔을 서로 관련시켜서, 음계의 일곱 개 음표는 프리즘으로 반사되는 햇빛을 구성하는 색채 스펙트럼과 일치하거나 대응한다. 이는 무지개를 묘사하는 데 사용하는 색깔이다. 뉴턴은 1704년에 처음 출판된 『광학』(*Opticks*)의 'Colour Musical Wheel'로 도형적 형태에서 이런 상관성을 나타내었다. 이 'wheel'은 실제로 단편으로 나누어지는 원이다. 각각의 단편은 빨간색, 주황색, 노란색, 초록색, 파란색, 남색, 보라색 같이 순서대로 되어 있는 스펙트럼의 한 색깔을 나타낸다. 원의 바깥 테나 원주에는 음계의 일곱 개 음표가 있고, 단편들은 그것들 사이에 온다. 따라서 빨간색 단편은 D와 E 사이에 나타난다. 뉴턴은 D를 건반 위의 흰색 건반을 위한 출발점으로 사용했다.

상, 기념비, 문화적 상징

상 같은 공공미술에는 전형적으로 상징적 값이 있다. 이것은 또한 기념비와 여타 기념 구조물에도 적용된다. Kövecses(2002: 59)는 상징이 어떻게 종종 문화적으로 의미심장한 은유에 기초를 둘 수 있는지에 대해 언급하고, 뉴욕에 있는 자유의 여신상을 예로 인용한다. 그가 말하길, 이것은 미국에서 '(지식과 정의라는 "부속물"과 함께) 자유를 성취했다는 생각을 불러일으키기 위해 창조한 것이다'. 그는 자유의 여신상에서 몇 가지 은유를 상징으로 식별하고, '자유의 여신상은 **제약받지 않는 움직임, 어둠에서 빛으로의 이동, 시각** 같은 은유적 근원영역을 구체화한 것으로 간주될 수 있다'고 말하면서 자신의 분석을 요약한다.

물론 상은 문화에 기초한 상징일 수 있으며, 많은 사람들은 그런 상징이 역사에 관해서 이질적이라고 느낀다. 여러 해 동안, 아일랜드의 더블린의 중앙에 Nelson's Pillar로 알려진 상이 서 있었다. 트라팔가르 전투의 영웅을 기념하는 이 상에서 넬슨은 손에 칼을 쥐고 기둥의 꼭대기에 서 있으며, 이는 특히 넬슨과 영국 해군의 승리와 일반적으로 대영 제국의 힘에 대한 은유를 환기시킨다. 1세기 이상이 지난 후에, 이 상은 군대 정치 조직에 의해 파괴되었는데, 그들은 아마 이 상징을 다소 다르게 해석한 것 같다. 실제로, 그들의 행동은 은유 **역사적 변화는 무지 상태에서 지식 상태로의 이동이다**로 간주될 수 있다(Kövecses 2002: 59를 보라). Nelson's Pillar가 서 있었던 곳 가까이에 건물이 하나 서 있는데, 이는 많은 아일랜드 사람들에게 매우 중요한 역사적 상징주의를 실현한다. 이것은 더블린의 중앙우체국이다. 중앙우체국은 1916년 부활 주일의 다음날인 월요일에 무장 군인들에 의해 점령당했으며, 몇 년 후 아일랜드의 32개 나라 중 26개의 독립으로 이어진 반란의 시작을 표시한다.

Kövecses(2002: 63)는 도덕성의 한 은유적 체계에서 **좋음은 직립이다**와 **나쁨은 낮음이다**라고 지적한다. 이라크와의 전쟁에서, 사담 후세인은 '쓰러뜨려야(toppled)'했으며, 이것은 전국에 있는 그의 상을 허물어뜨리는 것에서 상징적으로 실현되었다. 아이러니하게도, 2003년 11월 부시 대통령의 런던 공식 방문 동안, 시위자들은 대통령의 플라스틱 상을 '쓰러뜨렸다'. 텔레비전 시청자들은 이 상징을 비언어적 행동으로 관찰할 수 있었으며, 어휘항목 toppled를 사용하는 신문독자는 이 상징을 실제로 언어적으로 전달했다.

나라마다 다른 사물을 은유로 가진다. 파리의 개선문(Arc de Triomphe)

은 한 가지 예이다. 이것은 조각과 여타 상징들이 있는 기념비이다. 이런 상징들로는 무명용사의 무덤, 영구적으로 타는 기억의 불꽃, 국경일에 아치 문에 걸쳐져 있는 국기가 있다. 건물 자체는 비언어적 은유의 한 유형으로 간주될 수 있다. 우리는 여기서 건축에서의 은유는 논의하지 않고, 이 장 끝에서 더 읽을거리를 제안할 것이다.

앞서 보았듯이, 국기는 어떤 감정을 환기시킬 수 있는 상징이다. 아일랜드로 되돌아 가보자. 북아일랜드에서는 매우 종종 연석이 초록색, 흰색, 주황색(색깔 자체는 유력하게 상징적이다)이라는 그 국기의 색깔로 칠해져 있는 3색기(아일랜드 공화국의 국기)가 전신주에서 휘날리는 것이 보이는 지역을 통해 여행하는 것이 특별한 것이 아니다. 약간 후에 여행자는 영국 국기(대영제국의 국기)가 빨간색, 흰색, 파란색 연석으로 동반되는 것을 보는 것도 당연하다. 전자는 많은 국가주의 시민들의 감정을 상징하고, 후자는 많은 연합론자 또는 '보수당원'의 감정을 상징한다. 벨파스트의 계단식 노동계층 거리의 끝에 있는 박공벽은 종종 아일랜드 역사의 장면과 최근 '분쟁'의 장면을 묘사하는 꽤 정교한 벽화가 그려져 있다. 이런 상징은 지나가는 사람들에게 현지 거주민들의 정치적 협력을 암시할 것이다. (이런 상징이 이제는 빨리 관광명소가 되어가고 있다는 점에서 여기에 아이러니가 있다.) 마지막으로, 아일랜드에서 나온 다소 다른 상징은 북아일랜드 경찰청 내에서 찾을 수 있다. 이 경찰력은 많은 사람들에게 두 개의 주요한 공동체 중 하나에서 억압의 상징이었던 왕립 얼스터 경찰대(Royal Ulster Constabulary)(RUC)를 교체하기 위해 세워졌다. 새로운 경찰력은 이름은 물론이고 경찰 배지와 모토도 새 것이었다. 더욱이 경찰차는 이제 나머지 대브리튼에서 찾을 수 있는 것과 유사한 색으로 칠했다. 다시 이것은 선전을 목적으로 비언어적 은유를 이용할 수 있는 방식에 대한 예이다. 경찰 상징의 경우에, 이런 상징은 '민심을 사기 위해(to win hearts and minds)'(물론 언어적 환유) 창조된 것이었다.

종교

종교 기관은 오랫동안 나라의 도덕의 보호자로 간주되었다. 그런 자격을 가진 종교는 특히 상당히 위험한 시대에 많은 사람들의 일상생활에 주요한 역할을 한다. 두 번째 걸프전에서 죽은 영국 군인들의 군대 장례식과 그 후는 이에 대한 환기적 상징을 제공한다. 유니폼, 국기로 싼 관, 더딘 행진, 때때로 적당할 정도로 우울한 유형의 연대 음악이 그것이다. 충분히 흥미롭게도, 어떤 나라에서는 군대 장례식을 텔레비전에 방송하는 것이 허용되지 않는다. 이것은 그런 장면이 사람들로 하여금 나라의 군대 활동을 의문시 하도록 설득할 수 있다는 당국 입장에서의 두려움인가? 왜 군인들은 죽어가고 있는가? 이것의 도덕성은 무엇인가? 그런 방송된 보도가 없다는 것 자체는 몇 가지로 해석될 수 있는 비언어적 은유로 간주될 수 있다.

이미 보았듯이, **높음/위**와 **낮음/아래**의 개념은 선과 악, 도덕성과 부도덕성과 관련하여 은유로 사용된다. 적어도 기독교 종교에는 타락한 천사가 있으며, 전 역사에서 지옥은 '아래'에 있고 천국은 '위'에 있는 것으로 생각되었다. 제7장의 논의를 비교해 보라. 영국은 종종 교회에 가는 나라가 아닌 것으로 간주된다. 그러나 국교인 기독교 교회에 관해서는 그럴 수 있지만, 종교는 여전히 도덕성을 신성한 것으로 소중히 하는 것으로 간주되며, 이는 은유 **악은 힘이다**와 **도덕성은 힘이다**를 강화한다(Kövecses 2002: 63). 이런 강화는 언어적으로와 비언어적으로 실행된다. 더욱이 영국이 지금은 모든 주요 세계 종교의 도덕성의 수호자가 표현되는 다종교 사회라는 것을 잊어서는 안 된다. 물론 미국 역시 강력하게 종교적 국가이다.

기독교에서 가장 유명한 두 가지 상징은 영성체에서 사용하는 빵과 포도주이다. 이는 각각 예수의 몸과 피이다. 아마 가장 유명한 기독교 상징은 예수가 못 박힌 십자가 자체이다. 이것의 변이형들은 미국 남부에서 흑인 미국인들을 학대하고 종종 학살한 쿠클럭스클랜(Ku Klux Klan)의 격렬한 십자가 같이 더욱 사악한 것의 상징이 되었다. 원래 행운의 상징이었지만 지금은 나치 독일과 파시즘과 연상되는 십자가 모양의 만(卍)자를 비교해 보라.

기독교가 다른 세계 종교들과 공유하는 한 가지 은유적·비언어적인 실현은 물이 중요하다는 것이다. 여기에서 역사와 신화 둘 다가 결합한다. 기독교인들에게, 축복받았고 그래서 순수한 물은 성직가가 지망자의 이마 뒤에 십자가 표시를 할 때 세례와 신앙으로의 수락을 상징한다. 따라서 이것은 **인생은 여행이다**의 시작을 유아에게는 영적이고 물리적으로 그리고 성인에게는 영적으로 나타낸다. 어떤 기독교인들은 물의 상징에서 너무 많은 중요성을 보게 되어 세례가 완전한 침례를 의미한다.

이슬람교에서 규칙적인 목욕은 몸과 영혼의 화합을 상징하는데, 이것은 그 신앙의 기본 교의이고, 예배의 개념에 대한 종교적 요구조건인 신념이다. 이슬람교에 따르면, 오염되지 않은 천연 그대로의 물은 깨끗하고 신의 선물이다. 기독교와 달리, 이슬람교는 특별한 신의 은총을 요구하지 않는다.

유대인들에게, 물은 순수성을 나타내고, 탕(mikveh)은 월경 후나 개종자를 위한 입회 의식에서나 시체를 만진 뒤에 정결을 위해 자연 그대로의 물로 하는 의례적 목욕이다. 성직자들 역시 신전에서 예배에 참가하기 전에 손과 발을 씻어야 한다. 식사 전이나 후에 손을 씻는 것 또한 중요한 의례적 씻기이다.

신앙 체계가 자연과의 친밀한 관계에 기초하는 힌두교에서, 강은 신성하다. 갠지스 강은 아마 가장 신성하고, 이 강둑에 위치한 베나레스는 순례 여행 장소이다.

불교 역시 물을 귀중히 한다. 물은 맑음과 고요함을 상징한다. 불교인들에게 물은 마음을 정결하게 하고 순수성의 상태를 획득해야 한다는 것을 암시한다.

요약

앞서 보았듯이, 비언어적 은유는 다양한 형태를 취하고, 영화, 음악, 그림, 사진, 종교, 공공미술, 심지어 도로표지 같은 표상의 범위 전역까지 걸친다. 우리는 비언어적 은유에 대해서만 책을 쓰면 쓸 수도 있었고, 공간상의 제약 때문에 연구하지 못한 분야와 문맥이 있다. 몸짓이 그 중 하나이며, 이는 수화를 포함한다. 역시, 『폴티 타워』(*Fawlty Towers*)에서 베이절 폴티(Basil Fawlty)를 재연하는 영국 배우 겸 풍자가인 존 클리즈(John Cleese)의 작품이나 더욱 최근 『엡솔루틀리 페이뷸러스』(*Absolutely Fabulous*)의 제니퍼 사운더즈(Jennifer Saunders)와 조안나 럼리(Joanna Lumley)를 고려해 보라. 모든 세 명의 연예인들은 그들이 말한 것 때문만이 아니라 신체 언어를 과장할 수 있는 능력 때문에 상당한 성공을 거두었다. 다시 말해, 그들의 신체부위, 얼굴표정 등은 행복, 화, 당황에 대한 비언어적 실현이 될 수 있다. 코미디의 문맥에서 과장된 동작은 '무언가를 전달하며(speak)', 서커스 어릿광대나 찰리 채플린(Charlie Chaplin)의 무성영화를 생각한다면, 의사소통이 비언어적 은유의 조작에 의존하는 멋진 두 개의 예가 있는 것이다. 어릿광대와 채플린은 무언극을 사용하고, 이런 무언극은 어쨌든 모방을 사용하는 실생활에 기초하는 소극이다. 역시 『머더구스』(*Mother Goose*)와 『신데렐라』(*Cinderella*) 같은 무언극에 대해 생각해 보라. 동등하게, 발레에서는 둘 또는 그 이상의 주제를 포함할 수 있는 하나의 이야기를 제시하기 위해 함께 작용하는 동작과 음악 둘 다로 의미를 전달한다. 요지는 음악과 춤 모두 은유를 전달할 수 있다는 것이고, 이 때문에 이 둘을 더욱 깊이 탐구할 만한 가치가 충분히 있다는 것이다.

더 읽을거리

Caballero, R. (2003) 'Metaphor and genre: the presence and role of metaphor in the building review', *Applied Linguistics* 24/2: 145-167. (건축에 관한 글에서 은유의 용법을 조사한다.)

Forceville, C. (1998) *Pictorial Metaphor in Advertising*, London: Routledge.

Forty, A. (2000; paperback edn 2004) *Words and Buildings: A Vocabulary of Modern Architecture*, London: Thames and Hudson. (건축과 언어 간의 관계를 논의한다. 제4, 5장은 특히 은유를 다룬다.)

Kövecses, Z. (2002) *Metaphor: A Practical Introduction*, Oxford: Oxford University Press. (제4장.)

Vestergaard, T. and Schrøder, K. (1985) *The Language of Advertising*, Oxford: Blackwell. (시각 이미지에 관한 제2장.)

종결부

나는 제1장 시작 부분에서 이 책의 의도가 은유 연구를 소개하고, 어떻게 그리고 왜 이것이 중요한지를 보여주는 것이라고 말했다. 우리는 이 주제를 남김없이 모두 망라하기를 바라는 것이 아니라 일반 언어학 책에서의 짧은 논의와 전문 텍스트에서의 상세한 논의 간의 공백을 메우기를 바랬다. 즉 이 주제의 원칙적 양상들을 충분히 약술하고 그 다음에 비유어가 어떻게 다양한 언어적·비언어적 문맥에서 사용되는지를 기술하고 싶었다. 우리는 각 장의 끝에서 요점을 요약한 뒤에 더 읽을거리를 제시했으며, 부록 '은유 연구'에서 비유어에 대한 소규모 학생 연구에 대해 제안할 것이다.

우리는 이 짧은 마지막 장을 결론이라고 부를 수도 있었다. 그러나 결론이라는 말은 이용 가능한 증거에 대한 평가에 기초한 완성이나 아마 마지막 합리적 판단을 암시한다. conclude와 conclusion 자체는 라틴어 동사 claudere '닫다'에서 유래한 것이다. 이론적이든 실용적이든 은유 연구가 무한하고, 이 책이 그런 과정의 시작이라는 것을 강조하는 것은 우리에게 중요한 듯하다.

그래서 우리는 coda라는 말을 택했다. 이것은 라틴어 cauda '꼬리'에서 유래하고 이탈리아어를 경유해서 나온 종결부를 뜻하는 음악 용어이다. 이것 또한 은유이다. 언어학에서 구두 서사의 구조에 대한 Labov의 모형은 일반적인 의견을 담고 있거나 서사를 화법 시간에 연결시키는 끝 단락을 가리키기 위해 coda를 사용한다(Labov 1972: 363ff). 무용에서, 발레의 종결부는 프리마 발레리나가 다시 등장하는 피날레이다. 우리의 종결부에 관해서는 단순히 고찰을 위한 은유의 또 다른 예를 제공한다.

녹화 계약을 따내기 위해 경쟁하면서 오랜 집중 훈련을 받는 텔레비전 쇼 참가자는 보통 그들의 경험을 가리키기 위해 여행 은유를 사용한다. 그들은 'It has been such a journey(그것은 긴 여정이었다)'라고 말한다. 해설자는 참가자의 '여행'에 대한 장애물에 대해 이야기한다. 이 은유의 사용으로 명성과 돈이라는 물질적 목표에서 개인적 발달로 주의가 돌아가는가? 이것은 단순히 얕은 오락으로 간주될 수 있는 것에 참가하는 것을 신중하고 가치 있는 것으로 만들어 주는가?

다음은 아일랜드 시인 Eiléan Ní Chuilleanáin의 'The Second Voyage(두 번째 항해)'라는 시의 시작 부분이다.

> Odysseus rested on his oar and saw
> The ruffled foreheads of the waves
> Crocodiling and mincing past: he rammed
> The oar between their jaws and looked down
> In the simmering sea where scribbles of weed defined
> Uncertain depth, and the slim fishes progressed
> In fatal formation ...

(오디세우스는 노에 기대어 쉬면서
화난 파도의 앞을 보았다.
파도는 매섭게 들이받는다.
노는 파도 사이를 헤치고 아래를 보았다.
끓어오르는 바다에서 해초가 보이고
깊은 바다의 작은 물고기들은
파멸적으로 움직인다 …)

(Ní Chuilleanáin 1986: 26)

효과적이고 놀라운 이런 은유는 어떤 이미지를 생성하는가? 이런 은유는 작가의 의도를 어떻게 전달하는가? 이런 의도란 무엇인가?

나이지리아 작가 치누아 아체베(Chinua Achebe)의 소설 『무너져 내린다』(*Things Fall Apart*)는 19세기에 식민지화가 이보족(Ibo)에게 미친 영향을 다룬다. 새 유럽 목사는 특별한 세계관을 가지고 새로 지은 전도 교회에 도착했다.

> He saw things as black and white. And black was evil. He saw the world as a battlefield in which the children of light were locked in mortal combat with the sons of darkness. He spoke in his sermons about sheep and goats and about wheat and tares. He believed in slaying the prophets of Baal.(그는 모든 사물을 흑백으로 보았다. 그리고 흑은 악이었다. 그는 세상을 빛의 자녀들이 어둠의 자식들과 벌여야 하는 사투 속에 감금되어 있는 전쟁터로 보았다. 그는 양과 염소, 밀과 가라지에 대해서 설교했다. 그는 바알의 선지자들을 살해해야 한다고 믿었다.)
>
> (Achebe 1958/2001: 134)

여기서와 이 장 뒷부분에서, 아체베는 성경 은유를 사용해 목사와 그의 일을 아이러니하게 언급한다. 그러나 전통적인 개념적 은유 **밝음/흰색은**

선이다, 어둠/검은색은 악이다와 관련해서 성경 은유를 사용하여 어떤 특별한 효과를 창조할 수 있는가?

  road map이라는 은유는 다양한 정치적·경제적 문맥에서 사용된다. 특히 표현 road map to peace는 중동의 마찰, 특히 팔레스타인과 이스라엘 간의 마찰을 해소하기 위해 서구 정부들이 제안하는 전략을 가리키기 위해 토니 블레어와 다른 세계 지도자들이 사용한 것이다. strategy, plan, suggestion 같은 낱말이나 심지어 blueprint 같은 기술 기반적 은유 대신에 왜 이런 은유를 사용했는가? 이 특별한 상황에서 그것은 최고의 '길'이 이미 놓여 있기 때문에, 평화를 달성할 수 있다는 것은 물론이고 평화를 어떻게 달성하는지를 보는 것이 가능하다는 것도 암시하는가? 누가 그 길을 놓았는가?

  글을 쓸 당시에, 25만 명 이상의 사람들이 인도양 지진과 2004년 12월의 잇따른 해일에서 목숨을 잃은 것처럼 보인다. 해설자는 1883년 크라카노아(Krakatoa)의 대이변적인 폭발과 비교했다. 한 가지 대조는 사람들이 지질 과정이 해일을 초래했다는 것을 널리 인식하는 데 반대, 많은 사람들은 1883년의 그 재난이 초자연적 힘 때문이라고, 즉 신의 처벌이라고 생각한다는 것이다. 서구 텔레비전 기자들은 즉각적인 해일 이후의 상황을 묘사할 때 꽤 적당히 말로 표현하지 못했지만, the vicious surge of water((사악한 큰 파도), [people] will never be able to forget the day the ocean turned on them([사람들은] 파도가 갑자기 그들을 공격하든 그날을 결코 잊지 못할 것이다), the ocean is calm now, after its fit of raging temper, but it has already done its worst(비친 듯이 화를 낸 이후에 바다는 이제 조용하지만, 그것은 이미 최악의 일을 했다)에서처럼 많은 기자들이 해일을 의인화한다는 것에 주목할 수 있었다. 이것은 단순히 신문·잡지의 수사학이었는가? 또는 21세기 과학적 합리주의에도 불구하고 그저 설명이 아닌 비난이 요구되었다는 깊이 자리 잡은 느낌이 있었음을 암시하는가?

  마지막으로, 에릭 마리아 레마르크(Erich Maria Remarque)의 소설에 기초한 1930년 미국 영화 『서부전선 이상 없다』(*All Quite on the Western Front*)는 한 어린 독일 신병의 관점에서 1914-1918년 전쟁을 다룬다. 그는 처음에 이상주의적이었지만 나중에는 환멸을 느끼게 되었다. 유명한 마지막 장면에서 그는 전쟁터 참호 안에 있다. 그는 나비 쪽으로 손을 내밀었을 때 총에 맞아 죽는다. 나비는 실재하지만 상징이기도 하다. 나비는 삶에 대한 은유인가? 희망에 대한 은유인가? 무상함에 대한 은유인가? 무익함에 대한 은유인가? 또는 이 모든 것이나 그 이상에 대한 은유인가?

  우리는 이 마지막 예들이 은유 연구의 중요성, 풍부함, 관심을 강조하기를 희망한다.

은유 연구

 이 부록에서는 학생들이 은유를 실용적으로 탐구할 수 있는 몇 가지 방법을 제안할 것이다. 물론 당신은 이미 다음에 무엇을 해야 할지에 대한 생각이 있을 수 있다. 우리는 데이터로부터 연구하는 것이 중요하다고 믿는다. 물론 그런 데이터는 정보제공자 실험에서 나오거나, 말뭉치에서 도출되거나, 한 텍스트나 일군의 텍스트들로 구성되어 있거나, 학문적인 사전 같은 다른 데이터 출처에 기초를 둔 것일 수도 있다.
 출발점은 기행문이나 식당 흠잡기 같은 제1장에서 인용한 텍스트일 수 있다. 이런 텍스트는 전형적으로 작가가 경험한 것을 기술하고, 분위기를 창조하거나 재창조하고, 긍정적이거나 부정적인 평가를 전달하기 위해 비유어를 널리 사용한다. 텍스트에서 비유어를 식별하고 그것이 어떤 영향을 미치는지를 분석해 보라. 전체 기술과 평가가 얼마나 명시적이고 얼마나 명확한가? 독자인 당신은 어느 정도까지 작가의 은유 선택을 통해 작가와 의견이 맞도록 고무되는가?

낱말 의미와 관련하여 은유와 환유를 검토할 수 있는 가장 쉬운 한 가지 방법은 상당히 다의적인 낱말을 선택하는 것이다. 즉 사전에서 '긴' 수록어, 아마 명사를 찾는 것이다. 여러 의미들 중 어떤 의미가 은유적 과정을 반영하는가? 당신은 그 은유를 어떻게 설명할 것인가? 어떤 의미가 환유적 과정을 반영하는가? 이제 동사나 형용사 또는 under 같은 문법적 항목을 검토하고, 그것의 은유를 고찰해 보라. *Oxford English Dictionary*는 의미의 역사적 발달에 대한 정보를 제공한다. 당신의 분석이 어떻게 이런 발달과 일치하는지 그리고 역시 일치하는 퇴화한 다른 의미들이 있는지의 여부를 확인해 보라. (*Oxford English Dictionary* 같은) 어원사전은 낱말의 뿌리에 대한 정보를 제공하는데, 그런 뿌리로부터 은유를 더 깊이 탐지하는 것이 가능하다. 당신이 은유적 관용어와 속담에 관심이 있다면, 기원에 대한 설명이 들어 있는 많은 참고문헌이 있다. 믿을 만한 출처로는 옥스퍼드 대학출판부에서 출판한 전문가 사전과 *Brewer's Dictionary of Phrase and Fable*이 있다.

개념적 은유에 대한 대부분의 연구가 개념으로 시작할 수 있긴 하지만, 사상을 예증하기 위해 언어 표현을 사용한다. 우리는 이 책에서 많은 개념적 은유를 논의했으며, 당신은 이 중 하나를 선택해서 완벽하게 탐구하고 상세히 나타낼 수 있다. 또는 목표영역이든 근원영역이든 간에 특별한 영역 하나에 초점을 두고자 할 수도 있다. 아이디어를 위해서는 <http://cogsci.berkeley.edu/lakoff/>에 개념적 은유를 위한 웹사이트가 있는데, 여기에는 많은 은유가 기재되어 있고 목표영역과 근원영역의 색인이 있다. 낳은 은유는 언어 표현이 비교적 소수이다. 더 많은 예를 찾을 수 있는지 보라. 그러나 더 많은 예를 끄집어 낸 수 있는 직접적인 출처는 없다. 목표영역을 조사하고 싶다면, 로제 유의어 분류사전 같이 주제별로 조직된 전통 분류 사전이 아닌 알파벳순으로 조직된 분류사전을 사용하는 것이 한 가지 방법이다. 그 다음에 그 영역 내에서 중심 용어를 위해

수록어를 사전에서 찾아보라. 예컨대, **화**나 **목적**을 조사하고 있다면, angry, anger, furious, rage 또는 purpose, aim, intention을 사전에서 찾아보라. 기재된 유의어 중에서 어떤 것이 특별한 개념을 표현하거나 특별한 근원 영역과 관련 있는가? 관용어 같은 어떤 표현은 명확할 것이고, 다른 표현은 그다지 명확하지 않을 것이다. 기재된 유의어에 더욱 형식적인 라틴어에서 유래한 낱말이 들어 있다면, 역사적으로 그런 낱말이 같은 개념적 은유를 나타내는지의 여부를 보기 위해 어원을 확인해 보라. 근원영역을 조사하기 위해서는, 공통적이고 중심적인 용어의 다의성을 고찰하고, 그런 용어가 어떤 은유적 의미를 가지며, 그것이 어떤 목표영역과 관련되는지를 고찰하는 것이 유사한 한 가지 방법이다. 예컨대, **전쟁/전투**를 조사하기 위해서는 attack과 fight 같은 낱말을 검토해 보라. 어떤 것이 은유 표현과 일치하는지를 보기 위해서는 관용어 사전을 사용해 보라. (또 다른 유용한 자료는 Alice Deignan의 주제별 은유 사전(1995)이다. 각각의 장은 '동물', '요리와 음식' 또는 '빛, 어둠, 색채' 같은 근원영역을 다루며, 그 영역 내에 있는 항목의 은유적 용법을 설명한다.) 이렇게 하면서, 당신의 연구로 인해 당신이 개념적 은유에 대한 주장이 타당하다는 것을 더욱 확신하게 되는지 또는 그다지 확신하지 못하게 되는지에 대해 자문해 보라. 낱말의 의미적 집합이 한 영역에 유사하게 사상되는 것이 단순히 임의적인 우연인가 아니면 체계적인가?

은유와 뇌에 대한 과학적인 심리언어학 연구는 대부분의 일반 연구자들의 능력을 벗어난다. 그러나 소규모로는 더욱 비공식적인 정보제공자 실험을 통해 유용한 데이터를 얻는 것이 가능하다. 내성을 할 때 관용어 은유에 대해 사람들이 가지는 정신적 이미지는 한 가지 가능한 주제이다. 당신 친구, 동기생, 가족이 spill the beans(비밀을 누설하다)(제5장을 보라)이나 fight fire with fire(이열치열), a wet blanket(흥을 깨뜨리는 사람), pull the plug on something(무언가에 대한 비밀을 폭로하다), toe the line(규칙에 따르다) 같은 관용어에 대해 어떤 이미지를 가지고 있는가? 연령 집단이나 성별 간에 관찰 가능한 차이가 있는가? 이와 유사하게, 정보제공자들은 시, 신문사설, 비평 같은 짧은 텍스트에서 은유의 의미와 함축에 대해 어느 정도 의견이 일치하는가?

영국 국가 말뭉치(British National Corpus) 같은 말뭉치에 접근할 수 있다면, 이는 광대한 양의 주요한 데이터에 접근하는 것이 된다. 특별한 은유적 낱말이나 구가 어떻게 사용되는지를 보기 위해 검색만 해도 많은 것을 배울 수 있다(제5장에서 있었던 우리의 의견을 비교해 보라). 낱말이나 구가 어떤 종류의 텍스트에서 나타나고, 자구적 용법과 은유적 용법의 상대적 비율은 어떠하며, 연어에 관해서 그 둘 사이에 어떤 차이가 있는가? 당신은 주제별 어휘항목 집합을 조사할 수 있는데, 이는 개념적 은유를 실현하는 항목이다. 예컨대, 우리는 독이나 파괴의 관점에서 악의와 분개를 개념화하고(poisonous(악의의), venomous(원한을 품고 있는), toxic(유독한), gnaw/eat away at(파먹어 들어가다)), 어려움은 매듭이나 엉킴처럼 개념화한다(knotty(해결이 곤란한), tied up in knots(곤경에 빠진), unravel(해명하다), disentangle(해결하다), tease out(어떻게 해서든 정보 따위를 빼내다). 그것들이 어떻게 사용되는지 비교해 보라. 어떤 어휘항목은 다른 어휘항목보다 더욱 종종 은유로 사용되는가?

당신이 2개 국어를 한다면, 그 두 언어의 은유를 비교해 보고 싶어 할 수도 있다. 그 두 언어는 화는 열이다나 논쟁은 전쟁/전투이다 같은 개념적 은유를 어느 정도 공유하는가? 당신이 사용하는 다른 언어가 그런 방식으로 화를 개념화하는가 아니면 또 다른 방식으로 그렇게 하는가? 그리고 그것은 위/아래 은유가 보편적인 것처럼 보인다는 Lakoff & Johnson의 주장을 뒷받침하는가? 당신은 아마 문학 텍스트의 번역과 원본 텍스트를 비교하거나, 당신이 사용하는 제2언어에서 나온 은유가 풍부한 텍스트를 제1언어로 번역해 봐도 된다. 얼마나 많은 은유가 서로 교차하고 얼마나 많은 은유가 교차하지 않는가? 당신이 2개 국어를 하지 않지만, 제1 언어가 영어가 아닌 친구나 동기생이 있다면, 텍스트에 들어 있는 은유를 어떻게 해석할 수 있고 정신적 이미지가 어떠한지에 대해 그들에게 물어 보면 된다. 그들이 말하는 것과 원어민 화자인 당신의 직관 사이에 어떤 차이가 있는가?

　제7장에서는 평가 및 이데올로기와 관련해서 은유를 논의했다. 이를 탐구하기 위해 데이터를 쉽게 수집할 수 있으며, 신문은 명확한 한 가지 자료이다. 더욱 보수적인 신문과 더욱 자유주의적인 신문이 사용하는 은유 간 차이를 비교해 보거나 보통 크기의 신문과 타블로이드판 신문 간의 차이를 비교해 보라. 한 텍스트(사설, 인간적인 흥미를 끄는 기사, 예술 평론)나 그날의 머리기사에 국한해서 변수를 제한시켜라. 선거 전단광고와 다른 정치 인쇄물은 또 다른 유용한 자료이다. 정당들은 전형적으로 '우리는 착하다/그들은 나쁘다' 대조를 출력에서 선전으로 구성한다. 당신은 은유가 아마 잠재의식적으로 이런 대조를 전달하는 데 사용된다는 증거를 찾을 수 있는가? 이와 유사하게, 사회 활동과 관련하여 어떻게 은유가 사용되는지를 탐구하기 위해 쉽게 데이터를 수집할 수 있다. 스포츠, 팬 대상 잡지, 신문보도는 문어 데이터를 제공한다. 보통 크기의 신문과 타블로이드판 신문 간의 차이를 계산에 넣는 것은 가치가 있다. 당신은 또한 라디오나 텔레비전 실황방송을 녹음할 수도 있다. 어떤 은유가 사용되는가? 예컨대, 축구 경기에 대한 영국 실황방송과 농구나 아이스하키 경기에 대한 미국 실황방송 간에 차이가 있는가? 광고를 보고 싶다면, 특정한 제품(자동차, 화장품, 음식)을 고찰하고 목표 인구를 고려해서 변수를 제한시켜라. 언어적 은유와 여타 비유어를 분석하고, 또한 광고에서 사용하는 이미지에서 비언어적 은유를 분석하고, 언어적 은유와 비언어적 은유가 어떻게 상호작용하는지 고려해 보라.

　제8장에서는 문학 은유와 여타 비유어를 검토했다. 대부분의 예는 아동

문학과 대중소설에서 나온 것이었고, 이와 같은 텍스트는 출발하기에 유용하다. 아마 당신은 한 텍스트나 텍스트의 일정 부분에서 사용되는 직유와 은유 간의 균형을 고려해 볼 수 있다. 또는 내레이터나 묘사를 통해서나 등장인물 자신이나 그들의 대화에 의해 등장인물을 구성하는 데 어떻게 은유가 사용되는지를 고려해 볼 수 있다. 록음악과 대중음악 가사는 또 다른 좋은 데이터이다. 그 은유는 일회적인 창조적 은유나 진부한 표현일 수 있다. 이런 은유는 관습적 은유나 관용어를 이용하고 발전시킨다. 또는 전체 노래는 단 하나의 확장된 은유를 나타내거나 **인생은 여행이다, 사랑은 열이다** 같은 개념적 은유를 실현할 수 있다. 예컨대, 비틀즈의 'Yesterday', 밥 딜런의 'Like a Rolling Stone', 도즈의 'Light my Fire' 같은 고전 음악 또는 더욱 최근 노래나 랩 가사를 고려해 보라. 시를 인용하긴 했지만, 우리는 제8장에서 심각한 문학은 실제로 다루지 않았다. 물론 당신은 시나 고전 문학 텍스트를 탐구의 대상으로 선택할 수 있다.

　마지막으로, 우리는 제9장에서 비언어적 은유를 검토했고, 영화, 음악, 미술, 표지, 상 같은 몇 가지 문맥을 고려할 공간뿐이었다고 언급했다. 조사를 간단히 하기 위해, (아마 추상적이지 않고 표상적인) 하나의 그림을 검토하고, 그 의미가 어떻게 상징과 은유를 통해 구성되는지를 보라. 또한 환유 및 은유와 관련하여 사진을 검토해 보라. 우리는 이미 광고에서 비언어적 은유를 언급했다. 또 다른 가능성은 신문 시사만화가 풍자하기 위해 어떻게 은유를 사용하고 편집자들이 뉴스를 예증하고 논평하기 위해 어떻게 사진을 사용하는지를 탐구하는 것이다. 텔레비전에서 뉴스 보도를 수반하는 이미지의 종류를 비교해 보라. 이미지들이 단순히 정보가 있는가 또는 다른 기능을 하는가? 실제로 은유는 어느 정도까지 설명하거나 평가하며, 단순히 오락적인가?

　연구의 결과와 함께 다양한 분야의 은유 연구의 방법론을 논의하는 논문 모음집을 위해서는 Cameron & Low(1999)를 보라.

참고문헌

Aitchison, J. (2002) *Words in the Mind: an Introduction to the Mental Lexicon*, 3rd edn, Oxford: Blackwell.

Baker, M. (1992) *In Other Words*, London: Routledge.

Black, M. (1993) 'More about metaphor', in A. Ortony (ed.) *Metaphor and Thought*, 2nd end, Cambridge: Cambridge University Press: 19-41.

Bolinger, D. (1980) *Language — the Loaded Weapon*, London: Longman.

Caballero, R. (2003) 'Metaphor and genre: the presence and role of metaphor in the building review', *Applied Linguistics* 24/2: 145-167.

Cameron, L. (2003) *Metaphor in Educational Discourse*, London and New York: Continuum.

Carpenter, H. (1985) *Secret Gardens: a Study of the Golden Age of Children's Literature*, London: Allen and Unwin.

Carter, R. (1998) *Vocabulary: Applied Linguistic Perspectives*, 2nd edn, London: Routledge.

Carter, R. (2004) *Language and Creativity: the Art of Common Talk*, London: Routledge.

Carter, R. and Nash, W. (1990) *Seeing through Language: a Guide to Styles of*

English Writing, Oxford: Blackwell.

Chantrell, G. (ed.) (2002) *The Oxford Dictionary of Word Histories*, Oxford: Oxford University Press.

Charteris-Black, J. (2004) *Politicians and Rhetoric: the Persuasive Power of Metaphor*, Basingstoke: Palgrave.

Cook, G. (1992) *The Discourse of Advertising*, London: Routledge.

Coulthard, M. (1995) 'Explorations in applied linguistics 3: forensic stylistics', in G. Cook and B. Seidlhofer (eds) *Principle and Practice in Applied Linguistics: Studies in Honour of H. G. Widdowson*, Oxford: Oxford University Press: 229-243.

Crisp, P. (2003) 'Conceptual metaphor and its expressions', in J. Gavins and G. Steen (eds) *Cognitive Poetics in Practice*, London: Routledge: 99-113.

Deignam, A. (1995) *Collins Cobuild English Guides 7: Metaphor*, London and Glasgow: HarperCollins.

Deignam, A. (2005) *Metaphor and Corpus Linguistics*, Amsterdam: John Benjamins.

Fairclough, N. (1989) *Language and Power*, London: Longman.

Forceville, C. (1998) *Pictorial Metaphor in Advertising*, London: Routledge.

Forty, A. (2000; paperback edn 2004) *Words and Buildings: A Vocabulary of Modern Architecture*, London: Thames and Hudson.

Gardner, M. (ed.) (1970) *The Annotated Alice*, revised edn, Harmondsworth: Penguin.

Gavins, J. and Steen, G. (eds) (2003) *Cognitive Poetics in Practice*, London: Routledge.

Gay, P. (1998) 'Origins of the flag in the French Republic'. Online. Available HTTP: <http://flagspot.net/flags/fr.html> (accessed December 2004)

Gibbs, R. W. (1994) *The Poetics of Mind: Figurative Thought, Language, and Understanding*, Cambridge: Cambridge University Press. (인지적 접근법)

Gibbs, R. W. and Steen, G. (eds) (1999) *Metaphor in Cognitive Linguistics*. Amsterdam: John Benjamins.

Goatly, A. (1997) *The Language of Metaphors*, London: Routledge.

Grady, J., Oakley, T., and Coulson, S (1999) 'Blending and metaphor', in R. W. Gibbs and G. Steen (eds) *Metaphor in Cognitive Linguistics*. Amsterdam: John Benjamins, pp. 101-124.

Halliday, M. A. K. (1994) *An Introduction to Functional Grammar*, 2nd edn, London: Edward Arnold.

Harrison, J. (1996) Articles indéfinis (album cover notes), Monttréal: empreintes DIGITALes.

Harrison, J. (2002) Hot Air. Online. Available HTTP: <http://www.music.ed.ac.uk/sound/hotair/html> (accessed January 2005).

Jakobson, R. (1960) 'Linguistics and poetics', in T. Sebeok (ed.) *Style and Language*, Cambridge, Massachusetts: MIT Press: 350-377.

Kittay, E. F. (1987) *Metaphor: Its Cognitive Force and Linguistics Structure*, Oxford: Clarendon Press.

Kövecses, Z. (2000) *Metaphor and Emotion: Language, Culture and Body in Human Feeling*, Cambridge: Cambridge University Press.

Kövecses, Z. (2002) *Metaphor: A Practical Introduction*. Oxford: Oxford University Press.

Kress, G. and van Leeuwen, T. (1996) *Reading Images. The Grammar of Visual Design*, London: Routledge.

Labov, W. (1972) *Language in the Inner City: Studies in the Black English Vernacular*, Oxford: Blackwell.

Lakoff, G. (1987) *Women, Fire, and Dangerous Things*, Chicago: University of Chicago Press.

Lakoff, G. (1993) 'The contemporary theory of metaphor', in A. Ortony (ed.) *Metaphor and Thought*, 2nd edn, Cambridge: Cambridge University Press: 202-251.

Lakoff, G. and Johnson, M. (1980; new edn 2003) *Metaphors we Live by*, Chicago: Chicago University Press.

Lakoff, G. and Johnson, M (1999) *Philosophy in the Flesh: The Embodied Mind and Its Challenge to Western Thought*, New York: Basic Books. (Esperically parts Ⅰ and Ⅱ)

Lakoff, G. and Turner, M. (1989) *More than Cool Reason: A Field Guide to Poetic Metaphor*. Chicago: University of Chicago Press.

Lodge, D. (1977) *The Modes of Modern Writing: Metaphor, Metonymy, and the Typology of Modern Literature*, London: Adward Arnold.

McGuinness, H. (1998) Untitled, unpublished manuscript, University of Birmingham.

Mahon, J. E. (1999) 'Getting your sources right: what Aristotle didn't say', in L. Cameron and G. Low (eds) *Researching and Applying Metaphor*, Cambridge: Cambridge University Press: 69-80.

Martin, J. R. (1985) *Factual Writing: Exploring and Challenging Social Reality*, Victoria, Australia: Deakin University Press; republished (1989) Oxford: Oxford University Press.

Montgomery, M. (1995) *An Introduction to Language and Society*, 2nd edn, London: Routledge.

Montgomery, S. L. (1991) 'Codes and combat in biomedical discourse', *Science as Culture*, 2 (3), 341-391.

Newmark, P. (1988). *A Textbook of Translation*, London: Prentice Hall.

Ortony, A. (ed.) (1993), *Metaphor and Thought*, 2nd edn, Cambridge: Cambridge University Press.

Oxford English Dictionary (OED) (1989) 2nd edn, Oxford: Oxford University Press. Online, 3rd edn. Available HTTP: <http://www.oed.com> (accessed May 2005).

Pyles, T. and Algeo, J. (1993) *The Origins and Developments of the English Language*, 4th edn, Fort Worth, Texas: Harcourt Brace Jovanovich.

Reddy, M. J. (1993) 'The conduit metaphor: a case of frame conflict in our language about language', in A. Ortony (ed.), *Metaphor and Thought*, 2nd edn, Cambridge: Cambridge University Press: 164-201.

Searle, J. R. (1993) 'Metaphor', in Ortony (ed.) *SMetaphor and Thought*, 2nd edn, Cambridge: Cambridge University Press: 83-111.

Sperber, D. and Wilson, D. (1986) 'Loose talk', *Proceedings of the Aristotelian Society* 86 (1985-6), 153-171.

Sperber, D. and Wilson, D. (1995) *Relevance: Communication and Cognition*, 2nd edn, Oxford: Blackwell.

Stockwell, P. (2002) *Cognitive Poetics: An Introduction*. London: Routledge.

Vestergaard, T. and Schrøder, K. (1985) *The Language of Advertising*, Oxford: Blackwell.

Whorf, B. L. (1956) *Language, Thought, and Reality*, Cambridge, Massachusetts: MIT Press.

Winner, E. (1988) *The Point of Words: Children's Understanding of Metaphor and Irony*, London and Cambridge, Massachusetts: Harvard University Press.

[텍스트 출처]

말뭉치 데이터

The Bank of English (BoE), The University of Birmingham.

신문과 정기간행물

Daily Express, 15 October 2002.

Daily Mail, 25 October 2002, 7 February 2003.

The Guardian, 17 March 2001, 5 October 2002, 25 October 2002, 2 February 2003, 22 November 2003, 10 January 2004, 17 January 2004, 6 March 2004.

The Independent, 14 June 2004.

The Observer, 2 February 2003, June 2003, 23 November 2003, 11 July 2004.

Red, March 2003.

소설과 시

Achebe, Chinua (1958) *Things Fall Apart*; republished (2001), Harmondsworth: Penguin.

Atwood, Margaret (2000) *The Blind Assassin*, London: Bloomsbury.

Auden, W. H. (1966) *Collected Shorter Poems 1927-1957*, London: Faber and Faber.

Bawden, Nina (1973) *Carrie's War*, Harmondsworth: Puffin/Penguin.

Bryers, Paul (2004) *The Used Women's Book Club*, London: Bloomsbury.

Carrol, Lewis (1865) *Alice's Adventures in Wonderland*; republished in M. Gardner (ed.) (1970) The Annotated Alice, Harmondsworth: Penguin.

Carrol, Lewis (1871) *Through the Looking Glass*; republished in M. Gardner (ed.) (1970) *The Annotated Alice*, Harmondsworth: Penguin.

Grahame, Kenneth (1908) *The Wind in the Willows*; republished (1951), London: Methuen.

Haddon, Mark (2003) *The Curious Incident of the Dog in the Night-time*, London, Random House.

Heaney, Seamus (1998) *Opened Ground: Poems 1966-1996*, London: Faber and Faber.

Heaney, Seamus (trans.) (1999) *Beowulf*, London: Faber and Faber.

Joyce, James (1939; 3rd edn 1964) *Finnegans Wake*, London: Faber and Faber.

Lewis, C. S. (1950) *The Lion, the Witch and the Wardrobe*; republished (1988), London: Lions, HarperCollins.

Lorca Federico Garcia (1992) *Selected Poems*, trans. M. Williams, Newcastle upon Tyne: Bloodaxe Books.

MacDonald, George (1883) *The Princess and Curdie*; republished in R. McGillis (ed.) (1990) *George MacDonald: The Princess and the Goblin and The Princess and Curdie*, Oxford and New York: Oxford University Press.

Morrall, Clare (2003) *Astonishing Splashes of Colour*, Birmingham: Tindal Street Press.

Muldoon, Paul (1996) *New Selected Poems 1968-1994*, London: Faber and Faber.

Ní Chuilleanáin, Eiléan (1986) *The Second Voyage*, Dublin: Gallery Books, and Newcastle upon Tyne: Bloodaxe Books.

Owen, Wilfred (1963) *The Collected Poems of Wilfred Owen*, ed. C.Day Lewis; London: Chatto and Windus.

Rankin, Ian (2003) *Beggars Banquet*, London: Orion.

Tolkien, J. R. R. (1954) *The Two Towers*; republished in (1993) *The Lord of the*

Rings, London HarperCollins.
Tucker, Charlotte M. (1858) *The Green Velvet Dress*; republished in J. Mark (ed.) (1993) *The Oxford Book of Children's Stories*, Oxford: Oxford University Press.
Vine, Barbara (1998) *The Chimney Sweeper's Boy*, London: Viking.
Yeats, W. B. (1950, 2nd edn) *Collected Poems*, London: Macmillan.

기타 텍스트

Fantoni, B. (ed.) (2004) *Colemanballs 12*, London: Private Eye.
Greenwood, M., Connolly, M. and Wallis, G. (1999) *The Rough Guide to Ireland*, London: The Rough Guides.
Naughtie, J. (2001) *The Rivals: The Intimate Story of a Political Marriage*, London: Fourth Estate.

주제색인

ㄱ

감정(EMOTION) 54-6, 64-5, 211-5, 232
개념적 은유(conceptual metaphor)
　41-66, 74-6, 81-2, 96, 99-101, 224-7,
　230-3
　다른 언어와 문화의 개념적 은유
　　(conceptual metaphor in other
　　languages and cultures) 118-25
개념적 혼성 이론(blending theory)
　101-3
개념적 환유(conceptual metonymy)
　77-82
개념화(conceptualization) 3, 7, 41-66,
　100, 118-25, 232
건물(BUILDINGS) 62, 69, 78-80, 117,
　123-4
게시물과 표지(notices and signs) 15-6,
　208-11
결과는 원인을 대표한다(EFFECT FOR
　CAUSE) 80-1
공상과학 소설(science fiction) 147

공감각(synesthesia) 15
과장(exaggeration) 30
과장법(hyperbole) 30
관계(RELATIONSHIPS) 54, 82
관습적 은유(conventional metaphor) 5-9,
　15-8, 19-39, 52-3, 58-61, 88, 94-5,
　98-9, 105, 111-5, 125-29, 229-234
관용어(idioms) 6, 28-30, 73-4, 98, 105,
　142-3, 230
　다른 언어의 관용어(idioms in other
　　languages) 115-7, 128-9
광고(advertising) 155-9, 201, 206-8, 233
　광고에서의 색깔(colour in advertising)
　　207
교통 표지(traffic signs) 15-16, 209-10
구어의 은유(metaphor in spoken language)
　34, 90-1, 95-6, 104, 118, 164-5
구절동사(phrasal verbs) 26
구조적 은유(structural metaphor) 56-8
군복(military uniforms) 211
군대 장례식(military funerals) 218-9
그림(painting) 미술(art)을 보라.

그림 표상(pictorial representation)
  15-16, 205-8, 234
근원 언어(source language) 125-6
근원영역(source domain) 46-8, 101-3, 230
기념비(monuments) 215-7
기독교(Christianity)
  기독교의 상징주의(symbolism in Christianity) 218-20
  알레고리와 기독교(allegory and Christianity) 186-8
기행문(travel writing) 8-9, 229

ㄴ

낱말 의미(meaning of words) 5-6, 19-38, 230-31
  문장 의미(sentence meaning) 91
  발화 의미(utterance meaning) 91
  의미 성분(meaning components) 31-3, 61, 75
  하위텍스트 의미(subtextual meaning) 106, 133, 172-4
낱말(words)
  낱말 형성(formation of words) 5, 19-21, 26, 32
  낱말과 빈도(words and frequency) 23-5, 103-107
  낱말과 의미(words and meaning) 4-5, 19-39, 230-1
논쟁은 전쟁이다(ARGUMENT IS WAR) 44-46, 57-63, 122, 123-5, 145-6, 231
뉴스보도의 은유(metaphor in news reports), 140-9, 216, 234
느슨한 이야기(loose talk) 33

ㄷ

다의성(polysemy) 6, 21-5, 43, 59, 69-71, 92-3, 105-6, 114-5, 121, 183-4, 229-30
다중 사상(multiple mapping) 58-9
다중 의미(multiple meaning)
  중의성(ambiguity),
  다의성(polysemy),
  언어유희(punning)를 보라.
담화(discourse)
  신문·잡지 담화(discourse of journalism) 140-9, 159-64, 216, 226, 234
  스포츠 담화(discourse of sport) 149-54
  재정 담화(discourse of finance) 159-64, 213
  정치 담화(discourse of politics) 136-49, 226, 233
대응(correspondences) 46-8, 61-3, 74, 96-8
대중소설(popular fiction) 192-7, 234
대화 격률(conversational maxims) 95-6
도로표지(road signs) 15-6, 209-10
도식(schemes) 174-5
독일어의 은유(metaphor in German) 113-8, 119-20, 123, 126-7
  독일어의 환유(metonymy in German) 112, 117-8
독자-작가 관계(reader-writer relationship) 16-8, 33-4, 188-92
돈호법(apostrophe)(시적 장치) 175, 180
동물(ANIMALS) 149-54, 191
두운(alliteration) 174

ㄹ

럭비풋볼(rugby football) 149-50

로드무비(road movies)　202, 206

ㅁ

많음은 위이다, 적음은 아래이다(MORE IS UP, LESS IS DOWN)　57-8, 62, 63, 81, 100-1, 119
말뭉치 언어학(corpus linguistics)　4, 103, 104, 232
매체(vehicle)　13-4, 93, 97, 103, 138-40, 150, 164, 185
매체 실체(vehicle entity)　77-80
명사화(nominalization)　164-6, 193-4
모음운(assonance)　175-6
모험 소설(adventure fiction)　188
목표 실체(target entity)　77-8
목표 언어(target language)　125
목표영역(target domain)　47-8, 230
몸짓(gesture)　220
무언극(mime)　220
문법적 낱말(grammatical words), 25, 50, 229-30
문법적 은유(grammatical metaphor) 164-7, 193-4
문장 의미(sentence meaning)　91
문학과 문학 은유(literature and literary metaphor)　1-2, 7, 16-8, 38, 89, 94, 106, 135-6, 171-99, 205, 224-5, 233-4
　문학 은유와 의인화(literary metaphor and personification)　106-7, 174-80, 193
　문학 은유와 직유(literary metaphor and simile)　106-7, 174, 190-1, 234
　문학 은유와 환유(literary metaphor and metonymy)　174-8, 194
　문학 은유의 번역(translation of literary metaphor)　128-30, 232
문화의 범문화적 양상(crosscultural aspects of culture)　45-7, 57, 118-30, 134, 136
문화와 상징주의(culture and symbolism) 215-7
문화와 은유(culture and metaphor) 17, 45-7, 50-5, 57, 79, 134, 136, 206
사고와 관련한 문화(culture in relation to thought)　121-5
물의 상징주의(symbolism of water)　220
미술(art)　15-6, 205, 234

ㅂ

발화 의미(utterance meaning)　91
방향적 은유(orientational metaphor) 56-8, 61-3, 119-20, 135
번역(translation)　47, 113-31
　문학의 번역(translation of literature) 128-9, 232
법의학 문체론(forensic stylistics)　166-7
보편성(universality)　46, 49, 57, 118, 232
복음소설(evangelical fiction)　135-6
부각(highlighting)　61-3
부분은 전체를 대표한다(PART FOR THE WHOLE)　78-81
부사(adverbs)　26, 50
북아일랜드(Northern Ireland)　143-6, 217
불가능성(impossibility)　5, 10, 30-1
불교의 상징주의(symbolism in Buddhism)　219
불분명한 의미(fuzzy meaning)　33-4, 107-8
비언어적 은유(non-verbal metaphor) 15-6, 201-20, 233,

비언어적 환유(non-verbal metonymy)
  15-6, 211-3, 234
비유(tropes) 98, 174-6
비유어(figurative language) 9-13
비유어의 이용(exploitation of figurative language) 34-8
비유적 언어능력(figurative competence)
  87-90, 111-2
비유적 인식(figurative awareness) 36-8, 111-2, 124
비유적 표현(figures) 173

ㅅ

사고와 문화(thought and culture) 121-5
사상(mapping) 46-50, 58-63, 76-7, 103, 120, 230-1
  다중 사상(multiple mapping) 58, 62-3
사전(dictionaries) 21-2, 93, 113-4, 117, 229-30
사진(photography) 206-7, 234
사피어-워퍼 가설(Sapir-Whorf hypothesis) 122-5
사회적 문맥(social context) 133-68
상(statues) 215
상징과 상징주의(symbols and symbolism)
  2, 15-6, 60, 68, 80, 56, 173-4, 185-8, 202-6, 209-10, 215-7, 227, 234
  상징주의와 색채(symbolism and colours) 202-3, 207, 211-5
  상징주의와 환유(symbolism and metonymy) 68, 76, 80, 211
  소설의 상징주의(symbolism in fiction) 185-8
  시의 상징주의(symbolism in poetry) 2, 185
  정치의 상징주의(symbolism in politics) 211
  종교의 상징주의(symbolism in religion) 218-20
상징으로서 건물(buildings as symbols) 216-7
색채와 색채 상징주의(colour and colour symbolism) 202-3, 207, 211-5
  광고에서 색채와 색채 상징주의(colour and colour symbolism in advertising) 215
  도로표지에서 색채와 색채 상징주의 (colour and colour symbolism in signage) 211-2
  영화에서 색채와 색채 상징주의(colour and colour symbolism in film) 202-3, 214
  음악에서 색채와 색채 상징주의(colour and colour symbolism in music) 204, 215
선/악(GOOD/EVIL) 57, 163, 204, 216, 219, 224-5
소설의 은유(metaphor in fiction) 89, 105, 135-6, 151, 178-97, 225-7, 234
  소설의 비언어적 은유(non-verbal metaphor in fiction) 205
  소설의 의인화(personification in fiction) 174-80, 191
  소설의 직유(simile in fiction) 106-7, 174, 190-1, 234
  소설의 환유(metonymy in fiction) 176-8, 194
속담(proverbs) 6, 37, 230
수도관 은유(CONDUIT metaphor) 51-3, 61
술집 간판(pub sign) 210

스페인어의 은유(metaphor in Spanish) 112-7, 120
  스페인어의 환유(metonymy in Spanish) 112
스포츠는 전쟁이다(SPORT IS WAR) 154
스포츠 담화(discourse of sport) 149-54
시간은 공간이다(TIME IS SPACE) 59, 60-1, 106
시간은 돈이다(TIME IS MONEY) 48-9
시에서의 은유(metaphor in poetry) 1, 38, 129-31, 173-4, 179-80, 185, 198, 224
  시에서의 환유(metonymy in poetry) 176-8
식당 흠잡기(restaurant criticism) 8-9, 229
신경 사상(neural mapping) 99-101
신문·잡지(journalism) 140-54, 159-64, 226
신은유(novel metaphor) 8; 또한 창조적 은유(creative metaphor)를 보라
신조어(neologism) 26-7, 33
신체 언어(body language) 220-1

ㅇ

아동 문학(children's literature) 16, 178-85, 234
아이러니(irony) 86-7, 91, 139, 172-3, 216-7
아일랜드 공화국(Republic of Ireland) 217
아서왕 문학(Arthurian literature) 188
알레고리(allegory) 16, 174, 185-8
애정(AFFECTION) 54, 100

어린이와 은유(children and metaphor) 87-90
어원(etymology) 19-21, 27, 39, 38, 50, 71-3, 120, 230
어휘화(lexicalization) 6, 122
언어습득(language acquisition) 87-90
  외국어 습득(language acquisition of foreign languages) 112-3
언어유희(punning) 35-6, 157, 181-5
언어적인 것은 물리적인 것이다(VERBAL IS PHYSICAL) 61
언어철학과 은유(philosophy of language and metaphor) 90-6
연애소설(romantic fiction) 195-6
연어(collocation) 49, 104, 114, 232
영화(film) 15-6, 202-3, 214, 227
완곡어법(euphemism) 27, 164-7
외국어 학습(foreign language learning) 112-3
원인은 결과를 대표한다(CAUSE FOR EFFECT) 80
원형적 자질(prototypical features) 14, 31-4
유대교의 상징주의(symbolism in Judaism) 219
유머(humour) 29, 61, 194
은유 연구(researching metaphor) 229-34
은유 이해(understanding of metaphor) 85-103
은유 이해에 대한 인지적 접근법 (cognitive approaches to understanding of metaphor) 96-103
은유의 경험적 기초(experiential basis for metaphor) 63-4, 99-101
  환유의 경험적 기초(experiential basis for metonymy) 81-2

은유의 범언어적 양상(crosslinguistic aspects of metaphor) 49, 111-32, 132-4
은유의 심리언어학적 양상 (psycholinguistic aspects of metaphor) 86-90, 99-101, 104
 실험(experimentation) 96-9
은유의 영역(domains (in metaphor)) 47-8, 58-63, 74-5, 99-103, 119, 216, 230-1
은유의 체계성(systematicity in metaphor) 41-65
 환유의 체계성(systematicity in metonymy) 77-80
은유의 기능(functions of metaphor) 5-7, 16-8
은유의 정의(definitions of metaphor) 4-11
 다른 언어의 은유(metaphor in other languages) 111-32, 231-2
 비언어적 은유(non-verbal metaphor) 15-6, 201-20, 233, 234
 은유 분석(analysis of metaphor) 13-5
 은유 이해(understanding of metaphor) 85-107
 은유와 직유(metaphor and simile) 11, 59, 93
 은유와 환유(metaphor and metonymy) 15, 74-6, 176
 은유의 기능(functions of metaphor) 5-7, 16-8
 체계성(systematicity) 41-65
 텍스트 토대적 접근법(text-based approaches) 103-7
은유적 언어능력(metaphoric competence) 비유적

언어능력(figurative competence)을 보라
은유적 의미의 대치론(substitution theory of metaphorical meaning) 92-4
은유적 의미의 비교론(comparison theory of metaphorical meaning) 93-4
은유적 의미의 상호작용론(interaction theory of metaphorical meaning) 94, 142
은폐(hiding) 61-3
음악(music) 69, 204-5, 215
의미 성분(components of meaning) 31-3, 61, 75
의미의 역사적 양상(historical aspects of meaning) 10, 19-30
의사소통(COMMUNICATION) 50-3, 58
의성어(onomatopoeia) 70
의인관(anthropomorphism) 11, 178
의인화(personification) 10, 106, 156-9, 174, 226
 문학에서의 의인화(personification in literature) 106-8, 174-80, 192
의지(agency) 157-8, 192-6, 202
이데올로기(ideology) 18, 81-2, 105, 133-68, 233
이슬람교의 상징주의(symbolism in Islam) 219
이탈리아어의 은유(metaphor in Italian) 112-6, 120, 123, 128-9
이해는 시각이다(UNDERSTANDING IS SEEING) 52-3, 63, 100-1
이해는 움켜쥠이다(UNDERSTANDING IS HOLDING) 52-3, 121
인생은 여행이다(LIFE IS A JOURNEY) 60, 188, 202-5, 205, 219

일본어의 은유(metaphor in Japanese) 115, 120, 126

ㅈ

자구적 의미(literal meaning) 4-5, 9-18, 21-39, 49, 61, 69-71, 87-99, 104, 111-2, 127-31, 139, 232
자폐증(autism) 89
작가-독자 관계(writer-reader relationship) 16-8, 33-4, 188-92
재자구화(reliteralization) 34-5
재정 담화(financial discourse) 159-64, 214
전경화(foregrounding) 171, 176
전자음악(electro-acoustic music) 204
적절성 이론(relevance theory) 96
전쟁 언어(language of warfare) 33, 41
전체는 부분을 대표한다(WHOLE FOR THE PART) 78-81
전치사(prepositions) 26, 50
정신적 이미지(mental images) 29-30, 87, 99, 231
정치 담화(political discourse) 136-49, 233
제유(synecdoche) 68, 178
존재론적 은유(ontological metaphor) 57-8
종교(religion) 16, 135-6, 168, 218-20
  종교와 알레고리(religion and allegory) 187-8
주제(topic) 13-4, 93, 97, 103, 138-40, 148, 150
죽은 은유(dead metaphor) 9
중의성(ambiguity) 35-6, 104-5, 171
  문학에서의 중의성(ambiguity in literature) 180-5
진리와 은유(truth and metaphor) 12-3, 46-7, 90-3, 95-6, 167, 207
직유(simile) 9, 11, 88, 93, 174, 190-1
  문학에서의 직유(simile in literature) 106-7, 174, 190-1, 234
  직유와 은유(simile and metaphor) 12, 48, 93

ㅊ

차용(borrowing) 26, 115
창조적 은유(creative metaphor) 7-9, 14-7, 33, 38, 42, 59-60, 86, 87-8, 103-5, 129-30, 171, 234
책의 삽화(illustrations in books) 205
추리소설(crime fiction) 194-5
추상성(abstractness) 7-9, 46, 57-8, 122
취의(tenor) 14-5

ㅋ

컴퓨터 용어(computer terms) 6, 23

ㅌ

탐정소설(detective fiction) 192-3
텍스트 분석(text analysis) 4, 16, 105-6, 133-68, 171-98, 224-5, 229, 232
토대(grounds) 13-4, 138-41, 150, 164

ㅍ

평가(evaluation) 32, 81-2, 89, 105, 133-68, 233

프랑스어에서의 은유(metaphor in French) 49, 113-5, 119-20, 123, 129
프랑스어에서의 환유(metonymy in French) 17-8

ㅎ

하위텍스트 의미(subtextual meaning) 106, 133, 172-4
합성어(compound words) 6, 19-20
　다른 언어의 합성어(compound words in other languages) 112-3
핵심 의미(core meaning) 23-5, 32, 69-71
혼성어(portmanteau words) 184-5
화(ANGER) 55-6, 63, 81-2, 99, 119, 162
화용론과 은유(pragmatics and metaphor) 90-2, 95-6
환유(metonymy) 9, 12-3, 67-83, 98, 106, 137
　개념적 환유(conceptual metonymy) 77-82
　다른 언어의 환유(metonymy in other languages) 117-8
　도로표지의 환유(metonymy in signage) 15-6, 210
　문학에서의 환유(metonymy in literature) 174-6, 194
　비언어적 환유(non-verbal metonymy) 15-6, 211-2, 230
　은유에 대한 기초로서 환유(metonymy as basis for metaphor) 81-2
　체계성(systematicity) 77-80
　환유와 상징주의(metonymy and symbolism) 68-76, 77, 211
　환유와 은유(metonymy and metaphor) 15, 74-6, 124

환유와 제유(metonymy and synecdoche) 68, 178
희생양(scapegoat) 147-8, 152
힌두교의 상징주의(symbolism in Hinduism) 219

인명색인

A

Achebe, C. 225-6
Arbus, D. 206-7
Aristotle 92, 109
Atwood, M. 106-7
Auden, W. H. 173-4
Austen, J. 172

B

Bawden, N. 189-9
Beowulf 130
Black, M. 94
Blake, Q. 205
Blake, W. 205
Bryers, P. 195
Bunyan, J. 186-7

C

Cameron, L. 234

Carpenter, H. 186
Carroll, L. 172, 181-3
Carter, R. 193
Chaucer, G. 188
Coleridge, S. T. 185
Coulthard, M. 166-7
Crisp, P. 205

D

Dahl, R. 205
Deignan, A. 231
Dickens, C. 177, 205
Disney, W. 214
Doyle, C. 214
Dylan, B. 204

F

Fauconnier, G. 101-2
Forceville, C. 207
Frank, R. 206

G

Gibbs, R. W. 75, 98-9
Goatly, A. 18
Grahame, K. 185-6
Grice, H. P. 95
Guest, C. 204

H

Haddon, M. 89
Halliday, M. A. K. 164
Harrison, J. 204
Heaney, S. 130, 197
Hodgson Burnett, F. 186
Hopkins, G. M. 174

J

Jakobson, R. 176
John, E. 204
Johnson, C. 100
Johnson, M. 43
Joyce, J. 185

K

Keats, J. 175, 180
Kövecses, Z. 43, 56, 63, 77, 80, 81, 125, 151, 153, 155, 157, 162, 171, 188, 201, 214, 215, 216, 217
Kress, G. 208

L

Lakoff, G. and Johnson, M. 43-64, 99-105, 118-20, 123, 135, 192
Lewis, C. S. 181-2
Liszt, F. 204
Lodge, D. 176
Lorca, F. G. 130
Low, G. 134

M

MacDonald, G. 186
McGuinness, H 192
Martin, J. 212
Morrall, C. 212-3
Muldoon, P. 38, 211

N

Nash, W. 193
Naughtie, J. 137-42
Newton, I. 215
Ní Chuilleanáin, E. 224

O

Orwell, G. 187
Owen, W. 180-1, 197

P

Pearce, P. 186

R

Rankin, I. 194

Reddy, M. 43, 50, 52
Rendell, R. 194
Russell, K. 214

S

Sapir, E. 122
Scott, R. 202
Searle, J. 109
Shakespeare, W. 7, 129, 151, 173-4, 181
Shirley, J. 177-8
Sperber, D. and Wilson, D. 33, 95
Swift, J. 187

T

Tolkien, J. R. R. 60, 179
Tucker, C. M. 135-6
Turner, J. M. W. 205-6
Turner, M. 43, 101-2

V

van Leeuwen, T. 208
Vine, B. 194

W

Whorf, B.L. 122, 124
Wilde, O. 178-9
Winner, E. 88-9
Wordsworth, W. 180
Wyndham, J. 147

Y

Yeats, W.B. 2, 7, 17, 175, 185

Z

Zhang Yimou 215